弁護士・不動産鑑定士・税理士
宅建実務の専門家が解説する

Q&A
地代・家賃と借地借家

借地借家・賃料実務研究会

住宅新報社

推薦の辞

　平成4年8月に借地借家法が施行されて20年余り。いわゆる「失われた20年」とともに歩んできたこの法律は、土地神話が崩壊する中で、不動産の有効利用に新しい息吹を吹き込みました。この法律によって創設された新たな制度、定期借地制度と定期借家制度は、いまや土地や建物を貸す側にとっても借りる側にとっても、選択肢の中のメインの柱として、広く定着するに至っています。さらに、その中でも事業用定期借地制度に関しては、平成19年12月に、より使い勝手が良くなるように改正が行われ、幅広い活用が始まっています。

　またこの間、長年の慣行である更新料や敷金、原状回復に関する取り決めに対して、最高裁によって統一的な考え方が示される一方で、悪質な家賃保証会社による強制的な立ち退き要求が社会問題化するなど、借地・借家をめぐる係争は後を絶ちません。

　借地・借家の有効利用においては、貸す側も借りる側も、これまで以上に法律を正しく知り、法律を上手に味方にする必要性が高まっています。

　本書は、弁護士・税理士・不動産鑑定士・宅建実務家といった各分野の専門家が集結し、活発な議論を基にしてまとめられたものです。具体的な事例を念頭においた上で、より実務に沿った議論を行う中で、借地・借家に関わる、法律・税務・鑑定評価の諸問題を網羅的に取り扱いました。借地・借家をめぐる関係は、関係者も多く複雑なものになりがちですが、メンバーの専門分野を活かしながら、Q&Aの構成を取って分かりやすく解説しています。その意味で、類書にない特色が発揮できているものと思います。

　「失われた20年」を経て、今後、不動産のより一層の利用が期待されています。専門家はもちろんのこと、不動産の有効利用を考えておられる皆様に、借地・借家についての分かりやすい実務書として、オール・イン・ワンの一冊として、本書を強く推薦いたします。是非、ご活用ください。

　2014年2月

弁護士　福原　哲晃

まえがき

　本書は、借地借家の地代・家賃に関連する最新の問題点を実務的観点から取り上げ、解説を行うとともに、その解決策を示唆しようとするものです。

　執筆陣は、現在それぞれの分野の第一線で活躍中の弁護士・税理士・不動産鑑定士・宅建実務家からなっていて、多角的な視点で専門的内容を踏まえた中身の濃い解説が施されています。しかもQ＆A形式で、分かりやすく、読みやすい文章で表現されていますので、地主・家主などの事業者、宅建業者はいうまでもなく、弁護士、税理士、不動産鑑定士にも、日常業務を処理する上で、座右の書として役立つものと信じます。

　地代編では、特に定期借地権に関する法律、税務、鑑定評価の諸問題を掘り下げて解説しています。通常は法律、税務、評価といった、それぞれ単独の分野の書籍が多いのですが、本書はそれらをまとめて一冊で多角的に取り扱っていますので、読者にとってはこの上なしの好都合といえるでしょう。

　地代編の主な事項には以下のものがあります。

イ　借地の一時金
ロ　定期借地権の活用 ── 事業用定期借地権
ハ　定期借地権の評価
ニ　定期借地権の終了
ホ　地代の増減額紛争
ヘ　定期借地権の税務
ト　普通借地権の諸問題

　家賃編では、更新料特約、敷引き特約、原状回復特約などの最新の最高裁判例を実務的観点で解説し、最近増えている定期借家権の諸問題についても詳しく解説しています。また、最近多い自殺、孤独死の損害賠償や評価額の減価率などの問題も扱っています。

家賃編の主な事項には以下のものがあります。
イ　更新料特約、敷引き特約
ロ　定期借家権
ハ　家賃の増減額紛争
ニ　自殺、孤独死などの心理的瑕疵の法的問題（損害賠償）、評価額の減価率、宅建業の重要事項説明
ホ　敷金返還請求と原状回復問題
ヘ　終身借家権

　最後に、震災関連編では、東日本大震災に関連した借地借家法上の諸問題、特に借家の最新問題について法的な視点から解説を行っています。
　千年紀交代期（ミレニアム）（1990年〜）に入り、政治、経済、地球環境の激変で混迷を深めている社会情勢の中で、本書が読者にとって、借地借家の領域における確かな指示器として少しでもお役に立つことができれば、編者の一人としてこれに勝る喜びはありません。

　2014年2月

借地借家・賃料実務研究会
代　表　大野喜久之輔
（神戸大学名誉教授）

第1編　地代

借地借家法

Q.1 借地借家法の概説 …………………………………………… 2
　　　・借地借家法はどのような特色がありますか。
　　　　旧借地法・旧借家法とどのような違いがありますか。

借地権の種類

Q.2 普通借地権と定期借地権 …………………………………… 5
　　　・土地を賃貸したいと思いますが、どのような契約形態が
　　　　あるのでしょうか。
Q.3 普通借地権 …………………………………………………… 7
　　　・普通借地権とはどのような内容ですか。
Q.4 一般定期借地権 ……………………………………………… 10
　　　・一般定期借地権とはどのような内容ですか。
Q.5 事業用定期借地権 …………………………………………… 13
　　　・事業用定期借地権とはどのような内容ですか。
Q.6 建物譲渡特約付借地権 ……………………………………… 16
　　　・建物譲渡特約付借地権とはどのような内容ですか。

借地の一時金・地代

Q.7 普通借地の一時金 …………………………………………… 19
　　　・借地の一時金としてどのような金員が授受されますか。

Q.8	定期借地権の一時金 …………………………………… 22
	・定期借地権の一時金としてどのような金員が授受されますか。普通借地権の場合とで違いがありますか。
Q.9	住宅と店舗の地代 ……………………………………… 24
	・借地の地代はどのように決まっていますか。住宅と店舗でどのような違いがありますか。
Q.10	新規地代と継続地代 …………………………………… 26
	・新たに土地を貸して地代を受け取る場合と過去から貸している土地の地代を見直す場合では地代に違いがありますか。

定期借地権の活用

Q.11	一般定期借地権の活用 ………………………………… 30
	・定期借地権を住居として利用する際の、メリットとデメリットについて教えてください。
Q.12	事業用定期借地権の活用 ……………………………… 33
	・事業用定期借地権はどのように活用されていますか。
Q.13	事業用定期借地権利用と建設協力金方式のメリットとデメリット ……………………………………………………… 36
	・ロードサイド商業で事業用定期借地権を利用する場合と建設協力金を提供するリースバックの方式のメリット、デメリットを教えてください。
Q.14	事業用定期借地権の地代 ……………………………… 39
	・事業用定期借地権の地代はどのように決まっているのですか。

Q.15	事業用定期借地権の福祉施設の利用 ……………………… 41
	・事業用定期借地権を利用すると、どのような建物を建設することができるのでしょうか。例えば、老人ホームやグループホームを建設することができますか。
Q.16	造成費の負担 …………………………………………………… 43
	・事業用定期借地権を設定する場合、土地の造成費用は誰が負担するのですか。
Q.17	農地の事業用定期借地権設定 ………………………………… 45
	・農地に事業用定期借地権を設定することができますか。その場合の手続はどのようにするのですか。
Q.18	建物譲渡特約付借地権の活用 ………………………………… 49
	・建物譲渡特約付借地権はどのように活用されていますか。
Q.19	前払賃料制度の活用 …………………………………………… 51
	・税法で認められている前払賃料制度は活用されていますか。

定期借地権の評価

Q.20	事業用定期借地権の付着した底地評価 ……………………… 53
	・事業用定期借地権の付着した底地はどのように評価するのですか。
Q.21	定期借地権の評価 ……………………………………………… 56
	・期間途中で定期借地権を譲渡する場合、借地権をどのように評価するのですか。

定期借地権の終了

Q.22	定期借地権の再契約 …………………………………… 62	
	・定期借地権が期間満了で終了する場合の再契約について説明してください。	
Q.23	事業用定期借地権の建物譲渡特約 ……………………… 64	
	・事業用定期借地権満了時に、地主に建物を譲渡する特約は有効ですか。	
Q.24	定期借地権の期間満了の原状回復 ……………………… 66	
	・期間満了の場合の原状回復の特約について、具体的に説明してください。	
Q.25	事業用定期借地権の中途解約 …………………………… 69	
	・事業用定期借地権において、契約期間の途中であっても、借地人側から一方的に解約することはできますか。	
Q.26	事業用定期借地権の事業者の破綻 ……………………… 72	
	・事業用定期借地契約において、借主である事業者が破たんした場合、貸主はどのような対応が可能ですか。	
Q.27	譲渡建物の相当の対価 …………………………………… 76	
	・建物譲渡特約付定期借地権の譲渡建物の相当の対価はどのように定めるのですか。	
Q.28	建物譲渡特約付借地権の建物滅失 ……………………… 78	
	・建物譲渡特約付借地権において、借地期間中に建物が滅失した場合、当事者間の法律関係はどのようになりますか。	

地代の紛争

Q.29	地代増減請求の裁判手続 …………………………………… 81	
	・地代等の増減請求はどのような手続ですか。	
Q.30	地代増減請求の適正地代の算定 ………………………… 83	
	・地代増減請求の場合に鑑定評価ではどのように適正賃料を算定するのですか。	
Q.31	地価下落時の地代増額請求 ………………………………… 90	
	・地価が下落基調にあるなかでも地代の増額請求はできますか。	
Q.32	固定資産評価額と地代減額請求 ………………………… 93	
	・固定資産評価額の低下が続く場合には、それに応じて地代減額請求はできますか。	
Q.33	地代と固定資産税等の関係 ………………………………… 95	
	・地代は固定資産税額等の公租公課の2〜3倍が相当というのは根拠がありますか。	

定期借地権の税務

Q.34	保証金の税務 ……………………………………………………… 98	
	・定期借地権の設定に伴い、無利息かつ期間満了時には返還するという条件で保証金を預かりました。この場合の所得税の課税関係を簡単に説明してください。	
Q.35	権利金の税務 ……………………………………………………… 100	
	・所有の土地に定期借地権を設定するときに権利金を受け取る予定です。この権利金は所得税法上どのような取扱いがされますか。	

Q.36	相続時の定期借地権及び底地の評価 …………………… 104
	・相続時における定期借地権の評価方法及び定期借地権が設定されている貸宅地（底地）の評価方法の概要について説明してください。
Q.37	基本通達による定期借地権及び底地の評価 ……………… 106
	・財産評価基本通達による定期借地権及び定期借地権の設定されている貸宅地（底地）の評価方法について説明してください。
Q.38	個別通達による一般定期借地権の底地の評価 …………… 110
	・一般定期借地権が設定されている貸宅地（低地）の評価については、個別に通達が定められているようですが、その内容を説明してください。
Q.39	底地評価の経年変化の比較 …………………………………… 114
	・財産評価基本通達により評価する場合の貸宅地（底地）の評価額の経年変化と個別通達による貸宅地（底地）の評価額の経年変化の違いをイメージ図で表してください。
Q.40	前払賃料の税務 ………………………………………………… 116
	・定期借地権の設定時において支払われる賃料の一括前払一時金は、税務上どのように取り扱われますか。
Q.41	造成費の課税 …………………………………………………… 120
	・土地を造成して賃貸する予定ですが、造成費は借地人が負担する場合、地主に対する課税はどのようになるのでしょうか。

借地権譲渡・転貸

- **Q.42** 借地権の譲渡・土地転貸 ………………………… 122
  - ・土地賃借権を譲渡する場合、あるいは土地を転貸する場合にはどのような手続が必要ですか。
- **Q.43** 借地権の評価 ……………………………………… 125
  - ・借地権は鑑定評価ではどのように算定するのですか。住宅と店舗で違いがありますか。

土地譲渡・相続

- **Q.44** 土地譲渡の借地権の対抗力 ……………………… 130
  - ・土地が譲渡された場合、借地権の対抗力はどのようになりますか。
- **Q.45** 底地の評価 ………………………………………… 132
  - ・土地を譲渡する場合、底地はどのように評価するのですか。
- **Q.46** 借地権設定者の地位の承継 ……………………… 135
  - ・土地が譲渡された場合、借地権設定者(土地賃貸人)の地位は承継されますか。
- **Q.47** 地代請求権と敷金返還請求権 …………………… 136
  - ・底地を相続した場合の地代の支払請求権と敷金返還債務は承継されますか。

借地上の建物評価

Q.48	借地権付建物の評価 ………………………………… 137
	・借地権付建物は鑑定評価ではどのように算定するのですか。 自用と賃貸では違いがありますか。
Q.49	定期借地権付建物の評価 ……………………………… 141
	・定期借地権付建物は鑑定評価ではどのように算定するのですか。

借地条件の変更・建物増改築

Q.50	借地条件の変更 ………………………………………… 144
	・普通借地権の借地条件を変更する場合には、どのような手続が必要ですか。
Q.51	建物の増改築 …………………………………………… 148
	・建物を増改築する場合にはどのような手続が必要ですか。

借地条件変更と一時金

Q.52	借地条件変更承諾料 …………………………………… 151
	・借地条件変更の承諾料としてどの程度の金銭が授受されるのですか。
Q.53	増改築承諾料 …………………………………………… 154
	・増改築承諾料としてどの程度の金銭が授受されるのですか。

Q.54	借地権譲渡承諾料 …………………………………………… 156
	・借地権の譲渡承諾料としてどの程度の金銭が授受されるのですか。

普通借地権の更新

Q.55	普通借地権の更新手続 ………………………………………… 158
	・普通借地権の場合、契約の更新は法律ではどのように規定されていますか。

建物買取請求権

Q.56	建物買取請求権 ………………………………………………… 163
	・契約の更新がない場合には、地主は建物を買い取らなければならないのですか。
Q.57	建物買取請求権の建物の時価 ………………………………… 166
	・建物買取請求権の場合の建物の時価はどのように算定するのですか。

第2編　家賃

借家権の種類・一時金

Q.58	借家権の種類	170
	・建物を賃貸しようと思いますが、どのような契約形態があるのでしょうか。普通借家権とはどのような内容ですか。	
Q.59	一時金の種類・保証金・敷金	173
	・建物の賃貸で授受される一時金には、どのような種類があるのですか。保証金や敷金はどのような性格ですか。	
Q.60	権利金・礼金の性格	177
	・権利金・礼金はどのような性格ですか。	
Q.61	敷引特約	180
	・敷金の敷引特約は有効ですか。	
Q.62	更新料の性格	185
	・賃借人に対して、賃料とは別に更新料の支払を求めるケースがあると聞きました。更新料とはどのようなものでしょうか。	
Q.63	更新料の特約	187
	・特約を定めて、賃借人に対して、更新料を求めることは有効でしょうか。また、どの程度の金額を要求できるでしょうか。	
Q.64	更新料の不払い	192
	・更新料を賃借人が支払わない場合には、どのような手段をとればよいでしょうか。	

Q.65	更新料と賃料増額 ································· 196
	・更新料を徴収した上で、賃料の値上げを要求することはできるでしょうか。

家賃

Q.66	住宅・店舗の家賃の算定 ··························· 198
	・住宅、店舗の家賃はどのように決まっているのですか。
Q.67	店舗賃料形態（固定賃料と歩合賃料）············ 201
	・店舗の賃料形態はどのような種類があるのですか。
Q.68	店舗家賃の売上高に対する負担率 ················ 204
	・店舗の売上げに対する標準的な賃料負担率はどの程度ですか。
Q.69	実質賃料と支払賃料 ······························ 206
	・実質賃料と支払賃料の関係について説明してください。
Q.70	共益費の性格 ······································ 208
	・共益費とはどのような性格ですか。
Q.71	共益費の減額請求 ································· 211
	・高額な共益費の減額請求はできますか。
Q.72	定額補修分担金、設備協力金 ····················· 212
	・定額補修分担金、設備協力金とはどのような内容ですか。
Q.73	サービス付き高齢者向け住宅制度 ················ 215
	・高齢者向け住宅の経営を検討中です。「サービス付き高齢者向け住宅」の仕組みと地代や家賃について教えてください。

Q.74	前払賃料の利用 ……………………………………… 218
	・借家で前払賃料はどのように活用されていますか。

定期借家権

Q.75	定期借家権の要件 …………………………………… 221
	・定期借家契約を締結する場合には、どのような要件が必要ですか。
Q.76	定期借家の契約期間 ………………………………… 223
	・定期借家契約の場合、契約期間に制約はありますか。
Q.77	普通借家から定期借家の変更 ……………………… 225
	・普通借家契約から定期借家契約に変更するには、どのような手続が必要ですか。
Q.78	定期借家の賃料増額特約 …………………………… 227
	・定期借家契約では、家賃増額特約は有効ですか。
Q.79	定期借家の終了 ……………………………………… 229
	・定期借家の終了の通知はどのようにすればよいのですか。
Q.80	定期借家の中途解約 ………………………………… 233
	・定期借家の中途解約はできますか。
Q.81	立退き料の支払い …………………………………… 235
	・定期借家の場合、契約終了時に立退き料は払う必要がないのですか。

サブリース契約・オーダーリース契約

Q.82	サブリース契約・オーダーリース契約 …………… 236	
	・サブリース契約とはどのような契約ですか。オーダーリース契約とはどのような契約ですか。どのような特徴がありますか。	
Q.83	建設協力金 ……………………………………………… 239	
	・建設協力金とはどのような性格ですか。どの程度の金員が授受されるのですか。	
Q.84	オーダーリース契約の家賃の算定 …………………… 242	
	・オーダーリース契約で建設協力金を提供する場合、家賃負担額はどのように算定されますか。	

家賃の紛争

Q.85	家賃増減請求の手続 …………………………………… 245	
	・家賃の増減請求はどのような手続が必要ですか。どのような効果があるのですか。	
Q.86	家賃不増特約・不減特約・自動改定特約 …………… 247	
	・家賃不増特約・不減特約・家賃自動改定特約は有効ですか。	
Q.87	家賃の適正賃料評価 …………………………………… 249	
	・家賃増減額請求の場合に鑑定評価ではどのように適正賃料を算定しますか。	
Q.88	継続賃料の適正家賃 …………………………………… 256	
	・不景気で売上げが減少した場合、家賃の減額請求はできますか。	

Q.89	核店舗撤退の家賃減額請求 ……………………………… 259
	・複合商業施設で核店舗が撤退したため、専門店の売上げが減少した場合、家賃減額請求はできますか。
Q.90	核店舗撤退の契約解除 …………………………………… 261
	・複合商業施設で核店舗が撤退した場合、長期賃貸契約を解除することができますか。
Q.91	サブリース契約の家賃減額請求 ………………………… 265
	・サブリース契約で周辺の賃料が下落した場合、家賃減額請求はできますか。
Q.92	オーダーリース契約の家賃減額請求 …………………… 267
	・オーダーリース契約で周辺の賃料が下落した場合、家賃減額請求はできますか。
Q.93	建物譲渡・建物転貸 ……………………………………… 268
	・建物賃借権譲渡・建物転貸の場合にはどのような手続きが必要ですか。

建物の修繕・用法違反・賃料不払い

Q.94	賃貸人の修繕義務 ………………………………………… 270
	・賃貸人が修繕義務を履行しない場合には費用を請求できますか。
Q.95	賃借人の用法違反 ………………………………………… 272
	・賃借人が契約の用法に違反した場合、どのような措置がとれますか。
	（ペットの飼育禁止の場合等）

Q.96	賃借人の賃料不払い ……………………………………… 275
	・賃借人が賃料を不払いした場合、どのような法的手続がとれますか。
Q.97	家賃保証会社 …………………………………………………… 277
	・家賃保証会社とは具体的にどのような業務内容ですか。保証料はどの程度ですか。法的規制はあるのでしょうか。

心理的瑕疵

Q.98	自殺等物件の損害賠償請求・売買 ……………………… 280
	・自殺等の物件を何ら買主に告知しないで売却した場合、売主に損害の賠償を請求できますか。
Q.99	自殺等物件の損害賠償請求・賃貸 ……………………… 282
	・賃貸物件が自殺等により市場価格が下落した場合、損害を賃借人の親族等に賠償請求できますか。
Q.100	心理的瑕疵の法的措置 …………………………………… 284
	・自殺物件や他殺物件など心理的瑕疵のある物件を何ら告知しないで賃貸した場合、賃借人はどのような法的手段がとれるのですか。契約解除はできますか。損害賠償はどの程度請求できますか。
Q.101	心理的瑕疵の減価率 ……………………………………… 286
	・自殺物件や他殺物件は、売買と賃貸で市場価値はどの程度下落しますか。 減価率はどのように算定されますか。

Q.102	心理的瑕疵物件の重要事項説明 …………………………… 288
	・心理的瑕疵ある売買物件、賃貸物件に対する業法の重要事項の説明義務は、どの程度の期間必要ですか。行政指導や実務ではどのように取り扱っていますか。

更新拒絶と立退き料

Q.103	普通借家契約の更新拒絶の正当事由 …………………………… 290
	・更新拒絶の通知又は解約の申入れの場合の正当事由とはどのような場合をいうのですか。
Q.104	建物老朽化・高度利用の理由による更新拒絶 ……………… 294
	・建物の老朽化や高度利用を理由に解約の申入れができますか。
Q.105	立退き料の裁判例－住宅 ……………………………………… 296
	・裁判例では住宅の立退き料としてどの程度の金員が支払われていますか。
Q.106	立退き料の裁判例－店舗・事務所 …………………………… 302
	・裁判例では店舗や事務所の立退き料としてどの程度の金員が支払われていますか。
Q.107	借家権の鑑定評価 ……………………………………………… 304
	・借家権には価値があるのでしょうか。あるとすればどのように評価されますか。
Q.108	損失補償基準に基づく立退き料の算定 ……………………… 308
	・公共事業で立ち退きを迫られる場合、借家人は何らかの補償を受けられるのでしょうか（住宅と店舗・事務所でどのように違いますか）。

Q.109	地価下落時の借家権価格 ……………………………… 313
	・地価下落、賃料下落の時代でも借家権価格はあるのですか。
Q.110	住宅・店舗の立退き料の算定 ………………………… 316
	・住宅・店舗の立退き料は実務上、どのように算定されていますか。

敷金返還請求権と原状回復

Q.111	敷金の返還請求時期 …………………………………… 320
	・敷金返還請求権は、どの時点で行使できるのですか。
Q.112	通常損耗の修繕義務 …………………………………… 322
	・通常損耗の修繕義務はだれが負担するのですか。
Q.113	通常損耗の原状回復特約 ……………………………… 327
	・通常損耗について原状回復を借家人に負わせる特約は有効ですか。

終身借家権

Q.114	終身借家権の内容 ……………………………………… 330
	・終身借家権とはどのような内容ですか。
Q.115	終身借家権の賃貸事業 ………………………………… 332
	・終身借家権の賃貸事業を行う場合には都道府県の知事の認可が必要ですか。
Q.116	終身借家権の中途解約 ………………………………… 333
	・終身借家権の場合、中途解約ができますか。

Q.117	同居者の保護 …………………………………………… 335
	・終身借家権の場合、借家人が死亡した場合、同居人はどのように保護されますか。

第3編

震災関連

Q.118	自然災害と借地権 ………………………………………… 338
	・契約期間中に地震等の災害が起こり、借地上の建物が滅失してしまった場合、借地権はどうなるのでしょうか。
Q.119	存続期間 …………………………………………………… 340
	・契約期間中に地震等の災害が起こり、借家が滅失してしまった場合、賃貸借契約はどうなるのでしょうか。
Q.120	建物再築可否と借地権の存続期間 ……………………… 342
	・契約期間中に地震等の災害が起こり、借地上の建物が滅失してしまった場合、建物を再築することはできるのでしょうか。借地権の存続期間はどうなるのでしょうか。
Q.121	自然災害と契約解除 ……………………………………… 344
	・契約期間中に借地上の建物が滅失してしまったので、契約を解除したいと思います。解除することは可能でしょうか。

Q.122 土地建物の使用不能 ………………………………………… 346
・契約期間中に地震に見舞われ借地に亀裂が入ったために、建物を再築することができなくなりました。このような場合、どのようにしたらよいのでしょうか。また、建物が避難区域内にあって利用できなくなった場合はどうでしょうか。

資料

事業用定期借地権設定の覚書 ……………………………… 349
定期賃貸住宅標準契約書 …………………………………… 356

借地借家・賃料実務研究会 ………………………………… 368

第1編

地代

Q.1 借地借家法

借地借家法の概説

借地借家法はどのような特色がありますか。
旧借地法・旧借家法とどのような違いがありますか。

A 借地借家法は、賃貸人が賃借人に対して、土地や建物を一度貸してしまうと、思うように返してもらえない状況を打破するため、定期借地制度（平成3年制定時）や定期借家制度（平成11年改正時）が創設されたのが特色です。

解説

1 借地法と借家法

借地借家法の前身である「借地法」（「旧借地法」といいます）と「借家法」（「旧借家法」といいます）が制定されたのは、大正10年です。

当時、地主と借地人（あるいは家主と借家人）の力関係は、地主（家主）が圧倒的優位な立場で、借地人や借家人は弱い立場にありました。大正10年に旧借地法と旧借家法が制定されましたが、当時は形式的な法律にすぎませんでした。その後、戦時という情勢の下で、出征した兵士が将来戦地から戻ったときに、借地契約や借家契約が終了して住む家がなくなることの混乱を避けるため、昭和16年、旧借地法と旧借家法をそれぞれ改正しました。すなわち、借地については、期間満了時に建物がある場合は、契約の更新を拒絶するためには地主に「正当な事由」を必要とし、借家についても、解約申入れや更新の拒絶をするには、「正当事由」が必要となりました。また、「法定更新制度」が設けられ、地主に正当事由が認められないにもかかわらず契約の更新に応じない場合に

は、借地・借家の契約は従前の内容のままで法定更新されることが認められるようになりました。

　この法改正によって、賃借人に対する明渡し（更新拒絶）が困難になるとともに、賃借人保護へ一気に傾倒することになりました。旧借地法・旧借家法は、この「正当事由」によって、あまりにも借地人、借家人を保護する立場を採ったため、地主・家主は一度土地あるいは建物を貸してしまうと、その後にその物件の返還を受けるのは至難の業でした。特に、借地に関しては、半永久的に土地が返還されないということが想定されました。また、何とか土地の返還を求めようとしても、権利の金銭的補償として借地権価格相当の立退料が要求されることによって、借地権価格が住宅地では土地価格の6割から7割、商業地では9割に達する事例もあるなかで、戦後の地価上昇でその土地に生じたキャピタルゲインの大半が借地人に移転してしまうことになりました。

　戦後、地価の上昇が継続する一方で都市部での宅地の需要が大きくなりましたが、返還される見込みがなく、貸すメリットもない地主・家主からすれば、余分な土地建物でさえ貸し出さない状況が生まれました。このような賃貸人と賃借人の軋轢を防ぎ、社会性・経済性の実態に適応した借地借家関係を整えるべきとの認識から、旧借地法・旧借家法の抜本的な見直しが要請されることになりました。

2　借地借家法

　そして、従前の建物の保護に関する法律も加えて、旧借地法及び旧借家法は大幅に改正され「借地借家法」の一本に統合されました（平成3年10月に公布。平成4年8月に施行）。

　この借地借家法において、まず、①定期借地権が創設されました。

　定期借地権の制度では、貸した土地が必ず戻り、期間満了時の立退き料も必要なくなり、地主が安心して土地を貸すことができるようになりました（Q4参照）。

　ほかにも、大きく変わった点は、②借地権の存続期間が一律化された

ところです。旧借地法では、堅固建物（コンクリート造など）なのか、非堅固建物（木造など）なのかによって契約期間が異なっていました（堅固建物の場合、最長60年、更新後の期間は30年。非堅固建物の場合、最長30年、更新後の期間20年）。改正後は、建物の構造による区別をなくし、一律30年とし、当事者が30年以上の期間を定めた場合には、その約定期間によることにしました。また更新後の期間についても、10年（ただし、借地権設定後の最初の更新期間は20年間。約定によりこれより長い期間を定めることもできる）としています。

さらに、平成11年の改正（平成12年3月1日施行）では、新たに「定期建物賃貸借」制度（定期借家制度）が創設されました。これにより、貸した建物は、契約で定めた期間が満了することにより、更新されることなく、確定的に賃貸借が終了し、家主に戻ってくることになりました。

３　旧法の適用

なお、平成4年の改正前に既に締結されている契約には、新法の規定が適用されず、現在でも旧法が適用されます。既存の契約が更新される場合も、依然として旧借地法が適用されることになります。そのため、改正前に借地契約を結んだ地主にとっては、改正は大きな意味をなさず、今でも旧借地法による「土地を返してもらえない」という状況が続いています。借地契約の存続期間についても、旧借地法の定めに従うことになりますので、相当古い契約であっても、今なお有効に機能しているため、旧借地法も十分に理解することが必要です。

Q.2 借地権の種類

普通借地権と定期借地権

土地を賃貸したいと思いますが、どのような契約形態があるのでしょうか。

A 大きく分けて民法上の賃貸借、借地借家法上の普通借地権と定期借地権があり、定期借地権の中に、一般定期借地権、事業用定期借地権があり、その他に建物譲渡特約付借地権があります。

解　説

　賃貸借契約についての規律は、一般的には民法に規定されていますが、建物の所有を目的として土地を賃貸した場合には、特別に借地借家法の適用があり、借地借家法の規定は民法の規定に優先して適用されます。
　例えば、賃貸した土地を駐車場、資材置き場など建物が存在しない状態で利用する場合は、建物所有のための賃貸でない以上、借地借家法の適用はありません。
　民法上の借地の場合、契約期間は上限が20年と定められ、下限はありません。また、契約期間終了後の契約更新については、賃貸人・賃借人の合意により行われ、賃貸人からの契約の更新拒絶は基本的に認められます。そして、返還の際には、原状回復をして返還することが原則となります。
　つまり、民法上の賃貸借契約では、土地を更地で借りてその土地上に多額の費用をかけて建物を建築しても、耐用年数を経過する前に賃貸借契約が終了し、取り壊して更地で返還しなければならないなど、土地賃借人の地位は、賃貸人に対し、極めて劣弱な立場に置かれている、とい

うことになります。

　これに対し、借地借家法の適用のある賃貸借契約（普通借地、定期借地契約）では、賃貸人の立場にも配慮しつつ、賃借人の保護が図られています。

Q.3 借地権の種類

普通借地権

普通借地権とはどのような内容ですか。

A 定期借地権以外の借地借家法上の借地権を、普通借地権といい、契約期間が最低30年、契約は原則更新され、賃貸人の更新拒絶には正当事由が必要であること、契約終了時に借地人による建物の買取請求が可能であることなどが特徴です。

解 説

1 民法上の借地人は、賃貸人に対し、かなり劣勢な立場に置かれています。
　これに対し、借地借家法上では、賃借人の立場を強化するための様々な規定が定められています。
2 契約期間は最低30年とされ、仮にこれより短い期間を定めても、その定めに効力はなく、契約期間は30年とされます。一方、30年より長い期間を定めることは当事者の自由です。
　そして、契約期間満了後、借地上に建物が存在し、借地人が更新請求をしてきた場合に、賃貸人が契約を終了させるためには、契約更新を拒絶する「正当の事由」が存在しなければならず、正当事由が存在しなければ、契約は更新されます。
　また、正当事由があっても、借地人からの更新請求や、借地人が契約期間満了後も土地を使用し続けているのに、賃貸人が異議を述べないときは、契約が更新したものとみなされてしまいます。

更新後の期間は、1回目の更新では20年、それ以降では10年となります。

同意による契約の更新は、当然可能です。

なお、建物が滅失した場合（取壊しも含みます）に、建物の再築を貸主が承諾し、又は異議を述べなかったときは、承諾又は建物再築のうち、早いほうの日から20年間契約は存続します(契約が20年以上残っている場合は、その契約期間のままです)。

3 仮に、契約終了について正当な事由が認められ、契約を更新せず終了させる場合でも、借地人は賃貸人に対し、土地上に建築した建物等の時価での買取りを請求できます。

この請求をすると、賃貸人の同意がなくても、当然に売買契約が締結されたとされ、借地人は代金を受け取るまで建物の明渡しを拒むことができます（なお、明渡しを拒むことができるだけで、借地人は、賃料相当額の金銭の支払い義務を負います）。

もっとも、この建物買取請求権は、契約の更新がない場合に借地人の投下資本の回収を図るために認められたもので、契約更新請求権を有している借地人であることを前提としているため、借地人の賃料不払いや用法違反等（債務不履行）によって解除がなされた場合は、建物買取請求権を行使することはできません。

契約が更新された後、契約残存期間を超えて存続すべき建物を新たに築造するやむを得ない事情がある場合、賃貸人がその築造を承諾しなければ、借地人は、裁判所に賃貸人の承諾に代わる許可を求めることができます。

裁判所は、建物の状況、建物が滅失するに至った事情、借地に関する従前の経過、賃貸人及び借地人が建物の使用を必要とする事情など、一切の事情を考慮し、判断します。

4 このように、普通借地権では、借地人に有利な定めがありますが、一時使用のための賃貸借では、これまでに説明してきた規定の効力は及びません。

一時使用と認められるためには、バラック小屋など、臨時設備の設置その他一時使用のために賃貸借契約を設定したことが、客観的にみて明らかである必要があり、契約期間も30年に比べて相当短いものでなければなりません。

　具体的には、賃貸借契約成立に至る動機、経緯、契約内容、契約条項、土地の位置及び周囲の環境、建物の所有目的と規模・構造などを総合考慮して、一時使用かどうかが判断されるので、一概に、契約期間が何年であれば一時使用になるとするのは困難です。

5　以上のように、普通借地権においては、借地人が手厚く保護されており、一度土地を貸すとなかなか土地を返してもらえないという事態に陥ることもあります。

　そこで、借地人の保護を図りつつ、賃貸人の利益にも配慮した契約形態として、定期借地権などがあるのです。

Q.4 借地権の種類

一般定期借地権

一般定期借地権とはどのような内容ですか。

A 定期借地権のうち、事業用定期借地権及び建物譲渡特約付借地権以外の定期借地のことをいい、最低契約期間を50年とし、法定更新の排除、再築による延長の排除、建物買取請求権の不行使の定めが有効な契約をいいます（借地借家法22条）。

解　説

1　Q3のように、建物所有目的の土地賃貸借の場合、存続期間が最低30年とされた上に、賃貸人が契約更新を拒絶することは簡単ではありません。さらに、仮に更新拒絶できたとしても、立退き料の支払いや、建物買取義務を負うことになってしまい、賃貸人の負担は大きなものとなってしまいます。

　そこで、賃貸人の立場にも配慮し、契約の法定更新や建物買取請求権のない土地賃貸借を可能としたのが定期借地権です。

　つまり、定期借地権には、賃貸借契約期間が経過すると、賃貸人は、確実に土地を返してもらうことができるという、普通借地にはない大きなメリットがあります。

　ただ、短い契約期間において法定更新等を排除できる形態を認めてしまうと、借地人保護を規定した借地借家法の趣旨が無意味なものとなってしまいます。

　そこで、定期借地権では、契約期間の範囲が定められており、一般

定期借地権における契約期間は、50年以上と定められています。
2　一般定期借地権の成立要件として、「その特約は、公正証書による等書面によってしなければならない」とされています。これは、一般定期借地権では、法定更新排除の特約が可能である点から、一般定期借地権であることを明確にしておく趣旨です。

「その特約は」とありますので、法定更新排除、再築による延長の排除、建物買取請求権の不行使の3つの特約以外は、書面で行うことまで要求されていません。

また、公正証書による書面「等」とありますので、必ずしも公正証書で行う必要はありません。ただ、後の紛争を予防するという観点から、3つの特約以外も含めて専門家が作成した書面であることが望ましいといえます。

なお、この3つの特約全てを定める必要があるかについては、議論のあるところですが、登記実務においては全てを定める必要があるとの扱いがされています（平成4年7月7日法務省民三第3930号民事局長通達）ので、書面作成の際は、3つの特約全てを記載しておくことが必要でしょう。

3　更新排除特約

一般定期借地権では、契約期間満了後の自動更新（法定更新）を排除する特約が認められます。つまり、貸主は、契約の更新拒絶について正当な事由がなくても、契約の終了を主張できます。

なお、借地人保護の規定として、借地人が契約期間終了1年前までに、契約が終了することを知らなかったときは、契約終了まで1年の猶予が与えられることになります。

契約を当事者の合意により更新することは可能ですが、そもそも定期借地権は、期間満了により契約が終了するものなので、普通借地権における契約の更新とは異なり、契約期間を20年とする定期借地権として更新する特約は無効であり、仮に契約期間を20年として契約を更新すると、その契約は一般定期借地権ではなく、普通借地権とみなさ

れます。そのため、契約期間は普通借地権の下限である30年となり、そのため、一般定期借地権に認められている、法定更新排除特約、建物買取請求権排除特約、再築による延長の排除特約は、効力を有さないことになります。

4　建物買取請求権の不行使特約

一般定期借地権では、普通借地権で認められていた建物買取請求権を請求しないとする特約も有効です。

この特約を定めた場合、賃貸人は、契約終了時に原状で土地の返還を受けることができます。つまり、更地で貸した場合には、借地人は、建物を撤去し、更地にして返還しなければなりません。

もっとも、原状回復費用が不相当に多額になる場合も想定されますので、後の紛争を避けるため、どの程度まで元通りにして返還しなければならないかを明確に定めておくことが必要な場合もあります。

契約の終了時に、原状回復を求めず、賃貸人が建物の買い取りを求めることも可能ですが、その場合に賃貸人は、不測の損害を被らないよう、建物に抵当権等の完全な所有権取得を妨げる権利が設定されていないかの確認を必ず行う必要があります。

なお、借地人が第三者に借地上の建物を譲渡した場合に、賃貸人が承諾しない場合には、その第三者は賃貸人に対し、建物買取請求権を行使することができ、この建物買取請求権は、一般定期借地権でも排除することはできません。

5　定期借地権の登記

定期借地権について登記をしなくても、定期借地権の効力は生じますが、借地人以外の第三者に定期借地権を主張するためには、登記を備えておく必要があります。

そして、この登記に、特約まで登記をしておく必要があるかについて議論のあるところですが、特約を登記することができる以上、やはり登記はしておくべきでしょう。

Q.5 借地権の種類

事業用定期借地権

事業用定期借地権とはどのような内容ですか。

A 定期借地権のうち、専ら事業の用に供する建物（居住用を除く）の所有を目的とし、かつ、存続期間を30年以上50年未満とする定期借地権をいい、法定更新排除特約、建物買取請求権排除特約、建物の築造による期間延長がないとする特約が可能な契約をいいます（借地借家法23条1項）。存続期間を10年以上30年未満とすることもでき、この場合には、法定更新、建物買取請求権等は特約がなくても適用されません（同条2項）。

解　説

1　改正前借地借家法では、事業用借地権として、存続期間10年以上20年以下で、法定更新及び建物買取請求権、契約更新後の建物の再築許可の規定が当然に適用されない契約を規定していました。

　しかし、より長期の事業用借地の社会的要請があり、20年以下から30年未満に上限が引き上げられ、これとは別に、契約期間30年以上50年未満とする事業用定期借地権が創設されました。

　事業用に限定はされますが、一般定期借地権よりも短い契約期間で賃貸借契約を終了させることができる点で、賃貸人にメリットがあるといえます。

2　「専ら事業の用に供する建物（居住の用に供するものを除く）」について

「専ら」と定められていることから、主に事業用に使う建物でも、その中に居住部分が併設されている場合（例えば、商業施設の上がマンションとなっている場合、社員寮など）、対象外となります。ホテルは宿泊するものではありますが、居住用とはいえませんので、事業用定期借地権の対象となるといえます。

「事業」とは、営利事業に限られず、公共事業、公益事業等も含みます。

「建物」が、居住部分を含むにもかかわらず、非居住用として契約した場合には、事業用定期借地権は無効と考えるべきでしょう。一方、契約時は非居住用であったところ、借地人が無断で居住部分を含むように変更した場合は、債務の不履行に当たると考えられます。ただ、信頼関係を破壊すると認められなければ解除は認められません。この場合、建物の変更後も契約の性質は変わらず、事業用定期借地権のままになると考えられます。賃貸人が契約の解除までは考えず黙認しているような場合も同様でしょう。そのため、期間満了によって借地権は消滅します。また、賃貸人が、借地人に対し、積極的に居住用への変更に承諾した場合には、事業用定期借地権から普通借地権に契約が変更されたとされる可能性があると考えられます。

なお、存続期間を50年以上と定めた事業用定期借地については、当事者の意思からして、一般定期借地権と扱うことになると考えられます。

3　契約の方法について

事業用定期借地権の場合、一般定期借地権とは異なり、公正証書で行う必要があります。従って、覚書や当事者間の契約書のみでは、事業用定期借地権の効力は認められないことになります。

また、特約は、法定更新の排除、築造による期間延長の排除、建物買取請求権の不行使の特約全てを定める必要がありますが、これらの特約を定めた上で、期間満了時において、建物の買取りの合意をすることは否定されません。

4　事業用定期借地権等の登記について
　事業用定期借地権等であることを第三者に対抗するためには、事業の用に供する建物の所有を目的とすること及び3つの特約を登記しておく必要があります。

Q.6 借地権の種類

建物譲渡特約付借地権

建物譲渡特約付借地権とはどのような内容ですか。

A 借地権設定後30年以上を経過した日に借地権の目的である借地上の建物を、借地人（建物所有者）が賃貸人に、相当の対価で譲渡することにより、消滅する借地権をいいます（借地借家法24条）。

解　説

1　普通借地権においては、最低契約期間の下限が30年であり、しかも、更新拒絶のためには正当事由が必要となりますが、借地権設定時に建物譲渡の特約を定めておけば、30年以上が経過した日に、建物が賃貸人に相当の対価で譲渡され、借地権を消滅させることができます。

　特約に基づき譲渡が行われ、借地権が消滅した後も建物の使用を継続している者（借地人又は借家人）が建物賃借の請求をすると、その請求の時に借地人又は借家人と土地賃貸人との間で期間の定めのない建物賃貸借契約がなされたものとみなされます。借地権者が請求した場合で、契約期間が残っている場合は、その期間が賃貸借契約期間となります。この賃貸借については、定期建物賃貸借とすることも可能です。

　譲渡特約の法律上の考え方としては、期限付売買、売買予約、代物弁済予約などが考えられます。

2　建物譲渡特約の要件

　譲渡特約は、30年以上の借地権であればよく、普通借地権、定期借

地権にかかわらず特約を定めることができます。

　ただ、譲渡特約を定める時期は、借地権設定時である必要があります。したがって、借地権設定後に譲渡特約を定めても、建物譲渡による借地権消滅の効力は生じないことになります。

　この特約自体は、公正証書等の書面による必要はありませんが、後に争いにならないよう書面でしておくべきことは当然です。そして、この建物譲渡特約では「借地権を消滅させる」目的が必要であり、書面で特約を定める場合には、単に将来譲渡することだけではなく、賃借権の消滅を目的としていることも明記しておく必要があります（なお、一般定期借地権などによる場合には、その成立に必要な形式を満たす必要があることは当然です）。

3　譲渡の時期について

　譲渡時期については、30年以上を経過した時であればいつでもよく、賃貸人が譲受けの意思表示をしたときとすることも、契約期間は30年（普通借地権）とし譲渡時期を31年後とすることも可能です。

　契約期間よりも後の時期に譲渡時期を定めても、普通借地権の場合は法定更新がありますので、更新後に譲渡が実行されることになります。仮に、正当事由が存在し、賃貸人の更新拒絶が認められた場合でも、借地人は建物買取請求権を有しており、これを行使すれば、建物の譲渡が行われることに変わりはありません。ただ、この場合には、建物譲渡特約借地権に認められる、借地人の請求による借地権は発生しません。

4　建物譲渡特約の保全方法

　この建物譲渡特約は、契約当事者間でのみ有効なものであり、仮に、特約に基づく譲渡が行われる前に、借地人が第三者へ転売し、あるいは競売が行われるなどして、第三者が当該建物を取得してしまうと、その第三者には、譲渡特約の効力を主張できなくなってしまいます。

　そこで、賃貸人は、特約に基づく所有権移転の地位を保全するために、他の権利者に優先する所有権移転や所有権移転請求権の仮登記を

行っておく必要があります。そのためにも、特約において、借地人が仮登記に協力することも規定しておくことが望ましいといえます。建物が取り壊されると、仮登記の効力はなくなりますので、新たな建物についても仮登記を行う必要があります。

　この仮登記をしていない場合、第三者に対しては譲渡特約の効力は主張できず、承継されている借地権の性質に基づいて処理が行われることになります。

5　相当の対価について

　譲渡の対価は、譲渡時の建物の時価と場所的環境のほか、借地権の残存期間、法定借家権が発生すること及びその想定賃料などを考慮して判断されると考えられます(基本法コンメンタール借地借家法参照)。

Q.7 借地の一時金・地代

普通借地の一時金

借地の一時金としてはどのような金員が授受されますか。

A 新規に土地を借地する場合、通常、権利金、保証金等の名称で一時金が授受されます。また、継続中の借地契約で建物を建て替える場合や第三者に借地権を譲渡する場合は承諾料が支払われる場合があります。

解　説

　新規に土地を借地する場合、権利金、保証金等の一時金が支払われる場合があります。一時金は将来借地契約が終了した時に返還される一時金と返還されない一時金に大きく区別され、不動産鑑定評価の上では前者を預り金的性格を有する一時金、後者を賃料の前払い的性格を有する一時金と位置付けられます。

　権利金とは、賃貸借契約締結時に賃借人から賃貸人に支払われる一時金で、借地権設定の対価や賃料の一部前払いとしての性格を有していると考えられます。

　保証金とは、一般に賃料の不払いや契約満了時の建物収去・土地明渡し費用等の賃貸借契約から生じる賃貸人の賃借人に対する一切の債権を担保する目的で授受されますが、中途解約等の契約不履行への違約金、賃貸人への建設協力金等の目的で授受されている場合も見られます。

　このように一時金の授受の慣行やその名称及び返還されるか否かの性格は、地域によって異なり、また同一地域内でも事業用か居住用かの用

途・目的によっても大きく異なりますので、その性格を一概に判断することはできません。一時金の単なる名称にとらわれずその内容を十分に把握することが大切です。

借地契約は普通借地権、一般定期借地権、事業用定期借地権、建物譲渡特約付借地権に分かれますが、一時金はこれら借地契約の内容によって異なるものではありません。ただ、定期借地権は契約期間が満了すれば土地は必ず返ってきますが、普通借地権の場合は返還時期が見通せませんので、土地返還時期の不確実性が一時金に影響を及ぼすことは考えられます。

また、継続中の借地契約において、契約の目的である建物を建て替える場合や借地上の建物を建て替える場合、第三者に借地権や借地権付き建物を譲渡する場合に承諾料として貸主に一時金が支払われる場合があります。いわゆる建替え承諾料や増改築承諾料、譲渡承諾料と呼ばれるものです。これら承諾料の授受の慣行は地域によって異なり、個々の個別的な事情によって様々ですが、双方の合意が成立しない場合は裁判所によって裁定されます。

不動産鑑定評価の上では、賃料の種類の如何を問わず貸主へ支払われる適正なすべての経済的対価を実質賃料と定義し、この実質賃料を基準に鑑定評価を行います。具体的には実質賃料は、賃料の前払い的性格を有する一時金の運用益及び償却額並びに預り金的性格を有する一時金の運用益を支払賃料に加算して求められます。よって、一時金はその金額と返還されるか否かの性格によって実質賃料を構成し、支払賃料の額に大きな影響を及ぼします。なお、建設協力金等の金融的性格の一時金は基本的には実質賃料を構成しませんが、長期低利で一般の融資条件より賃貸人に有利な場合は、その差額相当部分が支払賃料の額に影響を及ぼすものと考えられます。

不動産鑑定評価基準では一時金の算定方法に特に決まった方式が定められているわけではありませんが、支払賃料を含めた適正な実質賃料を求めれば適正な一時金の額が求められます。

実務的には月額支払賃料の月数(何カ月分か)や更地価格との関係(更地価格の何割か)を基に一時金の標準的な水準を求めることができます。

Q.8 借地の一時金・地代

定期借地権の一時金

定期借地権の一時金としてどのような金員が授受されますか。普通借地権の場合とで違いがありますか。

A 定期借地権の一時金としては、一般定期借地権の場合には、保証金がほとんどで、事業用定期借地権の場合には保証金、敷金で、いずれも権利金の授受の慣行はほとんど見当たりません。

解 説

　定期借地権は、一定の期間が満了すれば確実に消滅する制度で、従来の普通借地権のように正当事由の制度で借地人が強く保護されるのとは本質的に異なるものです。定期借地権の制度ができて約20年余を経過して、地主も借地人もこの制度の趣旨をよく認識するようになりました。普通借地権の場合には、地主からすれば、土地を賃貸した場合容易なことでは土地が返還されないのです。長期の賃貸期間中においては、地代の増額はなかなか難しいものです。ですから、最初から権利金として返還を要しない一時金を徴収したり、また建物の増築、改築の際には承諾料の名目で一時金を徴収する慣行ができてきたのです。これに対して、定期借地権の場合、借地人は土地を賃借して住宅を建て居住したり、店舗を建設して事業を継続して利益を得ていても期間が満了すれば借地権が消滅します。新たに借地しようとするには再契約する必要があります。定期借地権は、普通借地権の場合のような借地権価格は生じない、単なる利用権であるということが認識されるようになったのです。ですから定期借地権の場合には、権利金の授受は全く見られません。一時金とし

ては、保証金、敷金の授受が見られます。これらは預り金で、いずれも借地人の債務を担保する性格を有するものです。事業用定期借地権の場合、地主としては、地代滞納分と期間満了時に建物を解体撤去する費用相当分をこれらの一時金で確保したいところです。以前は地代の1年分相当額を預託するケースが多かったのですが、最近は需給バランスの結果からか、地代の6カ月程度が多いようです。

Q.9 借地の一時金・地代

住宅と店舗の地代

借地の地代はどのように決まっていますか。住宅と店舗でどのような違いがありますか。

A 住宅の地代は、個人の所得との関連が強いので比較的に低い水準ですが、店舗の地代は立地の良いところは高いです。店舗の地代は、総じて住宅の地代より高くなっています。

解　説

（1）　借地の形態には、普通借地権か定期借地権かによって内容が大きく異なります。昔から借地している場合には普通借地権がほとんどです。定期借地権の制度は、20年ほど前に制度化されたものですから、それ以前は普通借地権しかなかったのです。最近設定される路線店舗などの借地は定期借地権がほとんどです。定期借地権であれば期間が満了すれば確実に土地が更地返還されるからです。定期借地権には一般定期借地権、事業用定期借地権等、建物譲渡特約付借地権の3種類があります。

（2）　地代に関しては、普通借地権と定期借地権で大きく異なることはありません。一時金に関しては普通借地権の場合には長期に及ぶので、権利金等の授受が行われることがあります。なお、住宅と店舗では地代の相場が異なります。

　住宅の場合は、住居に供するために借地しますので、個人の所得との関連が重視され、比較的低い水準で地代が設定されるのが通常です。例えば、大阪市周辺では高い地代もありますが大体坪1,000

円～1,500円程度が多いようです。土地価格に対する利回りとしては、最近は、地価が下落傾向にありますので2～3％程度が多いようです。

　デベロッパーが一般定期借地権を利用して住宅を建設分譲する場合には、地代は、建物の建設費と合わせたローンの支払い可能な範囲で設定されます。したがって、購入者の所得の程度によりますが比較的低い水準です。

　商業地の地代は、その場所で商売を行うわけですから、商業立地に優れたところは当然に高くなります。要するに地代には格差があり、総じて住宅より高いのが通常です。土地に対する利回りとしては4～5％程度が多いようですが、場所等の条件で異なります。

(3)　鑑定評価では、普通借地権と定期借地権で地代算定の方法が異なるわけではありません。手法は同じなのですが、商業の場合、事業収益性をどの程度に考慮するかに違いがあります。

　新規賃料の場合、鑑定評価基準では、積算法、賃貸事例比較法及び収益分析法が規定されています。積算法は、土地価格を基礎価格として、これに土地の期待利回りを乗じて固定資産税や都市計画税等の諸経費を加算して求める方法です。この場合、前述したように、期待利回りが住宅の場合には低く、店舗の場合には高い利回りを採用します。賃貸事例比較法は、実際の地代事例を収集して対象不動産と比較検討して求める方法です。しかし、地代事例が少ない上に、立地、契約時期が異りますし、知り合いで安く貸したりなど、個別事情が色濃く反映されているため、比較検討が難しいのです。次に収益分析法は、住宅の場合には適用する必要はありません。店舗等の場合には、事業収益から見てどの程度であれば適正賃料かを算定しようとするもので、商業賃料の場合には適用する必要があると思われますが、現在のところ、その方法が確立されていません。

Q.10 借地の一時金・地代

新規地代と継続地代

新たに土地を貸して地代を受け取る場合と過去から貸している土地の地代を見直す場合では地代に違いがありますか。

A 新たに土地を貸して受け取る地代はその時点の市場相場に応じて地代が決まります。過去から貸している土地の地代を見直す場合は、契約の内容、契約締結時の経緯、契約時から見直し時までの経緯、貸主・借主双方の事情等を考慮して地代が決まります。

解　説

　新たに土地を貸して受け取る地代を新規地代（新規賃料）といい、過去から貸している土地の地代を見直す場合の地代を継続地代（継続賃料）といいます。

　不動産鑑定評価基準によれば、新規賃料とは、『現実の社会経済情勢の下で合理的と考えられる条件を満たす市場の下において新たな賃貸借等の契約において成立するであろう経済価値を表示する適正な賃料』をいいます。

　また、継続賃料とは、『不動産の賃貸借等の継続に係る特定の当事者間において成立するであろう経済価値を適正に表示する賃料』とされています。つまり継続賃料とは賃貸借等の契約に係る賃料を改定する場合のもので、特定の賃貸借契約等を前提に特定の当事者の間で成立するであろう賃料のことといえます。つまり市場参加者が特定されている点で新規正常賃料とは異なります。

　新規地代（賃料）と継続地代（賃料）は法律上区別して考えられ、ま

た不動産鑑定評価上も求める手法が異なります。

　不動産鑑定評価基準では新規賃料を求める手法として、①積算法②賃貸事例比較法③収益分析法があり、継続賃料を求める手法として、①差額配分法②利回り法③スライド法④賃貸事例比較法等が定められています。

　新規賃料を求める手法のうち①積算法とは、宅地の基礎価格に期待利回りを乗じて得た純地代（賃料）に必要諸経費を加算して新規地代を求めるものです。新規地代を求める手法の中では、適用範囲が広く最もよく使われる手法です。

　②の賃貸事例比較法とは、近隣地域等の用途や契約内容等の類似した新規の賃貸事例から対象地の新規地代を求める手法です。近隣に多くの同種の新規の賃貸事例がある場合には説得力のある手法となります。

　③の収益分析法は、店舗等の一般企業経営に基づく総収益を分析して対象土地が一定期間に生み出すであろう純収益を求め、これに必要諸経費を加算して対象地の新規地代を求める手法です。この手法は店舗等の収益を生み出す用途に供されている宅地の場合は有効ですが、店舗等が生み出す総収益のうち宅地に帰属する純収益を査定することは難しく、実務的には適用される場合は少ないようです。

　次に継続賃料を求める手法のうち①差額配分法とは、対象土地の経済価値に即応した適正な地代と実際の地代との差額について、契約の内容、契約締結の経緯等を総合的に勘案し、その差額のうち貸主に帰属する部分を適切に判断して従前の地代に加減して継続地代を求める手法です。対象土地の経済価値に即応した適正な地代は新規地代となりますので、この手法は新規地代と実際地代との差額を把握し、その差額を適正に判定してその差を縮小させるものといえます。

　②の利回り法とは、宅地の基礎価格に継続賃料利回りを乗じ、その額に必要諸経費を加算して継続地代を求める手法です。この手法は新規地代を求める積算法と類似していますが、利回りの求め方が異なります。

　③のスライド法は、現行の純地代に適切な変動率を乗じて得た額に必

要諸経費を加算して継続地代を求める手法です。この手法はどのような変動率を採用するかが問題ですが、簡便でわかりやすい手法です。

④の賃貸事例比較法は、近隣地域等の賃貸借等の継続に係る事例から対象土地の継続地代を求める手法であり、新規の賃貸事例比較法とその算定方法は基本的には同じです。だだ、採用する適正な事例は賃料の改定などによる継続賃貸事例に限られますので、事例の収集及び契約内容並びに賃料改定の経緯の比較に難しさがあります。

また鑑定評価基準には定められていませんが、裁判等においては継続地代を求める方法として前記のほかに、⑤公租公課倍率法も見られます。この方法は、地代の原価の大半が固定資産税や都市計画税の公租公課であることに基づき、対象宅地の公租公課に一定の倍率を乗じて地代を求める方法です。

新規に地代を求める場合は、多数の貸手と借手が市場において自由に契約を締結することが前提ですので、契約締結時の市場価値に基づいた地代が決定されます。一方、過去に締結された賃貸借契約の下で地代を改定する場合は、貸手と借手は限定されていますし、当初の契約内容に双方とも拘束されます。つまり、宅地の使用方法が契約内容により制限されている場合は、その制限された使用方法に基づく宅地の経済価値に即応した地代が求められますし、さらに契約締結時の経緯や契約締結後賃料の改定に至るまでの経緯、貸手借手の事情等も総合的に考慮する必要があります。つまり継続地代とは、貸手借手が特定された市場において成立するであろう経済価値を適正に表示する地代であるといえます。

継続地代も当事者双方が話合いにより納得すれば自由に決めることはもちろん可能ですが、話合いがつかない場合は裁判により決定することとなり、その場合は前記の諸事情を考慮し、継続地代の鑑定評価額等が参考とされます。

継続地代の実態は、新規の市場地代や宅地の地価が値上がり基調にある場合は低めに、値下がり基調にある場合はやや高めに決定される傾向があり、新規市場地代とは必ずしも一致しません。

つまり継続地代（継続賃料）とは市場価値に法律的判断を加えた地代（賃料）といえるでしょう。

Q.11 定期借地権の活用

一般定期借地権の活用

定期借地権を住居として利用する際の、メリットとデメリットについて教えてください。

A 定期借地権には、①一般定期借地権②事業用定期借地権③建物譲渡特約付借地権の３種類があります。（Ｑ２～Ｑ６借地権の種類参照）住居を目的とした場合、①の一般定期借地権によるものが通常利用されることとなり、長期耐用性を持つ住宅などに③の建物譲渡特約付借地権が利用されることもあります。

解　説

1．一般定期借地権には、大まかに、①契約期間は50年以上②存続期間中の建物再建築時にも期間の延長がない③期間満了時に借地人が建物の買取りを地主に請求することができないなどの要件がありますが、そもそもの定期借地権創設の背景として、従前の借地法で障害となっていた借地返還を受ける際の「正当事由」がなくても、期間が満了すれば必ず更地で土地が返還されるようになったことは、地主にとっての最大のメリットです。

（１）　地主のメリットとしては上記のほか、①景気の影響を受けにくく、長期の安定収入が得られること②事業性のあるものに比べ賃料滞納のリスクが低いこと③空室リスクがないこと④管理の必要がないこと⑤固定資産税や都市計画税の軽減が受けられることなどがあげられます。地代は地価相場の２～３％程度と利回りが高いとはいえませんが、各リスクが低いことを評価すれば、安全性が高いと捉える

こともできます。

　　また、期間の途中であっても底地の売却や相続時には物納が可能なほか、評価減額の措置もあります。
（2）　他方、デメリットとしては、一団の土地で開発許可などを取得した場合、公共に帰属した部分（公園、道路など）については現状に復帰されることはありません。

　　先の記述と重なりますが、賃料からみた利回りは、事業性のものに比較すると低く設定されますので、利回りを重視した場合にはデメリットと捉えることもできます。
2．借地人のメリットとしては、①土地を取得するのに比べ、総額が低く持家購入が可能なこと（地価の20～30％の保証金）、②土地の固定資産税を支払わなくてよいこと③中途解約の特約が可能なこと④増改築に地主の許可がいらないこと⑤建物の転売、転貸に地主の許可がいらないことなどがあり、期間中に地主から売却の打診があれば、底地を買い取ることもできます。
（1）　このような物理面でのメリット以外にも、住居にかかるコストが低く抑えられることにより生活費にゆとりが生まれることや、土地代との差額分を建築費に充当することにより、上質な住宅の建築も可能となります。
（2）　借地人のデメリットは、①期間更新が一切認められないこと②建替え時には、残存期間が短くなってしまう場合があること③毎月の地代支払いが発生すること④土地代金は不必要でも、保証金の支払いは必要なこと⑤資金計画の際、土地に融資が受けられないため保証金程度の自己資金が必要（保証金は融資で賄うことも可能）なこと⑥物件に私道が含まれる場合、地代に加算されたり、私道の維持管理を借地人で行わなければならない場合があること⑦最大の問題点として、中古住宅としての流通の未整備があげられます。
（3）　特に中古住宅の流通については、一般的に借地料が地価動向ではなく消費者物価指数と連動して見直すこととなっているため、地価

の値下がりが地代や保証金に反映されにくく、結果的に中古住宅流通価格の値下げで調整することとなり、中古価格が著しく低くなってしまっているのが現状です。また、地価の下落が続いているために宅地が購入しやすくなり、借地をする需要そのものが減っていることも影響しているようです。

3．建物譲渡特約付借地権は、長期耐用性を持つマンションやサービス付き高齢者住宅の建設などの敷地として利用される場合が多く、この場合地主は更地返還ではなく期間満了後に建物を買い取ることで、借地契約が終了します。買取り後は地主ではなく、建物所有者として入居者などから建物賃料を受け取ることができるので、収益性は向上しますが、償却年数が経過しているため買取り資金などの融資が受けにくい場合があります。

4．また住宅ローン滞納の事例も近年増えてきていますが、借地人が地代を滞納すると、借地権が解除されてしまう可能性があることから、抵当権者が、地代を代位弁済するケースも見られます。

Q.12 定期借地権の活用

事業用定期借地権の活用

事業用定期借地権はどのように活用されていますか。

A 事業用定期借地権は、ロードサイド商業や公的団体の土地活用に広く活用されています。

解　説

（1）事業用定期借地権は、民間と公的団体で活用されています。民間で主に活用されている業種としては次のようなものがあります。

　・ショッピングセンター業、倉庫業、フランチャイズ業、リース業

　国土交通省の調査結果（平成22年3月発表）によれば、ショッピングセンター業で21％、倉庫業では、10％、フランチャイズ業では、24％、リース業では、5％の業者が活用したことがあるということです。現在のところ商業店舗に活用されていることがわかります。

　とりわけロードサイド商業では、全国展開の事業者は、多店舗展開をする必要から、できるだけ初期投資を抑制したいため、また事業の特性により借地の形態を採用する場合が多いのです。しかし、地主の意向で地主が相続対策などで償却資産を保有することを望む場合や事業者の意向で、事業者が建設協力金を提供して、建物の長期借用を約定するオーダーリース方式の場合も多いのです。現在、大体、半分くらいが事業用定期借地権方式であるといわれています。事業期間は、法改正で50年未満の長期も可能ですが、現在のところ20年程度の期間設定が多いようです（30年程度の期間設定もあり）。一時金は、以前は地代の1年分程度

33

が多かったのですが、最近は、保証金6カ月程度が多いようです。保証金は借地人の債務を担保する性格を有しています。また、ロードサイド商業の場合、顧客の趣向の変化と厳しい競争で、事業撤退を考慮して期間途中の中途解約条項が特約される場合が多くなっています。中途解約のペナルティとしては保証金、敷金を放棄するケースが多いようです。

(2) 活用のメリットとデメリット

（メリット）
・期間満了時に土地は確実に返還されることから地主の同意を得やすい。
・土地価格の下落リスクを回避できる。
・土地を取得しないので初期投資を節約できる。
・財務諸表（ROA 総資産利益率）の改善につながる。

（デメリット）
・期間満了後の事業継続に不安がある。
・地代の負担が重い。
・設備の追加投資の判断が難しい。

(3) 公的活用

国土交通省の調査結果（平成24年3月公表）によれば、平成23年に地方公共団体等が所有する土地を定期借地権で賃貸活用したのは48件で、そのうち39件81％は事業用定期借地権で、用途は、工場、小売業、飲食業等です。事業期間は、20年が圧倒的に多くなっています。一時金としては保証金がほとんどです。

現在、全国に高度成長期に計画されて新規造成された工業団地が数多くありますが、バブル崩壊後、工場進出が進まず、空き地として保有されている産業用地が多くあります。また、各地方自治体も遊休地を多く抱えています。工場用地など産業用地は、売却して投下資金を回収したいのですが、長年の経済不況で売れない土地を多く保有しています。これらについては、定期借地権の形態でも工場進出を勧誘しています。地代は土地価格が低いこともあって低廉ですが、事業者から見れば、期間満了後の事業継続が可能か不安な部分があります。また、借地の場合に

は金融機関が担保価値を認めないというような理由であまり活用されていないのが実情のようです。各地方自治体は、所有土地の特性を考慮して事業用定期借地権で商業施設やその他の施設の用途として活用するように努めています。これらは民間の活力を利用する観点から積極的に推進しています。

Q.13 定期借地権の活用

事業用定期借地権利用と建設協力金方式のメリットとデメリット

ロードサイド商業で事業用定期借地権を利用する場合と建設協力金を提供するリースバックの方式のメリット、デメリットを教えてください。

A 事業用定期借地権を利用する場合の事業者側の主なメリットは、地主の同意を得やすい、初期投資を節約できるなどで、デメリットは、事業撤退の場合には建物をほかの事業者に賃貸する必要がある、地代負担が重いなどです。地主のメリットは、土地が期間満了で必ず返還されることです。建設協力金方式の事業者のメリットは、建設協力金を提供するが建物投資を節約できる、地主が建物を建設し賃借するので事業撤退しやすいなどです。

解　説

（1）　ロードサイド商業では、土地を取得して建物を事業者が建設する形態もありますが、事業用定期借地権を活用する形態と事業者が建設協力金を提供して地主が建物を建設し、それを事業者が賃借する形態が圧倒的に多いです。事業用定期借地権利用と建設協力金方式の比率は、現在のところ半々くらいの割合ですが、業種、業態により異なります。パワーセンターのような大規模な複合商業施設や比較的土地が大きいホームセンターなどでは、事業用定期借地権の利用がほとんどです。これは地主が多人数になるのでこの方法によらざるを得ないということがあります。これに対し、コンビニなど土地が数百坪で単一所有者の場合には、建設協力金方式が多いのです。土地が中規模の場合には、事業用定期借地権によるか、あるいは建

設協力金の方式とするかは、地主の意向や事業者の経営方針による部分もあります。

（2）　建設協力金の建設費に占める割合は、業種によって異なりますが、50～60％程度が多く、中には80％、90％という企業もあります。これは建物の建設費がどの程度の金額かということと、地主との交渉の結果という面があります。次に建設協力金の性格として、金銭消費貸借とするか、保証金とするかですが、これも業種によって異なります。大阪府不動産鑑定士協会の調査結果によれば、アパレルは金銭消費貸借と保証金がほぼ半々で、コンビニは金銭消費貸借が圧倒的に多く、ドラッグストアでは保証金が7割程度を占めています。

　　金銭消費貸借の場合は、例えば期間20年であれば、無利息、240カ月で均等返還とし、要するに家賃から相当額を控除するという形で回収します。

（3）　事業用定期借地権利用の場合の事業者のメリットは、地主の同意を得やすい、土地投資額の節約を図れるということが挙げられます。ロードサイド商業の場合、幹線道路沿いの農地を転換することが多いので、先祖伝来の土地を処分したくないし、処分すれば税金を差し引かれて大した金額が残りません。それに対し、賃貸であれば固定収入を得られるので、地主の意向に沿うのです。また、事業者は、土地投資額を節約できます。全国展開のチェーン店では、多店舗にする必要がありますから事業者にメリットがあるのです。

　　事業者側のデメリットとしては、借地の期間が地主の意向で20年程度となりますので、最近のように競争が激しい状況では長期の営業に耐えられるか不安があります。事業撤退を決めた場合に建物は自己所有ですから他の業種に賃貸することになりますが、賃貸料を割り引かざるを得ない場合もあります。また、地代負担が長く続くことになります。そこで最近の契約では、中途解約条項を特約するケースが多く見受けられます。中途解約のペナルテイは、保証金などの預り金を放棄するというものが多くなっています。

（4） 建設協力金方式の事業者のメリットは、建物は地主が建設しますので、例えば建設費の半額を建設協力金で提供しても建設費が節約できます。また、建物は、事業者の業種特有の仕様でいわゆるオーダーメイド賃貸で、期間は長期になりますが、事業継続が困難な場合には、建設協力金の残額を放棄する方法などペナルテイを払って撤退する約定を見受けます。地主のメリットとしては、建物を建設する資金を借用しますので、相続対策になります。ロードサイド商業でこの方式が多いのは地主、事業者双方にメリットがあるからです。しかし、事業者が撤退した場合、建物が特有ですから他に賃貸する場合に賃貸料が下がるおそれがあります。最近は、コンビニが撤退したあとしばらく空き家の建物を見ることがあります。

Q.14 定期借地権の活用

事業用定期借地権の地代

事業用定期借地権の地代はどのように決まっているのですか。

A 事業用定期借地権の地代は、周辺の地代相場や事業者の事業収益から算定される地代負担限度額をベースに地主と事業者の交渉で決まります。事業者の地代負担限度額は業種により異なります。事業収益性が高い業種は高い地代を提供できるのです。地価に相応して地代が決まっているのではありません。

解　説

（1）　事業用定期借地権の地代は、基本的に市場の需要と供給の関係で決まりますが、一般の諸物価の価格と違うところは、土地の場合は、供給が特定の場所に限られるという点です。例えば、国道沿いの県道との交差点・東南角地という500坪の土地で、交通の要衝にあたるところであれば様々な業種の出店が予想されます。

　要するに土地の供給曲線は垂直で、高い地代を出せる事業者がその土地を借りることができるのです。高い地代を提案できる事業者とそうでない事業者がいます。

　では、この高い地代を提案できる事業者とはどのような事業者でしょうか。高い地代を提供できる事業者は高い事業収益性を有するのです。売上げに占める不動産配分率がどの程度であるのかにより優劣が決まるのです。この不動産配分率は地代や家賃を含めたもので、人件費、販売促進費とともに店舗経営に主要な項目です。収益

性が高いと当然に不動産配分率も高くなり、高い地代を提供できる能力があるのです。この事業収益性は基本的に業種により異なります。また、同じ業種でもブランド価値を有する企業とそうでない企業で差があるのは当然です。企業は支払能力があってもできるだけ地代を抑えたいと思うのは当然です。地主は少しでも高い地代で貸したいと思います。このような背景をもとに、周辺の相場を参考にしながら地主と事業者との交渉で決まるのです。

（２）　では、土地価格との関連はどうでしょうか。地価が高いと周辺相場が高くなるのはやむを得ません。しかし高い地価の場所だからといってそれに応じて事業用定期借地権の地代が高くなるとは限りません。例えば、ホームセンターの場合、商品の単価は全国どこでも同じ値段です。売場効率が優秀か標準かにより粗利益額が異なりますが、店舗規模が大きくとも粗利益率は大体26％程度です。高い地価のところといっても地代負担額には自ずと限界があります。地代の限度は大体、坪2,500円といいいます。要する東京と関西のように地価が１ケタ違っても、地代としては2,500円を超えられないということです。言い換えれば、地価が安くともある程度の地代が提供できるということです。大体、関西の場合、地方の幹線道路沿いで坪1,000円から高いところで1,500円程度ということになります。

　　　地価相場で見る限り２倍程度の差がありますが、地代としては高くて50％増しということになります。要するに事業用定期借地権の地代は、地価に、例えば５％とか乗じて算定できるものではないということです。事業収益性を基礎として、ある程度の幅で市場で決まっているのです。実際、事業者の開発の担当者にヒアリングしたところでは、事業収益性から判断した地代額を地主に提示して、これをベースに交渉を進めるということです。

Q.15 定期借地権の活用

事業用定期借地権の福祉施設の利用

事業用定期借地権を利用すると、どのような建物を建設することができるのでしょうか。例えば、老人ホームやグループホームを建設することができますか。

A 事業用定期借地権の目的に沿わないので、老人ホームやグループホーム等、住居としての目的を主たる目的とする建物においては、事業用定期借地権の利用は難しいと思われます。

解 説

1 事業用定期借地権の目的

法23条1項は、「専ら事業の用に供する建物（居住の用に供するものを除く）の所有を目的」とした借地権設定契約を対象としています。

したがって、事業用定期借地権において、建物の使用目的は、もっぱら事業の用に供するものでなければならず、居住の用に供する建物は条文上明確に除外されています。例えば、賃貸マンションは、賃貸人にとってみれば事業目的になりますが、居住の用に供する建物なので、該当しません。

ただし、一時的に居住用に使用されていると見えても、特定人が継続的に居住するものでない保養所、旅館、ホテルなどは事業用定期借地権の適用対象になると考えられます。

2 老人ホーム

老人福祉法は、有料老人ホームについて、「老人を入居させ、入浴、排せつ若しくは食事の介護、食事の提供又はその他の日常生活上必要な

便宜」を供与することを目的とする施設であって、老人福祉施設、認知症対応型老人共同生活援助事業を行う住居（認知症高齢者グループホーム）等でないものと規定しています（老人福祉法29条1項）。

　これは、特定人が継続的に居住するための施設として、住居と考えられているため、事業用定期借地権では建築ができません。

3　グループホーム

　介護保険法は、認知症である要介護者に対して、共同生活を営むべき住居において、入浴、排せつ、食事等の介護その他の日常生活上の援助を行うことを「認知症対応型共同生活介護」と規定し（介護保険法8条19項）、この共同生活を営むべき住居を「グループホーム」と呼んでいます。さらに、老人福祉法では、「認知症対応型老人共同生活援助事業」の規定（同法10条の4第1項5号）があり、その事業が行われる共同生活を営むべき住居を「認知症高齢者グループホーム」と呼んでいます。

　これも、有料老人ホーム同様、特定人が継続的に居住するための施設と考えられます。

　これに対して、ショートステイ（短期間の入所で、入浴、排せつ、食事等の介護その他の日常生活上の援助を行う）の施設や、デイケア（日帰りの通所で、入浴、排せつ、食事等の介護その他の日常生活上の援助を行う）の施設は、特定人が継続的に居住するための施設ではないと考えられます。

4　事業用借地と公正証書

　もっとも、事業用定期借地権設定契約が効力を生じるためには、その契約内容を公正証書でしなければなりません。

　したがって、公正証書作成を依頼した公証人の判断、チェックによって、当該建物が「居住用」と判断され、設定契約ができないこともあります。

Q.16 定期借地権の活用

造成費の負担

事業用定期借地権を設定する場合、土地の造成費用は誰が負担するのですか。

A 地主（底地権者）が負担するのが原則ですが、借地人に負担させることもできます。

解　説

１　原則的には賃貸人が負担

　賃貸借契約において、貸す側は、いつでも使える状態、貸せる状態にした上で貸すのが原則です。例えば、荒地の状態で、地主が「さぁ、貸すよ」といくら叫んでも、見向きもされないでしょう。ある程度、土地として使える状態にしておかないと貸せません。畑や田んぼの状態の土地を畑や田んぼとして使用する目的ならば、そのまま使用できる状態になっているのでよいのですが、建物を建てるという目的ならば、建物を建てられる状態、宅地の状態にしておかなければなりません。
　その場合の造成費用の負担についても、貸す側である地主が負担するのが基本です。
　そして、この造成費用については、いずれ賃料（地代）収入の中から回収を図っていくことになるでしょう。

２　賃借人が負担する場合

　ところが、造成費用が多額になって、地主が負担するのが資金的に困難な場合や、その土地を借りたいと借地人側が要望している場合、さら

には借地人側が借りたがっている土地に複数の地主がいて、権利関係が複雑になっている場合には、地主側が借地人側と協議した上で、借地人側に全部又は一部を負担させることも可能です。

あるいは、契約時に一時金（例えば、保証金、権利金、前受地代など）を預かることとして、これを造成用の資金に使用するという方法もあります。さらに、一定の期間経過後から、分割して借地人に返還していくという方法もあります。

3 造成費用は税務上どのように取り扱われますか

例えば、造成費用を借地人が負担した場合、その費用が借地人に返還されないとみなされる場合は、地主が権利金を受け取ったときのように、不動産所得として課税されるものと思われます。

逆に、地主が、建物の建設をするために必要な盛土等の造成工事を借地人の費用負担により行うことを条件として土地（現状田地）を貸与した場合で、地主と借地人との間で、田地に戻した上で返還する（原状回復義務）契約を締結しているときには、地主には造成工事費用相当額の利益は生じていないとされるので、不動産所得として課税されません（Q.41参照）。

Q.17 定期借地権の活用

農地の事業用定期借地権設定

農地に事業用定期借地権を設定することができますか。その場合の手続はどのようにするのですか。

A 可能です。そのためにまず、農地を宅地に転用する必要があります。

― 解 説 ―

1 事業用定期借権のメリット

　一般の借地権とは異なり、事業用定期借地権は、更新がなく、期間満了により消滅するので、確実に土地が戻ってきます。いったん貸してしまうと、借地人の権利が強くて、土地が戻ってこないという懸念を払拭するものです。

　このような事業用定期借地権のメリットを活かして、地主が先祖伝来の土地を手放すことなく、使われていない農地を宅地として活用する場合が考えられます。

2 農地の転用

　農地法では、農地を他の目的に転用するための手続が規定されています（農地法4条、5条）。

　その中で、農地を農地以外のものにするため所有権等の権利設定又は移転を行う場合には、農地法上原則として都道府県知事の許可（4 haを超える場合（地域整備法に基づく場合を除く。）は大臣許可（地方農政局長等））が必要になります（農地法5条）。なお、市街化区域内農地

の転用については、農業委員会への届出制となります。

この農地法5条に基づく転用を行うには、農地所有者だけでなく転用事業者の双方が、許可のための申請を行う必要があります。

この許可を受けないで無断で農地を転用した場合や、転用許可に係る事業計画どおりに転用していない場合には、農地法に違反することとなり、国又は都道府県知事から工事の中止や原状回復等の命令がなされる場合があります。

また、農地法5条の許可を取らないうちに事業用定期借地契約を結ぶ場合、借地契約は許可を法定条件として成立し、許可が取れればそのときから将来に向かって効力が生じますが、許可が取れないうちはその効力が生じないままとなります。仮に「農地法上の許可（これに代わる届出）がなくても本契約の効力は生ずるものとする」という契約条項を設けたとしても、そのような合意は無効です。

3 許可の基準

（1） 農地区分及び許可方針（立地基準）

まず一つの基準として、農地を営農条件及び市街地化の状況から見て5種類（農用地区域内農地、甲種農地、第1種農地、第2種農地、第3種農地）に区分し、優良な農地での転用を厳しく制限する一方、農業生産への影響の少ない市街地に近接した第3種農地等へ転用を誘導することとしています。

（2） 一般基準（立地基準以外の基準）

次に、許可申請の内容について、申請目的実現の確実性（土地の造成だけを行う転用は、市町村が行うもの等を除き不許可）、被害防除措置等について審査し、適当と認められない場合は、許可できないこととなっています。

4 生産緑地に指定された農地

前述したように、市街化区域内の農地の転用は農業委員会への届出制

となっているので、簡単に宅地への転用ができます。ただ、例外があって、生産緑地に指定されている場合、残念ながら定期借地権が活用できるケースがほとんどありません。生産緑地は農地などとして管理しなければならず、建物などの建築には市区町村長の許可が必要である上、農産物、水産物、林産物用の施設に限り認められることになっています。このように用途が制限されるため、建物の所有を目的として土地を賃貸できるケースは全くといっていいほどありません。

5 農地転用許可の手続

（1） 都道府県知事の許可

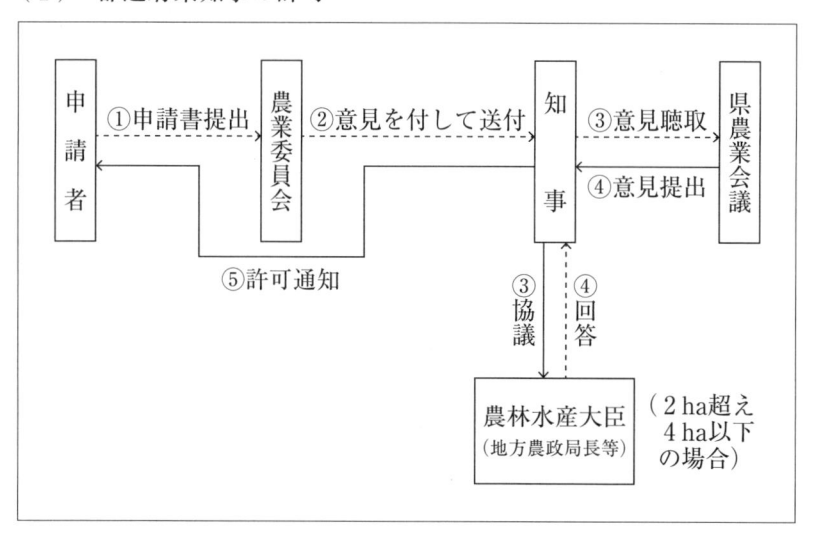

```
申請者 ──①申請書提出──→ 農業委員会 ──②意見を付して送付──→ 知事 ──③意見聴取──→ 県農業会議
      ←──⑤許可通知──                              ←──④意見提出──
                                                   ③協議 ↓ ↑ ④回答
                                                   農林水産大臣
                                                   （地方農政局長等）
                                                   （2ha超え4ha以下の場合）
```

（2） 農林水産大臣（地方農政局長等）の許可

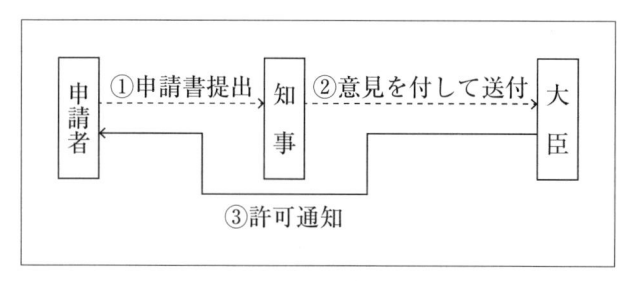

```
申請者 ──①申請書提出──→ 知事 ──②意見を付して送付──→ 大臣
      ←──────③許可通知──────
```

(3) 農業委員会への提出（市街化区域内農地の転用）

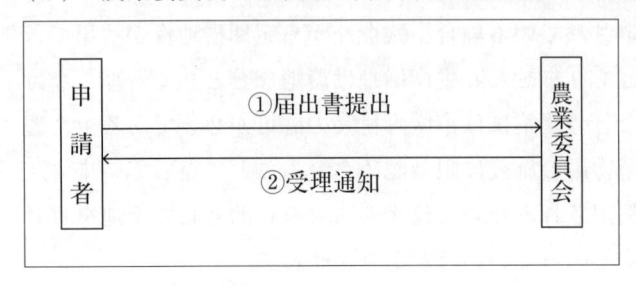

```
申請者  ──①届出書提出──→  農業委員会
       ←──②受理通知──
```

Q.18 定期借地権の活用

建物譲渡特約付借地権の活用

建物譲渡特約付借地権はどのように活用されていますか。

A 建物譲渡特約付借地権は、設定後30年以上経過した日に借地権設定者に建物を譲渡することにより借地権が消滅するものです。この制度はロードサイド商業ではほとんど活用されていませんが、長期間のマンションやサービス付高齢者住宅などでは活用されています。

解　説

（1）　建物譲渡特約付借地権は、設定後30年以上経過した日に借地権設定者に建物を相当の対価で譲渡することにより借地権が消滅するという制度です。この制度は、建物の用途が限定されていません。建物譲渡特約付借地権は、建物の賃借人で建物の使用を継続している者が請求すれば、借地権消滅時に、借地権設定者との間で法定借家権が発生するものとしています。定期借地権を設定すると、期間満了に近くなると建物の補修が充分になされずスラム化するとの指摘がありますが、あらかじめ相当の対価で建物が譲渡することが特約されると建物が良好に維持されるのではないかと考えられ、この制度は、その活用が期待されました。

　　現在、ロードサイド商業ではほとんど活用されていませんが、長期間の賃貸マンションやサービス高齢者住宅などでは活用されています。

（2）　ロードサイド商業ではみられない理由として、地主は、期間満了

後に更地で返還されることを最も期待するのであり、それが定期借地権のメリットと認識しているので、建物を買い取りそれを活用することを望まないということがあります。期間経過後の建物がどの程度使用に耐えるのか不確定な部分があり、また、期間経過後の建物価格の金額をどの程度であるか算定することを契約時点で定めがたいということがあります。要するに地主は、30年先に建物を買い取って活用するメリットが見いだせないのです。

（3）　これに対し、長期耐用性を持つマンションやサービス付き高齢者住宅では活用されています。これは、30年を経過しても建物の維持管理さえできていれば使用価値があり収益を見込むことができるからです。地主が建物を買い取るメリットがあると考えられます。30年後の建物買取価格は、その時点での時価相当ですから、その時点で鑑定評価して決定することになります。建物所有者は、30年経過すると減価償却も進み、売却益を見込める可能性があります。他方、地主側では、経年しているので買取資金の融資を受けられるかどうかの懸念があります。

Q.19 定期借地権の活用

前払賃料制度の活用

税法で認められている前払賃料制度は活用されていますか。

A 定期借地権設定の一時金の授受に前払賃料制度を利用すれば、権利金のように課税されませんが、ロードサイド商業では、現在、定期借地権の一時金の金額が多額でなく、この制度は利用されていません。

解　説

（1）　土地の賃貸借に際して授受される一時金は、従来、権利金、保証金、敷金のいずれかでありますが、平成17年1月7日国税庁課税部長回答「定期借地権の賃料の一部又は全部を前払いとして一括して授受した場合における税務上の取扱いについて」で前払賃料の制度が取り入れられました。この前払賃料制度は、定期借地権の設定時に権利金や保証金、敷金とは別に、賃料の一部を一括前払いとして一時金を授受する場合に借地権者では前払費用として、借地権設定者では前受収益として処理することを税務上、認めるものです。

　　具体的には、借地権者は、前払賃料として計上し、毎期、当該年の賃料に相当する部分を経費として算入することになり、借地権設定者は、前払賃料を前受収益として計上し、毎期、当該年の相当する賃料部分を収入に算入することになります。一時金の授受の時点で権利金のような一時課税はされません。

（2）　前払賃料として認められるためには、借地権設定契約で授受され

る一時金が前払賃料であることを明記することと、その一時金が、契約期間の全部、又は最初の一定期間について均等に充当されるものでなければなりません。ただし、中途解約の場合には、残余期間に相当する前払賃料部分は借主に返還しなければなりません。

　この前払賃料制度のメリットは、借地権設定者にとっては、権利金などのように一時課税がされないことです。長期の借地契約において、保証金、敷金のほかに一時金の授受がなされる場合には、この制度を利用することが期待されます。

（3）　現在のところ、ロードサイド商業では、この前払賃料制度はほとんど利用されていません。

　その理由は以下のように考えられます。

　前払賃料制度は、定期借地権設定に際して賃料のほかに保証金、敷金、権利金などの多額の一時金が授受されるものと想定して、制度設計がなされたものですが、定期借地権は期間満了で更地返還が保証されるものであるので、従来の普通借地権のような借地権価格を構成しない、単なる利用権であるとの認識が定着し、これまでのような返還を要しない権利金に相当する一時金を収受する必要がなくなった。また、昨今の経済不況の影響で保証金、敷金など一時金の金額が低下傾向で、多くて1年分、最近は6カ月程度というのが増えている。このようなことから前払賃料制度を利用することがないものと思われます。

Q.20 定期借地権の評価

事業用定期借地権の付着した底地評価

事業用定期借地権の付着した底地はどのように評価するのですか。

A 借地期間が満了すれば、基本的には更地として復帰することに留意して、賃料収受権を基礎とした価値を把握することになります。具体的には、事業用定期借地期間における純地代収入の割引現在価値の総和に、将来復帰する更地の現価を加算して算定します。

解　説

1　事業用定期借地権の付着した底地の価格

事業用定期借地権の付着した底地については、事業用定期借地権そのものと違い、その価格を評価する場面が少なからずあります。底地の所有者は個人であるケースが少なくなく、何らかの事情によって、事業が継続されたまま底地を売却することも想定しうるからです。

では、こうした底地の価格はどのように決まるのか、鑑定評価上の評価手法を中心に解説を加えます。

2　不動産鑑定評価

不動産鑑定評価においては、底地の評価に用いられる次のような手法等について、付着している権利が事業用定期借地権であることの特殊性を加味して適宜適用し、鑑定評価を行うことになります。各手法における留意点は以下のとおりです。

（1）　取引事例比較法

まず、市場性からのアプローチとして、事業用定期借地権が付着した底地について、マーケットで取引されている類似の事例を収集し、比較を行う手法が挙げられます。これが取引事例比較法です。

　近年、このような底地の取引が、マーケットで多く観察されており、適切な補修正、要因比較を行うことによって、底地の比準価格を算定することが可能です。

（２）収益還元法

　次に、収益性からのアプローチですが、底地は地代収受権を基礎としたものであることから、基本的に収益価格（DCF法等）を重視して価格を算定することになります。

　なお、事業用定期借地権の借地期間は、「10年以上30年未満」もしくは「30年以上50年未満」と有期になります（更新が認められるケースもありますが）ので、借地期間満了後は土地が更地に復帰することに留意が必要です。

　すなわち、借地期間における純地代収入の割引現在価値の総和に、将来復帰する更地の現価を加算して算定することになります。

　具体的に、以下のモデルケースを用いて計算します。

　甲が、幹線道路沿いの土地（1,000㎡）について、乙ファミリーレストラン経営会社に事業用借地権を設定（20年間、月額10万円）していたところ、10年経過した時点で、手元に現金が必要になったため、当該土地を第三者に売却して換価しようとしたケースにおいて鑑定評価を行う場合、当該底地の収益価格は下記のように求められます。土地の公租公課は60万円／年、更地単価を6万円／㎡とします。

　　地代収入（A）
　　　：10万円／月×12月＝120万円／年
　　公租公課（B）
　　　：60万円／年
　　純地代収入（C）

：120万円／年（A）－60万円／年（B）＝60万円／年

残り10年間のCの現価の総和（利回り年5％で計算）（D）

   ：約460万円

10年後の更地復帰価格（E）

   ：6万円／㎡×0.6139（年5％、10年の複利現価率）×1,000㎡

   ≒3,680万円

底地価格（F）

   ：D＋E＝約4,140万円

なお、本解説では事例を単純化していますが、厳密には公租公課以外の諸費用、地代減額リスク、将来見込まれる一時金等の検討が必要となります。

(3) 財産評価基本通達

以上の2手法が、不動産鑑定評価基準で定められているものですが、実務上採用されている方法として、国税庁の定める財産評価基本通達25（2）の規定を挙げることができます。

財産評価基本通達は、相続税・贈与税を計算する際に対象財産の価額評価基準として国税庁が定めているものですが、その25（2）に一定の条件を満たした場合における底地に関する規定があり、定期借地権の割合が次のとおり規定されています。

残存期間が5年以下のもの	5％
残存期間が5年を超え10年以下のもの	10％
残存期間が10年を超え15年以下のもの	15％
残存期間が15年を超えるもの	20％

上記ケースをこれに当てはめれば、以下のとおりとなります。

6,000万円×0.9＝5,400万円

Q.21 定期借地権の評価

定期借地権の評価

期間途中で定期借地権を譲渡する場合、借地権をどのように評価するのですか。

A いまだ定期借地権の取引が成熟しているとはいえず、これといった評価方法があるわけではありません。定期借地権の種類、類型に応じて、既存の評価手法を採用することになります。この場合、定期借地権の特性である期間の有期性、価格の逓減性を考慮する必要があります。なお、実務上は、財産評価基本通達の規定を準用して求める簡便法を採用するケースが多いようです。

解　説

1　定期借地権の類型

定期借地権の類型には大きく分けて定期借地権、定期借地権付建物があります。

2　鑑定評価が必要とされる局面

定期借地権付戸建住宅、定期借地権付マンション、定期借地権付商業施設を REIT が取得する場合等、建物と一体となった定期借地権付建物がほとんどですが、定期借地権のみの評価が求められる場合として、借地期間途中での中途解約、建物再築を前提とする売買・競売等があります。

3 期間の有期性と価格の逓減性

①期間の有期性

更新排除の特約が必要なもの（法22条の定期借地権、23条1項の事業用定期借地権）もありますが、期間満了に伴い、借地は終了します。

②価格の逓減性

借地権価格は実質賃料と新規実質賃料の開差×残存期間＋定期借地権の法的安定性から構成されていますが。それらは期間満了に伴い0になってしまいます（次の **4**（2）参照）。

4 評価手法

下記の手法が考えられます。

（1） 取引事例比較法
（2） 借地権残余法
（3） 賃料差額還元法
（4） 更地価格から底地価格を控除
（5） 定期借地権割合法
（6） 財産評価基本通達による方法

上記のほかに下記があります

（7） 競売不動産における考え方
（8） 一時金からのアプローチ

　　①保証金
　　②権利金

等がありますが、（1）～（4）については以下のとおりです。

（1） 取引事例比較法

市場性からのアプローチとして、類似の事業用借地権がマーケットで取引されている事例を収集し、比較を行う手法です。ただし、事業用借地権は、ほとんどマーケットで取引されませんので、類似の事例を収集することは極めて困難です。仮に取引されるとしても、

当事者間で相対取引されるケースが多く、第三者がその契約内容を知り得ることは稀有といえます。したがって、実務上、取引事例比較法は適用できないのが実態です。

(2) 借地権残余法による収益価格

借地権付建物の総収益から必要諸経費等（土地については地代）及び建物に帰属する純収益を控除して得た借地権に帰属する純収益を還元利回りで還元して求める手法ですが、事業用借地権は借地期間が限定されていることから、有期還元により求めることになります。

(式)

$$P = b \times [\{(1+R)^m - 1\} / R(1+R)^m] a - F/(1+R)^m$$

P：借地権価格

b：借地権に帰属する純収益

借地権付建物の総収益から必要諸経費等（土地については賃料）、建物に帰属する純収益を控除して得た純収益。

$\{(1+R)^m - 1\} / R(1+R)^m$：複利年金現価率

R：土地の割引率

m：残存借地期間

a：定期借地権であることによる調整率

$F/(1+R)^m$：建物撤去費用の現在価値

F：建物撤去費

借地権価格Pを求めるためにはb、R、m、a、F をより精度の高いものにする必要があるのですが、限界があります。例えば、bの決定において借地権に帰属する年々の純収益が残存期間中同額であることはまずあり得ず、それらを適切に求めるのは非常に困難です。Rについては、上記bとも関連することですが、年々の適切な割引率を求めることに対しても、困難を伴います。Fについてもしかりです。

(3) 賃料差額還元法による価格

正常賃料と継続賃料の差額の継続する期間（残存期間）を基礎に

求められた価格から期間満了時における建物撤去費用を控除して求める手法です。

式は次のとおりです。

$P = A \times [\{(1+R)^m - 1\} / R(1+R)^m] a - F/(1+R)^m$

A：正常賃料と継続賃料の乖離

$\{(1+R)^m - 1\} / R(1+R)^m$：複利年金現価率

R：土地の割引率

m：残存借地期間

a：定期借地権であることの調整率

$F/(1+R)^m$：期間満了時の建物の撤去費用Fを利回りRで現時点（期間m）に割り戻した価値

上記については（1）と同様の問題点があります。
ここで大事な点をいくつか指摘します。
① Aがマイナスになる場合です。つまり新規賃料より継続賃料が高くなっている場合です。この場合Aはマイナスになり、これにいくらかけてもマイナスになってしまいます。

地価の下降、上昇は長期的には十分あり得ることです。それに伴い地代も遅れて下降、上昇する傾向にあります（賃料の遅効性、粘着性）。建物の撤去費用を考えると多少賃料が上昇しても結果はマイナスになることが考えられます。

② 借地権価格は上記A以外に借地を長期、安定的に使用しうる権利（法的保護利益）を加味したものです。

借地権は債権ですが、借地借家法によって借地人は厚く保護されており（借地権は準物権に準じた権利です）、借地期間満了時まで安定的に借地を継続できます。このように①が多少マイナスであっても②の権利が上回っているかぎりPはプラスになることもあります。しかし、法的保護利益がいくらであるかは困難な場合が多いです。

③Aがいくら大きくても、法的保護利益が大きかったとしても、期間満了時には建物撤去費用を除いた部分は0になります。ですから、このような場合でも期間満了時にはPはマイナス（少なくとも建物撤去費用）になります。

(4) 更地価格から底地価格を控除

底地価格を求めるに際し、(1)、(2)と同様の問題が生じます。さらに、借地権の市場と底地の市場は各々異なることから、必ずしも借地権価格と底地価格を合計した結果が更地価格になるとは限りません。

(5) 定期借地権割合法

これは、事業用借地権割合を算定し、更地価格に当該割合を乗じて求める手法です。一般の借地権でも同様のことですが、取引慣行が未成熟な場合は、当該割合を把握することは困難です。既述のとおり、事業用借地権の取引はほぼ見られないことから、当該借地権割合を把握することは極めて難しい作業といえるでしょう。

(6) 財産評価基本通達による方法

この手法は底地の評価に対してとられている税法上の手法です。

現在一般的に採用されている借地権割合に準じた扱い方に近いのではないかと思いますが、期間満了間近になりますと借地権価格はほとんど0になるでしょうし、期の途中で差額賃料が大きくなり、収益還元した価格が大きくなる場合があります。

どのような場合でも上記割合を適用するのは非現実的です。

財産評価基本通達は、相続税・贈与税を計算する際に対象財産の価額評価基準として国税庁が定めているものですが、その25（2）に一定の条件を満たした場合における底地に関する規定があり、定期借地権の割合が次のとおり規定されています。

残存期間が5年以下のもの	5％
残存期間が5年を超え10年以下のもの	10％
残存期間が10年を超え15年以下のもの	15％

残存期間が15年を超えるもの　　　　　　　20％
（7）　競売不動産における考え方
　その他、競売不動産の評価方法として、『別冊判例タイムズ30号競売不動産評価マニュアル第3版』（東京競売不動産評価事務研究会編）には、建付地価格に既存借地権割合を乗じ、これに事業用借地権であることによる減価率を乗じて（さらに、「1－名義変更料相当率」を乗じる）求めるとされています。事業用借地権であることによる減価率は、個々の契約内容、残存期間、事業用借地権であることによる心理的マイナス面等を考慮した、既存借地権（割合）との比較における減価率で、約定期間が10年以上30年未満の場合で、50～100％減、30年以上50年未満の場合で、30～100％減とされており、裁量幅が大きいことは否めません。
　上記のほか、(8) 一時金からのアプローチ①保証金・②権利金からのアプローチも考えられます。

Q.22 定期借地権の終了

定期借地権の再契約

定期借地権が期間満了で終了する場合の再契約について説明してください。

A 更新はできません。借地権の再設定契約をするのが原則です。

解　説

1 更新特約は不可

　定期借地権においては、普通借地権に認められている更新に関する規定（法4条～6条）を特約により排除しているか（一般定期借地権　法22条、存続期間を30年以上50年未満とする事業用定期借地権　法23条1項）、あるいはそもそも適用されません（存続期間を10年以上30年未満とする事業用定期借地権　法23条2項）。

　すなわち、更新がないのが定期借地権であり、契約において、更新を認める特約を付することは定期借地権では認められていません。

2 再設定契約は可能

　ただし、期間満了時に、当事者間の協議により定期借地権の再設定契約を行うことは可能です。なお、当初の定期借地権設定契約の際に、期間満了時に再設定契約を行うか否かについて協議を行う旨を定めたり、期間満了時に新たな借地権を設定するものとする予約をしておくことも可能です。

3 期間の延長

例えば、存続期間を30年とした事業用定期借地権（法23条1項）の場合に、当事者の合意によって法定の50年未満までの範囲で延長することは、「借地条件の変更」として認められることがあります。また、あらかじめ法定の期間の範囲で延長する旨の特約を付することも可能です。

4 再設定契約も公正証書で

なお、定期借地権の再設定契約は、まさしく再度、定期借地権を設定するものですから、公正証書によるなどの法律上の要件を備えなければなりません。

期間の延長の場合は、当初の契約の条件変更にとどまり新契約ではありませんので、公正証書にする必要はありませんが、書面に残しておいたほうがよいでしょう。

5 地主が使用継続を拒否するとき

地主が再設定契約あるいは期間の延長にも応じない場合は、借地人には借地を更地に戻して地主に返還する義務が生じます。

定期借地権が、そもそも更新を予定せず期間満了時に確定的に地主に返還されることを予定したものであるため、このような結論になります。

Q.23 定期借地権の終了

事業用定期借地権の建物譲渡特約

事業用定期借地権満了時に、地主に建物を譲渡する特約は有効ですか。

A 定期借地権の設定契約において、借地期間満了時に地主側に建物を譲渡する特約は有効であると考えられています。

解　説

1 建物買取請求権（法13条）の排除

　定期借地権においては、借地期間満了によって借地契約は確定的に終了し、定期借地権は消滅します（Q４参照）。そのため、地主にとって、自分の土地が確実に戻ってくるというメリットがあります。さらに、法23条１項及び２項は、事業用定期借地権における法13条の規定の排除を認めていますが、これによって、普通借地権に認められる強行的制度としての借地権者からの建物買取請求権を排除し、地主は更地による返還を受けることになります。

2 借地権設定者の建物買取権

　しかしながら、期間満了時の建物の状態等によっては、地主にとって、更地として返還を受けるよりは、建物を譲り受けたほうが経済的にメリットがある場合が考えられます。借地人にとっても、建物を収去するコストを軽減することができます。

　そこで、借地権設定者が期間満了に際し、建物の収去を請求するのではなく、建物を自己に譲渡するよう請求することは認められるとされて

います（基本法コンメンタール借地借家法第2版補訂　73頁）。特に、存続期間中に建物が滅失した場合に、これを認めることで、再築された建物の存立を図ることは、借地権者による土地の有効利用の観点からも望ましいことですし、定期借地上の建物の賃借人の居住を法35条によることなく保護することもできることが考慮されています。

そしてさらに、無償で譲渡するよう請求できる権利を借地権設定者に与える旨の当事者間の合意についても有効と考えられています（山野目章夫『定期借地権論』38頁）。

3　建物買取請求権を排除する特約のない定期借地権設定契約の可否

定期借地権設定契約の際に、建物買取請求権を排除しない形態の定期借地権設定契約は、定期借地権として認められるかという問題が論じられました。

これに関して、登記の実務では、建物買取請求権を排除する特約のない定期借地権設定契約の登記申請は受理することができない取扱いとなっています（平成4年7月7日法務省民三第3930号民事局長通達）。そのため、設定契約には、建物買取請求権を排除する特約を入れておくほうが無難といえます。

ただし、既述のとおり、確かに法23条1項及び2項は、法13条の規定を排除していますが、これは、普通借地権に認められる強行的制度としての建物買取請求権を事業用定期借地権では否定する趣旨であり、当事者間の特約による買取りの可能性までも否定するものではありません（山野目章夫『定期借地権論』216頁）。また、建物を取り壊して、更地で返還するということは比較法的にみても特異な現象であり、建物の存立を確保し、スラム化を避けることが都市環境の保全にとって望ましいことを考慮すると、建物買取請求権の排除特約が欠けていても、定期借地権として認める必要があるといえます（基本法コンメンタール借地借家法　74頁）。

Q.24 定期借地権の終了

定期借地権の期間満了の原状回復

期間満了の場合の原状回復の特約について、具体的に説明してください。

A 借主は、期間満了によって賃貸借契約が終了する際に、その目的物に付属させた物を収去した上で（原状回復義務）、貸主に返還しなければなりません。借地契約の場合、借地人は所有する地上建物及びその他土地に付着させた工作物等を取り壊して更地にし、地主に土地を明け渡す義務が生じます。

解　説

1 定期借地権は期間満了によって消滅

　定期借地権については、更新に関する規定、再築による期間延長の規定は一切排除されています（法22条、23条1項・2項）。そのため、借地期間満了によって借地契約は確定的に終了し、定期借地権は消滅します。

2 借地人の原状回復義務

　賃貸借契約が終了するに当たって、使用貸借の規定（民法597条1項、598条）が準用されています（民法616条）。そこで、借主は、賃貸借契約が終了する際に、その目的物に付属させた物を収去した上で（原状回復義務）、貸主に返還しなければなりません。借地契約の場合、借地人は、借りた土地を借りた当時の状態に戻して、すなわち、借地人が所有する地上建物及びその他土地に付着させた工作物等を取り壊して更地にし、

地主に土地を明け渡す義務が生じます。

　このように、定期借地権は、借地期間が満了しますと、貸した土地は元の状態（更地）に戻して借地人から返してもらえることになるのが最大の特徴です。

3　原状回復義務の範囲

　それでは、借地人の原状回復義務は、どの程度まで行わなければならないのでしょうか。

　原状回復は、借地契約をした当時の状態に土地を戻すことを内容としています。そこで、建物の基礎部分や、給排水、配電等の地中設備、さらに借地人が土地の一部を駐車場に使用するためにアスファルト舗装したような場合の舗装部分についても、撤去する義務があります。

　一方、元々これら一定の諸設備を地主側で設置しておくことが借地の前提となっていたにもかかわらず、地主の代わりに借地人が設備を設置した場合、借地人が設けた設備は本来地主の義務に属することを借地人が代わりに行ったものなので、撤去義務はありません。

4　造成地についての原状回復

　それでは、例えば、借地人が農地を宅地に造成して借地した場合に、宅地を農地に戻して返還する義務があるのでしょうか。

　借地契約は、借地人が地上に建物を所有して使用することを内容とするものですから、地主は本来建物を建てることができる状態にして借地人に貸す義務があります。すなわち、地主は、農地を宅地に造成した上で借地人に貸さなければなりません（Q17参照）。

　したがって、借地契約の際に、地主が、契約が終了すれば宅地を元の農地へ戻してほしいと希望し、借地人に対し、特別に農地への原状回復義務を課したような場合を除き、原則として借地人にはそこまでの義務はありません。

5 原状回復の強制執行

借地人の原状回復義務といっても、借地人が自ら義務を履行してくれればよいのですが、そうでなければ、借地人に強制して原状回復義務を履行させる方法はありません。

例えば、更地にするには、建物を解体して、その廃材を搬出し廃棄しなければなりませんが、通常それには多額の費用がかかります。したがって、その費用負担に困って、あるいは意図的に借地人が原状回復義務を履行しないこともあり得ます。

その場合には、地主から借地人に対して、建物収去土地明渡請求訴訟を提起して、確定判決を得た上で、それに基づく強制執行手続により建物を取り壊すしかありません。そして、建物を取り壊して更地の状態に戻すまで、借地人は契約に基づかずに不法に土地を使用していることになるので、更地で明け渡すまでの間の使用について、地主は、あわせて賃料相当額を損害金として請求することもできます。

地主としては、このような事態を想定して、契約時に保全の措置を取っておく必要があります。例えば、明け渡すまでの賃料相当の損害金について、賃料より高額の金額を定めておく制裁条項を設けたり、建物の取壊費用を借地人から回収できずに、結果として地主が負担せざるを得ない場合などを想定して、それに見合う敷金を契約時に借地人から預かる条項を設けたりすることです。

また、建物を地主が所有してもよいと考える場合は、無償ないし有償で建物を地主が譲り受けることも、一つの方法です。

Q.25 定期借地権の終了

事業用定期借地権の中途解約

事業用定期借地権において、契約期間の途中であっても、借地人側から一方的に解約することはできますか。

A 原則として、期間途中での解約はできません。

解　説

1 契約期間中の一方的解約は原則不可

　事業用定期借地権の存続期間は、その設定契約の中で、50年未満の期間を定めることになりますが、これは「期間の定めのある契約」となります。

　まず、借地借家法においては、期間途中における中途解約を定める規定はありません。

　そして、民法では、「期間の定めのある契約」の場合、当事者の一方又は双方が、存続期間中に解約することができる権利を留保した場合は、期間の定めのない契約にならって、いつでも解約を申し入れることができるとされています（民法617条、618条）。

　したがって、特段の留保がされていなければ、定期借地権について原則的に期間途中での解約はできません。

　これは、契約期間が、本来借地人の利用保護のためだけではなく、地主側のその期間内の賃料収受権をも保証する意味合いを有することからも理解できると思います。地主にとってみれば、期間満了まで土地を貸す代わりに、その期間中の賃料収入を期待することができるわけです。

2 中途解約の必要性

　昨今の社会経済情勢の変化に伴い、借地人側の事情により定期借地権を中途解約したいという要請が増えています。

　また、事業用定期借地権には更新制度がなく、普通借地権のように建物再築による期間の延長もありません。そのため、例えば借地権の残存期間が残りわずかな場合に、建物が火災等で滅失してしまうと、借地人にとって再築のメリットはほとんどないので、中途解約の必要性が生じるのです。

3 特約による解約権の付与

　したがって、借地人側からの期間途中での解約を認めるかどうかについて、契約当事者間で十分に協議した上で、借地権設定契約で中途解約権付与の特約をしておく必要があります（民法618条）。

　この場合、解約申入れから実際に契約が終了するまでの期間についてもあらかじめ定めておくのが一般的です（例えば、解約申入れ後6カ月をもって終了する旨）。特に定めなければ、解約申入れ後1年の経過をもって契約は終了します（民法617条1項）。

4 違約金の特約

　中途解約の特約を定める場合に、借地人側にペナルティ（違約金）を科す特約を併せて付すことはできるでしょうか。

　先に触れたように、地主にとってみれば、存続期間中の賃料収入への期待があり、この期待は保護に値するものとして、残存期間の賃料相当額全額をペナルティとして認めてもよいという考えもあります。事業用定期借地権の場合、中途解約を希望するというのは、借地人側の経営判断の誤りに基づくものであって、そのリスクは当然に借地人自らが負うべきであるという考えからも、あながち不合理とはいえないでしょう。

　定期建物賃貸借契約の事例ですが、賃借人において民事再生手続が開始され、賃借人が民事再生法49条1項に基づき契約を解約した場合、契

約における途中解約における残存期間の賃料相当額の支払いの合意について、当事者間の自由な意思に基づくものであり、内容が不合理で無いことなどを理由に、その効力を肯定しています（大阪地判平21.1.29）。

なお、法で定めている事項を特約で借地人に不利に変更することは禁じられていますので（法9条）、地主側に中途解約権を付与する特約は無効とされます。地主側に中途解約権を認めると、地主の勝手な都合で契約期間を一方的に短縮させられるので、まさに借地人に不利な変更となるからです。

Q.26 定期借地権の終了

事業用定期借地権の事業者の破綻

事業用定期借地契約において、借主である事業者が破たんした場合、貸主はどのような対応が可能ですか。

A 事業者の「破たん」という事実だけをもって契約を解除することはできません。また、最終的に契約解除に至ったとしても、借地の明渡しについて、相当の費用を負担せざるを得ないケースがあります。

解 説

1 事業者の「破たん」

一般に事業者の「破たん」という場合には、①法的整理（破産手続、民事再生手続、会社更生手続）を行う場合と、②法的整理を行わない場合とに分けて考える必要があります。

そして、②のケースにあっては、事業者（代表者）が借地上の建物を放置したまま行方不明になってしまうことも多く、貸主（地主）として対応に苦慮することになります。

2 法的整理を行う場合

借主である事業者が破たんして法的整理を行う場合、貸主はすぐに事業用定期借地契約を解除できるでしょうか。

借地契約には、契約解除の条項の中に、よく「支払停止もしくは支払不能となり、又は、破産手続開始、民事再生手続開始もしくは会社更生手続開始その他これらに類する手続開始の申立てがあったとき」は通知

や催告を必要とすることなく直ちに契約を解除できるかのような条項が見受けられます。これは、従前の民法に、賃借人が破産した場合には、賃貸人又は破産管財人から賃貸借契約の解約の申入れをすることができる旨定められていた（民法622条）ことの影響です。ところが、この条文は、破産法の改正に合わせて削除されており、破産法等において「破産管財人は、契約の解除をし、又は破産者の債務を履行して相手方の債務の履行を請求することができる」（破産法53条1項、類似の条項として民事再生法49条1項、会社更生法61条1項）と規定され、破産管財人が借地契約の解除か履行を選択することができるようになっています。これは、賃借人の側からみた居住の保護という要請や、破産管財人からみた財産としての賃借権の重要性の観点からの方向です。

したがって、借地契約の中に、上記のような条項が定められていても、借主である事業者が破産申立てをしたからといって、貸主が直ちに契約を解除することはできません。そして、この場合、貸主は、破産管財人等に対して、契約を解除するのかそれとも継続するのかを確認することになります。

例えば、まだ相当期間が残存している事業用定期借地契約の場合に、破産管財人の立場からすれば、当面の地代を負担してでも定期借地権付きの建物として換価処分することのほうがメリットがあるという判断もあり得るため、解除するか継続するかを検討することになります。

3 法的整理を行わない場合

（1） 例えば、借主である事業者が、事業に行き詰まってその事業を停止し、借地上の建物も閉鎖してしまった場合を考えてみましょう。

事業が破たんし建物が閉鎖されたからといっても、**2**で述べたような法の趣旨からすれば、直ちに契約を解除することはできないことになります。

しかしながら、事業に行き詰まって建物も閉鎖するくらいですから、地代の支払が滞る（あるいは既に1カ月や2カ月程度地代の滞

納が発生している）可能性が高いと思われます。そのため、地代の滞納が発生している場合には、契約の不履行を理由として契約を解除することが可能となります（ただし、地代の滞納がわずかであるなど、貸主と借主との間の信頼関係が破壊されたとまで認められない特段の事情がある場合には、解除は認められません）。

（2）　契約の解除が認められるケースだとしても、その解除の意向を伝える相手（事業者）と連絡が取れなくなっていることも想定されます。事業者が、建物を放置したまま行方不明になっているような場合に、貸主はどのような対応が可能でしょうか。

　たとえ、借主が行方不明になっているからといっても、借地契約の当事者が借主であることには変わりがないので、貸主としては何とか借主に対して契約の解除の意思を伝えなければなりません。

　この場合、貸主としては、借主に対して、借地契約の解除に伴う建物の収去と土地の明渡しを求める裁判を提起し（その際、借主に対しては、判明している最後の連絡先所在地にも借主が不在であって、行方がわからないという調査、報告をした上で、公示送達手続という方法で、契約を解除した旨の意思を表示することが可能です）、判決を求めていくことを考えざるを得ません。そして、実際に確定判決を得た場合、本来借主がその判決に従って建物を取り壊し、更地にして明け渡さなければなりませんが、借主が行方不明のままでは、そのような行動を期待することは難しくなります。そのため、貸主が強制執行の申立てを行い、代替執行という手続のもとで裁判所が建物の撤去作業を行うことになりますが、その費用は貸主がいったん立て替えて裁判所に支払うことになります。もちろん、貸主としては、あとからその費用を借主に対して請求することになりますが、実際にはその回収は事実上難しいと思われます。結局のところ、最終的には貸主が費用を立て替えたまま負担せざるを得ないのです。

　このような最悪の事態を可能な限り避けるためには、借地契約を

締結する際に、あらかじめ建物の撤去にかかる費用に相当する金額（併せて相当期間分の地代相当額）を保証金（敷金）等として差し入れてもらうことが考えられます。

Q.27 定期借地権の終了

譲渡建物の相当の対価

建物譲渡特約付定期借地権の譲渡建物の相当の対価はどのように定めるのですか。

A 譲渡建物の相当の対価は、30年以上経過後の価格ですから契約時に具体的な金額を確定することは難しいです。そこで、契約時には金額算定の基準や算定方式を定めるか、あるいは不動産鑑定士の鑑定評価額によるとするのがよいでしょう。

解　説

（1）建物譲渡特約付借地権とは、その設定後30年以上を経過した日に借地権の目的である土地の上の建物を借地権設定者に相当の対価で譲渡する旨の特約を付することにより、将来借地権が消滅する借地権です。他の定期借地権が期間満了後は更地にして返還することになりますが、この定期借地権は、借地権消滅後も地上建物を引き続き利用されることが特徴です。

（2）では建物譲渡の相当の対価とはどのような意味なのでしょうか。

問題点は2つあります。ひとつは、建物価格に場所的利益を含むかどうか、第2点は、30年以降先の建物価格をどのように約定するか、ということであります。

まず、第1点の場所的利益の問題ですが、借地借家法13条の建物買取請求権の場合の建物の時価と同様の概念であるといわれています。この建物買取請求権は、単に建物の価格だけではなく、いわゆる「場所的利益」を含むと考えられています。場所的利益とは、交通の利便

のよさや、環境のよさ等の立地が考慮されるもので、一般に建物の取引にあたり考慮されるものです。判例では借地権価格ではないということです。通常、借地権価格の15％程度、必ずしも確定した数値ではありませんが、借地権価格を基準として算定されます。

（3）では、建物譲渡特約付定期借地権の場合、相当の価格に場所的利益を含むのでしょうか。場所的利益を加算すべきであるという説、加算しなくてよいとする説、定期借地権であることや契約経緯等を考慮した相当の対価とする説等があります。現在、前述の建物買取請求権と同様に、敷地の借地権価格は含まないが、建物が存在する場所的利益は参酌するという考え方が多いのです。しかし、建物譲渡特約付借地権の場合、当事者は、単に建物価格の譲渡と考えて、このような場所的利益は含まないものと考えているのではないでしょうか。そこで、契約に際し、この点を明確にしておくのがよいのではないかと考えられます。

（4）次の問題は、「相当の対価」の契約上の定め方です。相当の対価は、譲渡時の時価と考えられますが、30年以上先の時価の具体的な金額を盛り込むことが難しいことはいうまでもありません。建物が店舗か住宅かでその汎用性が異なりますし、建設費等もどのように変化するか予測しがたいものがあります。そこで、約定では、金額算定の基準や算定方式を定めるか、あるいは、不動産鑑定士の鑑定評価額によると定めることになります。

Q.28 定期借地権の終了

建物譲渡特約付借地権の建物滅失

建物譲渡特約付借地権において、借地期間中に建物が滅失した場合、当事者間の法律関係はどのようになりますか。

A 建物が滅失しても、借地権が消滅することはありません。ただ、建物を再築した場合に、再築後の建物にも自動的に従前の建物譲渡特約の効力が及ぶものではありません。

解　説

1 建物譲渡特約付借地権

　建物譲渡特約付借地権とは、借地契約をする場合において、借地権を消滅させるために、借地権設定後30年以上を経過した日に借地上の建物を借地権設定者に相当の対価で譲渡する特約（建物譲渡特約）をした借地権のことをいいます（法24条1項）。

　特約に基づき30年以上経過した日に建物が借地権設定者に譲渡されることによって、更新という手続をすることなく借地権が消滅することを認め、土地が借地権設定者のもとに返還されるようにしたものです。その意味で、定期借地権の一類型とされています。ただ、この借地権は、一般定期借地権、法23条1項の規定による事業用定期借地権のほかに、普通借地権にも設定が可能です。

　なお、この建物譲渡特約を定める時期は、借地契約をする場合とされています。したがって、借地権設定後、又は既存の借地権について、かかる建物譲渡の特約を定めても、建物譲渡によって借地権は消滅しないことになります。

建物所有権が移転する時期については、契約で自由に定めることができます。そのため、確定した期限であっても、あるいは不確定のままにして借地権設定者の意思表示又は一定の事実が発生したときでも（例えば「借地権設定後30年の経過か又は借地権者の死亡のいずれか遅い時期」とすることも可能）よいとされています。さらに、建物所有権の移転の時期を借地期間満了の時期と一致させる必要もありません。期間50年の借地において、30年目以降に建物所有権を借地権設定者に移転させて借地権を終了させる旨の約定も有効です。

2　建物の滅失と再築後の建物

　建物譲渡特約付借地権において、借地期間中に建物が滅失した場合、ただちに借地権が消滅することはなく、普通借地権又は一般定期借地権、法23条1項の規定による事業用定期借地権として存続していくのは当然のことです。

　その後、借地権者が建物を再築した場合に、その再築建物についても譲渡特約の効力が及ぶかどうかは、当初の具体的契約の解釈によって決定されると考えられます。再築後の建物も譲渡の対象とする旨の明示又は黙示の特約が認定されないと、建物譲渡による借地権消滅の効果が生じないことになり、借地権は建物譲渡特約なき普通借地権又は一般定期借地権、事業用定期借地権として扱われることになります。そのため、借地権を設定する当初の段階で、将来再築した建物についても当初の建物譲渡特約の合意の内容が維持されることにする必要があります。他方で、建物が滅失するまでは建物譲渡特約付借地権であったことから、建物再築後に改めて建物譲渡特約を結び、従前と同じ法律関係を継続することは、法24条1項の例外として有効であると解する余地がないではありません。ただ、借地権者としては、当初の借地権の設定に際して、明確な特約を結んでおくのが安全です。

　また、再築後の建物について譲渡特約の効力が及ぶ場合、再築後の建物の質によっては、譲渡価格が当初の建物の価格よりも高くなることも

予測されます。そこで、借地権設定者としては、再築価格を制限するか、又は、再築建物価格の譲渡代金の上限を設定する必要性も考えておく必要があります。ただ、建物譲渡特約付借地権において要求されているのは「相当の対価」であり、「正当な対価」ではありません。そのため、基本的には譲渡特約について定めた「相当の対価」の額が通用するものと思われますが、経済情勢や貨幣価値があまりに変動している場合には、いわゆる「事情変更の原則」が適用される一場面として、対価の額を修正する必要がある場合があり得ます。

3 建物の譲渡がなされるべき時の建物の不存在

建物が滅失した後、建物の譲渡がなされるべき時に、借地上に建物が存在しない場合、借地権は消滅するのでしょうか。

（1） 建物が譲渡されるべき時期と借地期間満了時と一致する場合

この場合、建物が存在しないため更新が生じないので、結論として借地権は消滅します（法5条）。

（2） 建物が譲渡されるべき時期と借地期間満了時とが一致しない場合

例えば、普通借地権を設定し、借地期間を50年とし、30年経過時に借地権設定者が予約完結権を行使して建物を譲り受けることができる旨約した場合、予約完結権行使時において建物が存在しない以上、建物所有権が借地権設定者に移転することはありません。

そして、このような場合に、借地権は消滅しないと考えざるを得ません（コンメンタール借地借家法第3版185頁）。建物所有権が借地権設定者に移転せず、いわゆる「混同」が生じることはないこと、あえて存続期間を設定していることからすれば、やむを得ないとされています。ただ、具体的な契約内容に照らせば、借地上の建物が滅失したにもかかわらず、借地権者が再築しないまま放置していること、さらには建物が滅失したこと自体が特約違反と評価される場合に、借地契約の解約が認められることは考えられます。

Q.29 地代の紛争

地代増減請求の裁判手続

地代等の増減請求はどのような手続ですか。

A 　地代等の増減請求は、内容証明郵便などで相手方に通知を行うことで効果が生じます。もし、相手方がそれを拒否する場合は、裁判所に調停・訴訟の申立てをすることになります。

解　説

　従前の地代が、地価の上昇、下落や土地に対する租税公課に増減があった場合、その他の経済事情の変動により、又は近傍類似の地代に比較して不相当となったときは、当事者（地主あるいは借地人）は地代増減額請求権を行使することができます。

　地代等の増減請求は将来に向かってのみ効力を生じますので、たとえ過去に授受した地代等が不相当なものであったとしても、過去に遡って増額又は減額を請求することはできません。もっとも、当事者間の合意によって、過去の一定時期からの地代等を一定額、増額又は減額することとしてその清算をすることは差し支えありません。

　地代等増減請求の効果は、その請求をした時（増減請求の意思表示が相手方に到達した日）から生じます。内容証明郵便で増減請求の意思表示をすれば、その内容や意思表示の到達日が明確になります。

　もっとも、このことは、一方が請求した増額又は減額にかかる具体的な金額がそのまま確定することを意味するわけではありません。例えば、地主が従前の地代を月額10万円から20万円に増額する旨の請求をした場

合に、当然に月額地代が20万円に変更されるわけではありません。あくまで、相当とする額の限度で増額請求の効果を生ずるにすぎません。例えば、先ほどの例では、月額20万円に増額請求した時点における相当の地代額が月額15万円であれば、月額15万円に変更されるだけです。

しかしながら、相当額がいくらであるのかは容易に判断できることではないので、増額請求を受けた相手方はその法的効果を争うことができます。

借地契約継続中の地代をいくらに定めるかは、当事者の合意により自由に定めることができますが、改定地代について当事者で合意に達しないときは、いずれの当事者も、裁判所に対し、地代増減請求の訴えを提起することができます。

もっとも、地代増減請求の訴えを提起するには、まず調停を申し立てる必要があります。

調停手続では、調停委員が当事者双方の話を聞きながら、当事者双方が納得する地代の調整を試みますが、いずれかの当事者が納得しなければ、調停は不成立になります。

その場合、裁判手続になりますが、この場合、裁判所は請求額が適正であるか、また、そうでないとしたらいくらが適正な額かを決定することになります。

裁判所は、具体的な適正額を判定することになりますが、この場合、通常は当事者双方が鑑定結果を自己に有利な証拠として提出し、必要に応じて裁判所自身が鑑定依頼をし、それらの鑑定結果を参考にしつつ、諸事情を考慮して、具体的な地代額を定めることになります。

Q.30 地代の紛争

地代増減請求の適正地代の算定

地代増減請求の場合に鑑定評価ではどのように適正賃料を算定するのですか。

A 不動産鑑定評価基準に基づき、「継続賃料（地代）」としての鑑定評価を行います。この場合、基本的には、差額配分法、利回り法、スライド法、賃貸事例比較法の4手法を適用して求めることになります。

解　説

1　地代の増減額請求

借地借家法11条では、「地代又は土地の借賃が、土地に対する租税その他の公課の増減により、土地の価格の上昇若しくは低下その他の経済事情の変動により、又は近傍類似の土地の地代等に比較して不相当となったときは、契約の条件にかかわらず、当事者は、将来に向かって地代等の額の増減を請求することができる。ただし、一定の期間地代等を増額しない旨の特約がある場合には、その定めに従う」とされています。

したがって、契約の当事者間で地代の増減について合意が調わない場合は、この法律を根拠として当事者間での地代増減の調整が行われることになりますが、これが調わない場合は、裁判所が調停や判決により、その請求の当否等を判断することになります。

2　地代増減額請求と鑑定評価

「賃料」の鑑定評価は、新規の賃貸借等による賃料を「新規賃料」、賃

料改定による賃料を「継続賃料」と区分しており、それぞれの賃料を求める評価手法や留意事項、総合勘案事項等の内容が異なります。

地代増減額請求の場合、鑑定評価によって求める賃料は、基本的には「継続賃料」となります。

鑑定評価基準での定義では、「継続賃料」とは「不動産の賃貸借等の継続に係る特定の当事者間において成立するであろう経済価値を適正に表示する賃料」とされており、①継続中の賃貸借等の契約に基づく賃料を改定する場合と、②契約条件又は使用目的が変更されることに伴う賃料を改定する場合に区分されています。

「継続賃料」を求める鑑定評価の具体的な手法としては、①差額配分法、②利回り法、③スライド法、④賃貸事例比較法等がありますが、これらの手法を適用して、調整の上、最終的な鑑定評価額が決定されることになります。

3 鑑定評価手法の具体例

「継続賃料」を求める鑑定評価手法について、具体的に解説します。

①差額配分法

地代の増減額請求の基準日(鑑定評価では「価格時点」と呼びます)において、対象不動産の経済価値に即応した適正な賃料と実際の賃料との間に発生している差額を求め、契約内容、契約締結の経緯等を総合的に勘案した上で、この差額のうち貸主に帰属する部分を判定し、実際の賃料に加減して賃料を求める手法です。

具体的な算式は以下のとおりです。

　　　＜算式＞

　　　　試算賃料　＝　実際の賃料(現行賃料)[*1] ± (賃料差額(適正な賃料[*2] − 実際の賃料) × 貸主への配分率[*3]

　　　　＊1 実際の賃料：実際に貸主に支払われている賃料のことで、評価では、賃料算定期間に対応するすべての賃料(＝実際実質賃料…敷金等の運用益や償却額等を含む賃料)や、各支払時

期に支払われている賃料（＝実際支払賃料）等を含みます。
* 2 適正な賃料：価格時点（評価の基準となる日）において、対象不動産を新たに賃貸することを想定した場合の適正な賃料（＝正常賃料）のことをいいます。
* 3 貸主への配分率：一般的要因や地域要因等の分析のほか、対象不動産に関する契約締結の経緯やその後の推移等の個別事情等を勘案し、適正に判断することとされています。

＜算定例＞
　以下の例を基に差額配分法による試算を行います（対象地は地積60㎡とします）。
　1．現在、実際支払っている地代年額（月額）：180,000円（15,000円）
　2．預かり保証金：なし
　3．正常賃料年額（月額）：240,000円（20,000円）と求められたとします。
　4．賃料差額（3．－1．）：60,000円
　5．貸主への配分率：折半（1／2）が妥当と判断したとします。

　差額配分法による試算賃料　＝　　180,000円　＋　　30,000円
　　　　　　　　　　　　　　　　　　（1．）　　　　（4．×5．）

　　　　　　　　　　　　　　＝　　210,000円

②利回り法
　価格時点における基礎価格に、継続賃料利回りを乗じて得た額に必要諸経費等を加算して賃料を求める手法です。
　具体的な算式は以下のとおりです。
＜算式＞
　試算賃料　＝　基礎価格*1 × 継続賃料利回り*2 ＋ 必要諸経費等*3
　　* 1 基礎価格：賃料を求めるための基礎となる価格をいい、家賃ではその「建物及びその敷地」価格、地代ではその「土地

価格で、原価法及び取引事例比較法により求めるとされています（一般的に、地代の場合、対象不動産は既成市街地内の土地であることから、原価法の適用は困難な場合が多いです）。また、契約により、敷地の使用に制約があるとき等は、基礎価格は、当該条件を前提とする経済価値に即応した価格となります。

＊2 継続賃料利回り：鑑定評価基準では「現行賃料を定めた時点における基礎価格に対する純賃料の割合を標準とし、契約締結時及びその後の各賃料改定時の利回り、基礎価格の変動の程度、類似不動産の賃貸借事例・利回りを総合的に比較考量して求める」とされています。

＊3 必要諸経費等：地代の場合、主として公租公課（固定資産税等）となります。

＜算定例＞

利回り法による試算を例示します。対象不動産、実際支払っている地代等は、差額配分法の例と同様（60㎡、180,000円）、保証金は0円とします。

1. 現行地代決定時の基礎価格：3,000,000円と求められたとします。
2. 必要諸経費等（現行地代決定時）：30,000円とします。
3. 必要諸経費等（価格時点）：40,000円とします。
4. 継続賃料利回り：(180,000円－30,000円) ÷ 3,000,000円 ＝ 5.0%
5. 現時点（価格時点）の基礎価格：3,500,000円と求められたとします。

利回り法による試算賃料 ＝ 3,500,000円 × 5.0% ＋40,000円
　　　　　　　　　　　　　　（3．）　　　（4．）　　（2．）

　　　　　　　　　　　＝ 215,000円

③スライド法

現行賃料を定めた時点（＝前回合意時点）における純賃料に変動率を乗じて得た額に価格時点における必要諸経費等を加算して賃料を求める手法です（必要諸経費等を含む賃料に変動率を乗じて直接求める場合もあります）。

具体的な算式は以下のとおりとなります。

＜算式＞

　試算賃料　＝　前回合意時点の純賃料[*1]×変動率[*2]＋価格時点の必要諸経費等

　　＊1 純賃料：実際実質賃料－前回合意時点の必要諸経費等
　　＊2 変動率：前回合意時点から価格時点までの間の経済情勢等の変動を表すものであり、各種指数等を総合的に勘案して求めるものとされています。

＜算定例＞

以下の例を基にスライド法による試算を行います。なお、前記例と同様、現在、実際支払っている地代は180,000円、保証金は「0円」、必要諸経費等は30,000円（現行賃料決定時）及び40,000円（価格時点）とします。

1．変動率：各種指標より、＋10.0％と求められたとします。

スライド法による試算賃料＝（180,000円－30,000円）× 1.10
　　　　　　　　　　　　　　　　　　　　　　　　　（1．）
　　　　　　　　　　　　＋40,000円
　　　　　　　　　　　＝　205,000円

④賃貸事例比較法

賃貸借の継続に係る事例を収集し、適切な選択を行って、これらの事例賃料に必要に応じて事情補正及び時点修正を行い、かつ、地域要因の比較及び個別的要因の比較を行って、対象不動産の賃料を試算する手法

です。

　しかし、一般的には地代の事例の収集が困難な場合が多いことのほか、事例が収集できたとしても、それぞれの契約内容や賃料改定の経緯等の把握が困難な場合が多いことなどもあって、賃貸事例比較法の適用が困難な場合が多いです。

　具体的な算式は以下のとおりです。

＜算式＞

　試算賃料　＝　継続賃貸事例[*1]×事情補正[*2]×時点修正[*3]×地域要因比較[*4]×個別的要因比較[*5]

　　*1：継続賃貸事例：対象不動産と類似の継続の賃貸事例を収集し、これとの要因比較を行います。賃貸事例は、一般に、新規と継続の違い、地代の場合契約の個別性が強い等の要因が、継続の賃貸事例比較法を適用することを困難にしている一因と考えられます。

　　*2：事情補正：賃貸事例が特殊な事情を含み、これが賃料に影響を与えていると認められる場合、これを補正する必要があります。一例としては、親族間の賃貸借で、割安で契約された場合などがあります。

　　*3：時点修正：事例の時点が異なることにより、水準に変動があると認められる場合にはこれを修正する必要があります。

　　*4・5：地域要因・個別的要因比較：事例と対象不動産の要因比較を行います。

＜算定例＞

　以下の例を基に賃貸事例比較法による試算を行います。なお、採用するA事例（地積80㎡）の地代は316,800円（月額26,400円、330円／㎡）、保証金は0円とします。

　1．採用する継続賃貸事例：対象地域周辺に存するA事例を採用します。

2．事情補正：Ａ事例には特に事情はないものとします。
3．時点修正率：最近の事例であり、特に時点修正は不要とします。
4．地域要因比較：事例は立地条件が良好であり、地域要因格差が＋10％とします。
5．個別的要因比較：事例の個別的要因はほぼ標準的（±０％）とします。

賃貸事例比較法による試算賃料：

　Ａ事例　　　事情補正　　時点修正　　地域要因　　個別的要因　　　面積
316,800円 × 100/100 × 100/100 × 100/110 × 100/100 ×60㎡/80㎡
　　　　　　　　　＝　　216,000円（年額）

⑤適正賃料の算定

　以上の手法を適用して得られた各賃料を調整して、最終的な鑑定評価額（継続賃料）を求めることになります。

Q.31 地代の紛争

地価下落時の地代増額請求

地価が下落基調にあるなかでも地代の増額請求はできますか。

A 地代の増額請求をできる場合があります。

解説

1 借地借家法11条における地代の増減額請求権

借地借家法11条1項では、「地代又は土地の借賃（以下、「地代等」という）が、土地に対する租税その他の公租の増減により、土地の価格の上昇若しくは低下その他の経済事情の変動により、又は近傍類似の土地の地代等に比較して不相当となったときは、契約の条件にかかわらず、当事者は、将来に向かって地代等の額の増減を請求することができる」とされています。

この条文にある「土地に対する租税その他の公租の増減…により」というのは、「地代等が不相当となったとき」を判断する要素の例示とされていますので、記載以外の要素であっても、これを理由に地代等が不相当になったと客観的に主張できれば、地代等の増減額請求は可能であると考えられます。ただし、これらの要素があれば直ちに増減額請求権が発生するということではない点にも留意しなければなりません。

地代等の増減額請求権が発生する要件は、以下のとおりとされています。

① 現行の賃料が客観的に「不相当」になったこと

②　前回の改定から相当の期間が経過していること
　③　不増額の特約がないこと

2　地価下落基調期の地代増額請求の当否の判断

　地価が下落基調にあるなかでは、一般的には地代水準も下降傾向にあると考えられますが、上記のとおり地代の増減額請求権は、土地価格の変動だけを要素とするものではありませんので、土地に対する租税その他の公租の増減や経済情勢の変動、近傍類似の地代等との比較により、現行の地代が「不相当」に低廉であると、「事情変更」を客観的に示すことができれば、一般的には増額請求は可能であるといえます。

　この場合、前記地代等増減額請求権の発生要件はすべて満たさなければなりません。

3　留意すべき最高裁判例による「賃料増減額請求権の判断の当否」の判断枠組み

　最高裁は、平成15年以降の判例において、賃料増減額請求事件における「賃料増減額請求の当否」の判断及び「相当賃料額」の算定に関して、一定の判断枠組みを構築したといわれます。

　これらは、いずれもサブリース契約やオーダーメイド賃貸、自動増額特約付といった特殊契約についての賃料増減額請求に関わる判例です（後記参照）。いずれの判例の要旨についても、各事案の契約特殊性はともかく、賃料増減額請求権は強行法規であるとした上で、その適用に当たっては、経済事情等の変動による「事情変更」の要素のほかに、当初契約の背景や契約の事情、その後の改定の経緯等の「諸般の事情」による要素をも総合的に勘案すべきであるとしており、これが現在の「賃料増減額請求の当否」の判断枠組みといわれます。

＜参考：「賃料増減額請求権の判断の当否」の判断枠組みを示す最近の最高裁判例＞

① 最高裁判例（平成15年6月12日）：地代（自動増額特約付）
② 最高裁判例（平成15年10月21日）：家賃（自動増額特約付・サブリース）
③ 最高裁判例（平成15年10月21日）：家賃（建物建築前・サブリース）
④ 最高裁判例（平成15年10月23日）：家賃（賃料保証特約付・サブリース）
⑤ 最高裁判例（平成16年6月29日）：地代（ＣＰＩ連動・不減額特約付）
⑥ 最高裁判例（平成16年11月8日）：家賃（自動増額特約付・サブリース）
⑦ 最高裁判例（平成17年3月10日）：家賃（自動増額特約付・オーダーメイド賃貸）
⑧ 最高裁判例（平成20年2月29日）：家賃（自動増額特約付・オーダーメイド賃貸）

4　地価下落基調期の地代増額請求

　以上より、地価下落期にあっても、地代の「不相当性」について、「事情の変更」と「諸般の事情」の両面から客観的に示すことができれば、増額請求は可能であるといえます。

Q.32 地代の紛争

固定資産評価額と地代減額請求

固定資産評価額の低下が続く場合には、それに応じて地代減額請求はできますか。

A 借地では、固定資産評価額が低下した場合、地代がその低下した割合で減額されることにはなりません。

解説

（1） 固定資産税は、固定資産課税標準額に標準税率1.4％を乗じて算出されるものです。この課税標準額は、原則として固定資産評価額ですが、住宅用地の場合には特例措置が設けられていて、課税標準額が減額されることになっています。そこで固定資産評価額ですが、これは平成6年の評価替えから時価である地価公示価格の7割水準とすることに定められました。固定資産評価額は、いわば時価に連動する形で増減することになります。近年、地価は下落基調で、地域によっては10年ほど前と比べると3割近くも下落している場合があります。借地人としては、当然、それに応じて地代の3割が減額されるべきではないかと思うのです。なぜなら固定資産税は時価に連動して算定されているからです。

（2） 鑑定評価では、このような継続地代の適正賃料の算定には、4つの手法を用いて、妥当な金額を算定することになっています。1つは、差額配分法で現在の地代と新規地代との差額部分の2分の1あるいは3分の1相当額を現在の地代から減額するものです。2分の1の方法であれば差額の2分の1相当額しか現行地代から減額され

ないのです。これは継続地代という契約当事者の関係によるものです。2つ目の方法は、利回り法で現行地代を決定した時の土地価格に対する利回りを現在の地価に乗じて算出するもので、これは現在の時価を反映することになります。3つ目の手法は、スライド法と称するもので、現在の地代を合意した時点から現在までの消費者物価指数や適切な変動率を、現行地代に乗じる方法です。この変動率は、地価変動率とは限りません。地価の下落率を乗じるとは限らないのです。4つ目の方法は、周辺の契約条件等が類似の継続地代の実例と比較するものです。実際には、時価は下落していても現在の地代は周辺と比べて低くないというケースがあるのです。

（3）　最後に説明した周辺の地代との比較が重要です。住宅地の地代に関しては、例えば大阪の市内周辺では、おおむね地価の2〜3％程度が多いのですが、実額で見ると大体坪1,000円程度で下げ止まりしています。地価は確かに下落基調で、3割程度下落していますが、現実の地代は、それに応じて下がってはいません。これは需給バランスで地代の市場が形成されているからです。最近は、地代利回り、地代の地価に対する割合が3％を超えている例を見かけます。固定資産税が減額されれば地主の負担は減りますから、少なくともその減額分の一部を地代から控除べきではないかと思います。要するに、固定資産評価額が減額されたからといって、その割合に応じて地代も減額されることにはならないのです。

Q.33 地代の紛争

地代と固定資産税等の関係

地代は固定資産税額等の公租公課の2～3倍が相当というのは根拠がありますか。

A 確たる根拠はありません。地代は、賃貸市場を背景に決まるもので、適正な地代は、鑑定評価の手法によって算定することができます。地代が固定資産税等の公租公課の2～3倍程度かどうかは地代水準のひとつの目安となるにすぎません。

解　説

（1）　地代は、本来、地主がその土地から得られる収益の一部を借地人から徴収するものです。これに対して、固定資産税は、土地の資産価値に着目して、その所有という事実に担税力を認めて課する一種の財産税であって、個々の土地の収益性の有無にかかわらず、その所有者に課されるものです。また、課税の基礎となる土地の価格は適正な時価で正常な条件の下で成立する当該土地の取引価格、すなわち客観的な交換価値であり、当該土地の収益価格によるものではありません（最判平18.7.7、最判平25.7.7）。地代は、土地の時価にも影響を受けますが、商業地などでは、土地の収益性が重要な要素です。固定資産税は財産税の一種ですが、地代は賃貸市場を背景に決まるものです。

（2）　平成6年までは、固定資産税の課税の基礎となる評価額が、時価に比べて相当低い水準でした。公示価格の20％程度の水準も多くありました。平成6年の固定資産評価替えの際に、評価額を地価公示

の7割水準とすることに改定されました。この結果、住宅用地は負担調整があるものの、固定資産税が増額されることになりました。なかには固定資産税が増額されたため、地代では不足が生じるという事態も起こりました。このように、評価替えを機会に地代の増額請求がいたるところで提起される事態となりました。固定資産税が従来の7倍にも増額されたので、賃貸借契約で地代を固定資産評価額の増加割合に応じて3年ごとに増額する旨の特約に基づき、地主は、地代の増額請求をし、その特約の有効性を巡って争われた例があります（東京地判平10.2.26判例時報1653号）。

(3)　地代が固定資産税の2〜3倍程度が妥当かどうかが争われた裁判例があります。事案の賃貸借契約では、地代を固定資産税の3倍とする賃料自動改定特約が約定されていました。昭和63年には固定資産税が前年に比べ約4倍に増額されたので、地主は約定に基づき地代の増額を請求し、約定の有効性を巡って訴訟になりましたが、裁判所は約定は有効であると判示しました（東京地判平6.11.28判例タイムズ886号）。また、地代を固定資産税及び都市計画税の税額の2.4倍とする約定が争われた事件では、土地所有者が固定資産税等の3倍程度を賃料とすることは妥当であるので、当該約定は有効であると判示しています（東京高判平9.6.5判例タイムズ940号）。このような裁判例がありますので、地代は固定資産税等の公租公課の3倍程度という考え方が世間でいわれるようになったのでしょう。

(4)　では、適正な地代は固定資産税等の公租公課の3倍程度であると本当にいえるのでしょうか。前述しましたように、地代は土地を利用して得られる収益を基として、周辺相場や、貸手と借手の需給バランスなどが影響して決定されるものです。

　そこで、適正地代を算定するには鑑定評価の方法によるのが妥当といえます。

　鑑定評価基準に定められた手法は、新規地代では、積算法と称する土地価格に適正な利回りを乗ずる方法、賃貸事例比較法と称する

同じ用途の賃貸事例を比較検討して求める方法と、収益分析法と称する事業収益から妥当な賃料を算定する方法があります。そして、上記の各試算賃料を吟味検証して妥当な賃料を算定するのです。

　また、継続賃料の算定方法としては、差額配分法と称する正常賃料と現行賃料の差額部分を現行賃料から加減する方法や、利回り法と称する現行地代を定めた時点での地代の当時の地価に対する地代利回りを価格時点の時価に乗じる方法、スライド法と称する現行賃料に合意した時点からの価格時点までの変動率を乗じる方法、さらには賃貸事例比較法と称する周辺地代と比較検討する方法があります。継続賃料の算定の場合、現行賃料の締結の経緯や最終合意時点からの経済事情の変動等が考慮されます。これらの方法で算定された賃料が固定資産税等公租公課の2〜3倍になるとは限りません。地代は、賃料市場を基礎として決まるものです。住宅地の場合、地代水準は総じて低額ですが、商業地の場合には収益性を反映して高額な地代となることがあります。公租公課の2〜3倍程度かどうかは地代の水準を見るひとつの参考材料にすぎません。

Q.34 定期借地権の税務

保証金の税務

定期借地権の設定に伴い、無利息かつ期間満了時には返還するという条件で保証金を預かりました。この場合の所得税の課税関係を簡単に説明してください。

A 預かった保証金（賃借人がその返還請求権を有するものをいい、その名称のいかんを問いません）を業務の用に供している場合や、金融資産に運用している場合には課税関係は生じませんが、自家消費した場合は課税関係が生じます。

解 説

所得税法では経済的利益の額も収入金額に算入することを定めており、金銭の貸付けを無利息又は低利で受けた場合等がその例に該当するとしています。定期借地権の保証金の経済的実質は無利息の貸付金であり、税務上の取扱いは次の①～③のとおりになります。ただし、賃料の一括前払い一時金に係る経済的利益はこの取扱いの適用対象となる保証金には該当しませんので、不動産所得の収入金額に計上する必要はありません（Q40参照）。なお、保証金が少額の場合でも少額不追求の考え方は適用がなく、原則として全額が課税の対象になります。

① その保証金が各種所得の基因となる業務（不動産所得、事業所得、山林所得及び雑所得を生ずべき業務をいいます。以下同じ）にかかる資金として運用されている場合、又はその業務の用に供する資産の取得資金に充てられている場合

… その保証金につき両建ての経理の場合の適正な利率により計算した利息に相当する金額（保証金による経済的利益の額）を、そ

の保証金を返還するまでの各年分の不動産所得の金額の計算上収入金額に算入するとともに、同額を、その各種所得の金額の計算上必要経費に算入します。この場合の計算の基となる利率は平均的な長期借入利率によることとされていますが、下記③の保証金の経済的利益が課税されるときに使用する利率によっても差し支えありません。

② その保証金が、預貯金、公社債、指定金銭信託、貸付信託等の金融資産に運用されている場合
　… その保証金の経済的利益の計算をする必要はありません。

③ 上記の①あるいは②以外（自家消費）の場合
　… その保証金につき適正な利率により計算した利息に相当する金額を、その保証金を返還するまでの各年分の不動産所得の金額の計算上収入金額に算入します。この場合に適用される利率は、上記の②の場合において課税される預金利子等の金利水準を考慮し、各年ごとの10年長期国債の平均利率によることとされており、平成24年分については、0.8％[*1]になります。

*1 「定期借地権の設定による保証金の経済的利益の課税に係る平成24年分の適正な利率について（情報）」（国税庁個人課税課情報第1号、平成25年2月6日）

Q.35 定期借地権の税務

権利金の税務

所有の土地に定期借地権を設定するときに権利金を受け取る予定です。この権利金は所得税法上どのような取扱いがされますか。

A 権利金収入がその土地の価額の2分の1を超える場合は、譲渡所得として分離課税され、2分の1以下の場合は、原則として不動産所得として総合課税されます。なお、保証金の経済的利益を、収受した権利金の額に加算して譲渡所得に該当するか否かを判定する扱いがありますので留意が必要です。

解　説

1 譲渡所得になる場合

（1）　建物もしくは構築物の所有を目的とする借地権の設定を行い、その対価として支払いを受ける金額（権利金収入）がその土地の価額の2分の1を超える場合は、土地の一部（上地権）の譲渡があったものとして譲渡所得（分離課税）に区分されます。

例えば、その土地の所有期間がその年1月1日において5年を超える場合、一般的な税額計算は次のとおりになります。

税　額　の　計　算
課税長期譲渡所得金額 × 所得税15%（住民税5%）
※復興特別所得税を含めると15%→15.315%

（2）　譲渡所得の金額は、譲渡収入金額から、譲渡資産の取得費及び譲渡費用を控除して計算し、借地権の設定の場合の取得費[*1]は、

次の算式により計算します。

$$その土地の取得費 \times \frac{権利金収入（A）}{（A）＋その土地の底地価額}$$

2 不動産所得となる場合

　上記(1)に該当しない場合、すなわち権利金収入が土地の価額の2分の1以下の場合は、原則として不動産所得として総合課税されます。

　なお、土地の価額が明らかでない場合において、権利金収入が地代年額の20倍以下のときは、不動産所得と推定されます。

　また、税負担を緩和するための制度として臨時所得の平均課税があります。

　この、平均課税の計算は、まず、平均課税の対象となる臨時的な所得のうち5分の1だけについてその他の所得と合算（「調整所得金額」といいます）して税額計算を行い、次に、その調整所得金額に対する税額の割合を残りの5分の4に乗じて税額計算を行い、両税額を合計するという方法で行われます。

　なお、臨時所得の平均課税の適用を受けるためには、次の①〜③の条件を満たす必要があります。

① 　不動産を有する者が、3年以上の期間、他人に不動産を使用させることを約束することにより、一時に支払いを受ける権利金の額であること
② 　その金額がその不動産の使用料年額の2倍相当額以上であること
③ 　その権利金収入を含めた臨時所得の金額（一定の変動所得を含む）がその年の総所得金額の20％以上であること

3 保証金の経済的利益が譲渡所得として課税される場合

　借地権の設定に伴い、通常の場合の金銭の貸付けの条件に比し、特に有利な条件による金銭の貸付けその他特別の経済的な利益を受ける場合

には、その特別の経済的な利益の額を、収受した権利金の額に加算して、譲渡所得に該当するか否かを判定する扱いがあります[*2]。ただし、この取扱いはその加算後の金額が土地の価額の2分の1を超えて譲渡所得となる場合に限られます。特別の経済的な利益の額を計算する算式は次のとおりです。

＜特別の経済的な利益の額の算式＞
特別の経済的な利益の額＝貸付けを受けた金額－その金額について通常の利率[*3]（低利貸付けの場合は通常の利率から実際の利率を控除した利率）の10分の5の利率により複利の方法で計算した現在価値相当額

　例えば、平成25年1月に、50年後に返済する約束で1億円を無利息で借りた場合の特別の経済的な利益の額は、2,200万円（＝1億円－1億円×0.780[*4]）となります。
　無利息の保証金も経済的実質は有利な条件による金銭の貸付けということになりますので、この経済的利益をこの算式に従って計算する必要があります。
　なお、その地域で通常収受される程度の保証金の額（その額が不明のときは地代のおおむね3カ月分）以下のものについては、特に有利な条件による金銭の貸付けには該当しないものとされます。
　したがって、権利金の額に特別の経済的な利益の額を加えた金額が土地の価額の2分の1以下の場合はこの取扱いの適用は受けず特別の経済的な利益の額を加算する必要はありません。しかしながら、経済的利益が生じていることは事実であり、譲渡所得としての特別の経済的な利益は加算する必要はありませんが、その代わり保証金の経済的利益を毎年の不動産所得に加算する必要が生ずることがあります（Q34参照）。

＊1　譲渡収入の5％相当額を取得費とすることもできます（「概算取得費」といいます）。

* 2　所得税法施行令80条【特別の経済的な利益で借地権の設定等による対価とされるもの】

* 3　財産評価基本通達4－4【基準年利率】に定める基準年利率、所得税基本通達33－14【複利の方法で計算した現在価値に相当する金額の計算】

* 4　0.780は0.5%（＝通常の利率1.0%×5÷10）の利率の場合の返済期間50年に応ずる複利現価率

Q.36 定期借地権の税務

相続時の定期借地権及び底地の評価

相続時における定期借地権の評価方法及び定期借地権が設定されている貸宅地（底地）の評価方法の概要について説明してください。

A 財産評価基本通達による評価方法と個別通達による評価方法の2つの方法が定められており、定期借地権の種類及び相続等の時期によりそのいずれを適用するかが決まります。

解　説

1 適用対象

財産評価基本通達による評価方法と個別通達による評価方法のいずれを適用するかについては、定期借地権の種類・相続等の時期により、次のようになります。

(1) 財産評価基本通達により評価するもの
　① 事業用定期借地権等及び事業用定期借地権等の設定されている貸宅地
　② 建物譲渡特約付借地権及び建物譲渡特約付借地権の設定されている貸宅地
　③ 一般定期借地権
　④ 一般定期借地権が設定されている貸宅地のうち、下記⑤及び次の（2）以外のもの
　⑤ 一般定期借地権の設定されている貸宅地のうち、(i)路線価図（路線価地域）に示される普通借地権割合がC地域、D地域、E地域、F地域、G地域のもの、及び(ii)評価倍率表（倍率地域）に示される

普通借地権割合が70％、60％、50％、40％、30％の地域のもので、平成9年12月31日以前の相続等の場合
（2）　個別通達で評価するもの
　　　一般定期借地権が設定されている貸宅地のうち、(i)路線価図（路線価地域）に示される普通借地権割合がＣ地域、Ｄ地域、Ｅ地域、Ｆ地域、Ｇ地域のもの、及び(ii)評価倍率表（倍率地域）に示される普通借地権割合が70％、60％、50％、40％、30％の地域のもので、平成10年1月1日以後の相続等の場合

2　評価方法のあらまし

　財産評価基本通達による評価方法と個別通達による評価方法のあらましは、次のとおりです。
　なお、詳細についてはQ37とQ38を参照してください。
（1）　財産評価基本通達による評価方法のあらまし
　①　定期借地権の価額　＝　課税時期における自用地価額　×　借地権設定時における定期借地権割合　×　定期借地権の逓減率
　②　貸宅地の価額　＝　自用地価額　－　定期借地権の価額
　　（注）ただし、特例計算によることもできます。

　※平成6年1月1日以後の相続等により取得した財産の評価と平成6年分の地価税（平成10年度より「当分の間」課されないこととされています）にかかる土地の評価から適用されています。

（2）　個別通達による貸宅地の評価方法のあらまし
　　　貸宅地の価額　＝　自用地価額－一般定期借地権相当額[*1]

＊1　一般定期借地権相当額＝自用地価額×（1－一般定期借地権設定時の底地割合）×逓減率

Q.37 定期借地権の税務

基本通達による定期借地権及び底地の評価

財産評価基本通達による定期借地権及び定期借地権の設定されている貸宅地（底地）の評価方法について説明してください。

A 定期借地権の評価方法は、原則的な評価方法と簡便法があり、貸宅地の評価方法は原則的な評価方法と特例方法があります。

解　説

1 定期借地権の評価方法

（1） 原則……課税時期において借地人に帰属する経済的利益とその存続期間を基として評定した価額によって評価します。

（2） 簡便法……課税上弊害がないかぎり、次の算式によって評価します。

　　定期借地権の価額　＝　課税時期における自用地価額　×　借地権設定時における定期借地権割合（A）　×　定期借地権の逓減率（B）

※　算式中の用語についての詳しい説明は次のとおりです。

　（A）　借地権設定時における定期借地権割合

$$\text{借地権設定時における定期借地権割合} = \frac{\text{定期借地権設定時の借地人に帰属する経済的利益の総額}^{(注)}}{\text{定期借地権設定時のその土地の通常取引価額(時価)}}$$

(注) 定期借地権設定時の借地人に帰属する経済的利益の総額

　　通常取引価額ベースでの定期借地権の価額を意味し、次の①〜③の場合に応じてそれぞれ計算します。

① 権利金の授受がある場合…権利金等の額[*1]

　*1　賃料の一括前払一時金を加算

② 保証金の授受がある場合…保証金の授受に伴う経済的利益の額（基準年利率による複利現価率等を使用して計算）

　　保証金の授受に伴う経済的利益の額　＝　保証金の額に相当する金額（a）

（保証金返済の原資に相当する金額）

－（a）× 定期借地権の設定期間年数に応ずる基準年利率による複利現価率

（毎年の支払い利息の総額）

－（a）× 基準年利率未満の約定利率 × 定期借地権の設定期間年数に応ずる基準年利率による複利年金現価率

③ 地代が低額で設定されている場合…毎年享受すべき差額地代の現在価値（複利年金現価率を使用して計算）

毎年享受すべき差額地代の現在価値
　　　＝差額地代の額(注)×定期借地権の設定期間年数に応ずる基準年利率による複利年金現価率

（注）　同種同等の他の定期借地権における地代の額とその定期借地権の設定契約において定められた地代の額（上記①又は②の金額がある場合には、その金額に定期借地権の設定期間年数に応ずる基準年利率による年賦償還率を乗じて得た額を地代の前払いに相当する金額として毎年の地代の額に加算した後の額）との差額をいいます。

（B）　定期借地権の逓減率

$$\text{定期借地権の逓減率} = \frac{\text{課税時期における残存期間年数に応ずる基準年利率による複利年金現価率}}{\text{設定期間年数に応ずる基準年利率による複利年金現価率}}$$

2　貸宅地の評価方法

（1）　原則的な評価方法
　　　貸宅地の価額　＝　自用地価額　－　定期借地権の価額
（2）　特例方法
　　次の算式によって評価した価額が、原則的な評価方法によって評価した価額を下回る場合は、次の算式によって評価します。
　　この場合、同族会社の株式評価上、自用地価額に残存期間に応ずる逓減割合を乗じて計算した金額から借地人たる同族会社の定期借地権の価額を控除した金額を、同社の純資産価額に算入します。
　　　貸宅地の価額　＝　自用地価額　×（1　－　残存期間に応ずる逓減割合(注)）

(注) 残存期間に応ずる逓減割合

残存期間	逓減割合
〜　5年以下	5%
5年超〜　10年以下	10%
10年超〜　15年以下	15%
15年超〜	20%

Q.38 定期借地権の税務

個別通達による一般定期借地権の底地の評価

一般定期借地権が設定されている貸宅地（低地）の評価については、個別に通達が定められているようですが、その内容を説明してください。

A 一般定期借地権の設定されている貸宅地のうち、次に定める特定のものについては個別通達が定められています。

解　説

個別通達に基づく一般定期借地権の設定されている貸宅地の評価方法は次のとおりです。

　　　貸宅地の価額　＝　自用地価額　－　一般定期借地権相当額(注)

　（注）　一般定期借地権相当額　＝　自用地価額　×　（　1　－　一般定期借地権設定時の底地割合）　×　逓減率

なお、個別通達に基づいて上記の方法で評価されるのは、一般定期借地権が設定されている貸宅地のうち、路線価図（路線価地域）に示される普通借地権割合がC地域、D地域、E地域、F地域、G地域のもの、及び評価倍率表（倍率地域）に示される普通借地権割合が70％、60％、50％、40％、30％の地域のもので、平成10年1月1日以後の相続等の場合のものに限られ、これ以外の貸宅地及び定期借地権そのものは財産評価基本通達により評価します。

この取扱いは、個別通達による当面の措置とされ、租税負担回避行為

を防止するため定期借地権者と地主との関係が第三者間のものなど、課税上弊害がない場合について適用され、親族間や同族法人等の特殊関係者間の場合は適用されません。

なお、個別通達は課税上弊害がない場合を次のように定めています。

＜課税上弊害がない場合＞

> 　一般定期借地権の設定等の行為が専ら税負担回避を目的としたものでない場合をいうほか、この通達の定めによって評価することが著しく不適当と認められることのない場合をいい、個々の設定等についての事情、取引当事者間の関係等を総合勘案してその有無を判定することに留意する。
>
> 　なお、一般定期借地権の借地権者が次に掲げる者に該当する場合には「課税上弊害がある」ものとする。
> ①一般定期借地権の借地権設定者（「借地権設定者」）の親族、②借地権設定者とまだ婚姻の届出をしないが事実上婚姻関係と同様の事情にある者及びその親族でその者と生計を一にしているもの、③借地権設定者の使用人及び使用人以外の者で借地権設定者から受ける金銭その他の財産によって生計を維持しているもの並びにこれらの者の親族でこれらの者と生計を一にしているもの、④借地権設定者が会社役員となっている会社、⑤借地権設定者、その親族、上記②及び③に掲げる者並びにこれらの者と特殊の関係にある法人を判定の基礎とした場合に同族会社に該当する法人、⑥上記④又は⑤に掲げる法人の会社役員又は使用人、⑦借地権設定者が、借地借家法第15条（自己借地権）の規定により、自ら一般定期借地権を有することとなる場合の借地権設定者

（注）　平成10年１月１日以後に開始する相続等から適用されています。

<貸宅地の価額>(再掲)
　貸宅地の価額 ＝ 自用地価額 － 一般定期借地権相当額(注)

　(注)　一般定期借地権相当額 ＝ 自用地価額 ×（ 1 － 一般定期借地権設定時の底地割合（A））× 逓減率（B）

※　算式中の用語についての詳しい説明は次のとおりです。

（A）　一般定期借地権設定時の底地割合
　一般定期借地権が設定された時点の底地割合は、普通借地権の割合の異なる地域ごとに定められ、具体的には次の表の「ｃ」のとおりとなります。

<一般定期借地権設定時の底地割合の表>

	借地権割合（ａ）		普通借地権の場合の底地割合（ｂ）	一般定期借地権設定時の底地割合（ｃ）
	路線価図の表示記号	評価倍率表の普通借地権割合	底地割合（ｂ）＝ 1 －（ａ）	
地域区分	C	70%	30%	55%
	D	60%	40%	60%
	E	50%	50%	65%
	F	40%	60%	70%
	G	30%	70%	75%

（B）　逓減率
　　次の算式によって計算します。

$$\text{逓減率} = \frac{\text{課税時期における残存期間年数に応ずる基準年利率による複利年金現価率}}{\text{設定期間年数に応ずる基準年利率による複利年金現価率}}$$

Q.39 定期借地権の税務

底地評価の経年変化の比較

財産評価基本通達により評価する場合の貸宅地（底地）の評価額の経年変化と個別通達による貸宅地（底地）の評価額の経年変化の違いをイメージ図で表してください。

A 地価が一定で、かつ権利金などの授受がない（あるいは授受された権利金などの額が定期借地権設定時のその土地の通常取引価額の20％未満）との前提では、次の図のようになります。

解　説

貸宅地の評価額を2つの図で比較するとその差がよくわかります。例えば、経過年数が0の場合、財産評価基本通達により評価するときの底地の評価額が自用地価額の80％であるのに対し、個別通達に基づく一般定期借地権の設定されている路線価図の表示記号Ｃの区域の底地の評価額は55％であり、25％も低く評価されます。

1. 財産評価基本通達により評価する場合の貸宅地の評価額の経年変化

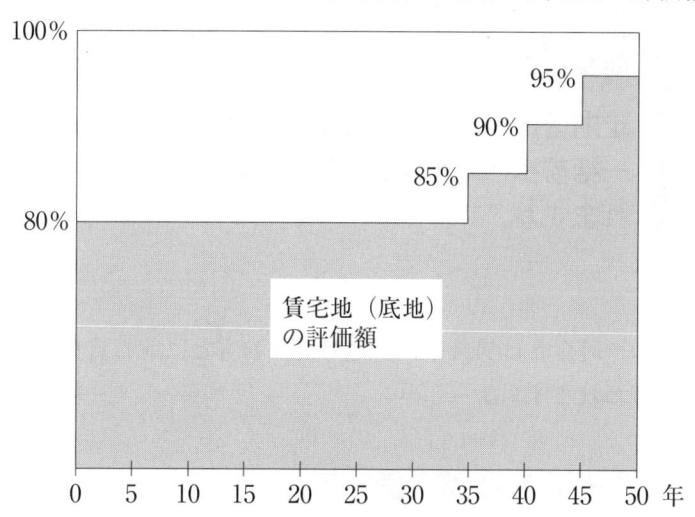

貸宅地（底地）の評価額: 0〜35年 80%、35〜40年 85%、40〜45年 90%、45〜50年 95%

2. 個別通達による貸宅地の評価額の経年変化

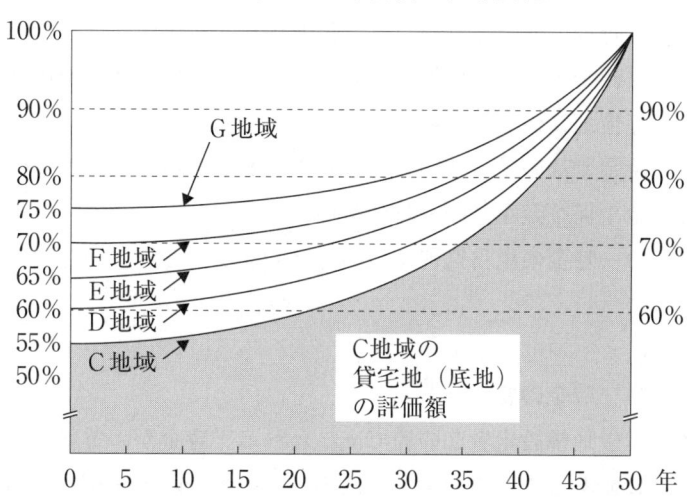

起点値（0年時点）：G地域 75%、F地域 70%、E地域 65%、D地域 60%、C地域 55%（50年時点でいずれも100%）

Q.40 定期借地権の税務

前払賃料の税務

定期借地権の設定時において支払われる賃料の一括前払一時金は、税務上どのように取り扱われますか。

A その他の一時金とは異なり、一定の要件のもとに前払賃料として取り扱われます[*1]。

解　説

　定期借地権の設定時において支払われる一時金は、賃料の一括前払一時金とその他の一時金に分類され異なる課税関係になります。ここで、賃料の一括前払一時金とは定期借地権の設定時において借地権者が借地権設定者に対して借地に係る契約期間の賃料の一部又は全部を一括前払いする場合の一時金で次の①〜③の要件を満たすものをいい、その他の一時金とは権利金や保証金などの一時金をいいます。

　なお、その他の一時金の税務処理については Q34 と Q35 を参照してください。

＜賃料の一括前払一時金の要件＞
① 借地権者と借地権設定者との間で支払われる一時金が、賃料の一括前払一時金であることを明示するために、その一時金が契約期間にわたって又は契約期間のうち最初の一定の期間について、賃料の一部又は全部に均等に充当されていることを定めた定期借地権設定契約書により契約し、
② その契約書を契約期間にわたって保管し、かつ、

③　その取引の実態もその契約に沿うものであること

1 賃料の一括前払一時金と所得税

　賃料の一括前払一時金は前払賃料として処理します。すなわち、借地権者は、賃料の一括前払一時金を前払費用として計上し、その年分の賃料に相当する金額を必要経費の額等に算入します。借地権設定者は、賃料の一括前払一時金を前受収益として計上し、その年分の賃料に相当する金額を収入金額に算入します。

2 賃料の一括前払一時金と経済的利益

　賃料の一括前払一時金は借地契約の継続を前提とする限り返還義務がなく期間満了時には返還を要しないものであることから、Q34の保証金には該当せず、その経済的利益を毎年の不動産所得に計上するなどの処理は必要はありません。

3 賃料の一括前払一時金と消費税

　賃料の一括前払一時金は、消費税法上非課税となる土地の貸付けの対価の前受金に該当しますので、その借地権設定者である消費税の課税事業者は、仕入控除税額の計算に当たり、その年分の賃料に相当する金額をその課税期間の資産の譲渡等の対価の額に算入して、課税売上割合の計算を行うことになります。

4 賃料の一括前払一時金と相続税（Q37参照）
（1）　定期借地権の財産評価
　　　相続等により取得した賃料の一括前払一時金方式による定期借地権の価額を財産評価基本通達27-2【定期借地権等の評価】のただし書の定めにより評価する場合には、賃料の一括前払一時金の額を同項の算式に定める「定期借地権等の設定の時における借地権者に帰属する経済的利益」の額に含めて、課税時期（相続開始時）にお

ける定期借地権等の価額を評価します。

したがって、賃料の一括前払一時金方式により定期借地権を設定した場合は、「定期借地権設定時の借地人に帰属する経済的利益の総額」には、権利金等の授受による経済的利益の金額、保証金等の授受による経済的利益の金額、贈与を受けたと認められる差額地代の額がある場合の経済的利益の金額に加えて、賃料の一括前払一時金を加算することになります。

(2) 定期借地権の目的となっている宅地の評価

相続等により取得した賃料の一括前払一時金方式による定期借地権の目的となっている宅地の価額は、財産評価基本通達25【貸宅地の評価】の(2)により、原則として、自用地としての価額から上記(1)により評価した課税時期における定期借地権等の価額を控除した金額によって評価します。

なお、財産評価基本通達25(2)ただし書及び平成10年8年25日付課評2-8「一般定期借地権の目的となっている宅地の評価に関する取扱いについて」は、賃料の一括前払一時金方式による定期借地権の目的となっている宅地の評価にも適用されます。

(3) 賃料の一括前払一時金の未経過分相当額の相続税評価

定期借地権と別の相続財産として計上する必要はなく、また、債務として控除することもできません。

＊1 「定期借地権の賃料の一部又は全部を前払いとして一括して授受した場合における税務上の取扱いについて(照会)」

(平成16年12月16日、国土企第14号)及び「定期借地権の賃料の一部又は全部を前払いとして一括して授受した場合における相続税の財産評価及び所得税の経済的利益に係る課税等の取扱いについて(照会)」(平成17年6月28日、国土企第2号)に対して、国税庁は平成17年1月7日及び7月7日に「ご照会に係る事実関係を前提とする限り、貴見のとおりで差し支えありません」と回答、照会文書に「前払賃料につ

いて定めた定期借地権設定契約書の書式例」が添付されています。

Q.41 定期借地権の税務

造成費の課税

土地を造成して賃貸する予定ですが、造成費は借人が負担する場合、地主に対する課税はどのようになるのでしょうか。

A 原状回復義務がある限りにおいては課税されることはありません。

解　説

契約において原状回復した上で返還する旨の規定がある限りは地主として造成に伴う利益を受けるわけではありませんので課税されることはありません。[*1]

＊1 「借地人の費用負担で借地が宅地造成された場合の地主に対する課税」
　　（国税庁、質疑応答事例）

＜参考＞
法人税法基本通達
7-3-8［借地権の取得価額］　借地権の取得価額には、土地の賃貸借契約又は転貸借契約（これらの契約の更新及び更改を含む。以下7-3-8において「借地契約」という）に当たり借地権の対価として土地所有者又は借地権者に支払った金額のほか、次に掲げるような金額を含むものとする。ただし、（1）に掲げる金額が建物等の購入代価のおおむね10％以下の金額であるときは、強いてこれを区分しないで建物等の取得価額に含めることができる。
（1）　土地の上に存する建物等を取得した場合におけるその建物等の購

入代価のうち借地権の対価と認められる部分の金額
（2） 賃借した土地の改良のためにした地盛り、地ならし、埋立て等の整地に要した費用の額

以下（略）

　所得税法基本通達38-12［借地権の取得費］にも同様の定めがあります。

Q.42 借地権譲渡・転貸

借地権の譲渡・土地転貸

土地賃借権を譲渡する場合、あるいは土地を転貸する場合にはどのような手続が必要ですか。

A 土地賃借権の譲渡あるいは土地を転貸することについて地主が承諾をしない場合、賃借人は裁判所に対して土地賃借権譲渡又は土地転貸許可申立てをし、相当と認められる場合には裁判所から承諾に変わる許可を得ることができます。

解　説

　土地賃借権を譲渡する場合、土地を転貸する場合のいずれの場合においても、借地人がその行為を適法に行うためには地主の承諾が必要ですが、法的には地主はその承諾義務を負いません。賃借人が賃貸人の承諾を得ないで土地賃借権を譲渡し又は土地を転貸したときは、賃貸人は土地賃貸借を解除することができます。

　しかしながら、あくまで賃貸人の承諾が必要であるとすると、賃借人は、賃借地上建物をその敷地の賃借権とともに売却等処分して、投下資本を回収することが困難となります。

　そこで、土地賃借権である借地権については、借地借家法により賃貸人の承諾に代わる裁判所の許可（代諾許可）を得てその譲渡又は土地転貸をすることができる制度が設けられています。

　土地賃借権譲渡又は土地転貸許可申立て（以下「譲渡等許可申立て」といいます）をすることができるのは土地賃借人である借地権者です。転借地権者もその転借地上の建物を第三者に譲渡しようとする場合には

譲渡等許可申立てをすることができます。

建物の譲受人は譲渡等許可申立てをすることはできません。

相手方となるのは土地賃貸人たる借地権設定者です。

転借地権者が申立人となる場合において、（原）借地権が土地賃借権である場合には、転借地権譲渡又は再転貸をするには、転貸人（土地賃借人）である借地権者と（原）賃貸人である借地権設定者の双方の承諾又は代諾許可を得る必要がありますので、その一方が承諾しないときはその一方を相手方とし、その双方が承諾しないときはその双方を相手方とする必要があります。

いずれの場合にも、同じ地位に複数の者がいる場合には、それぞれの全員から又は全員に対して申立てをすることになります。

譲渡等許可申立ては建物及び土地賃借権の譲渡又は土地転貸前にしなければなりません。

譲渡等許可申立ては、土地賃借権譲渡又は土地転貸の相手方となる賃借権譲受人予定者又は転借人予定者を特定してなされなければなりません。賃借権譲受人又は転借人がだれかという点も賃貸人に不利になるおそれがないかどうかの判断要素となるからです。

譲渡等許可申立てにおいて、土地賃借権の譲渡の許可を求めるものか、土地転貸の許可を求めるものかを明示する必要があります。ちなみに、実際上の譲渡等許可申立てのほとんどは賃借権譲渡許可の申立てです。

譲渡等許可申立てが認められるためには、第三者が賃借権を取得し、又は転借しても賃貸人に不利となるおそれがないときです。

借地の利用に関して、借地の一部譲渡ないし分割譲渡をしようとする場合、賃借人の数が増えることによって賃貸人の事務量が従来より増えることになるから不利といえます。また、土地の分割方法によっては、残存地の価値が下がる場合には、賃貸人に不利といえます。

また、建物譲受予定者がいわゆる反社会的側面を有する場合や、建物を売春宿などのいかがわしい目的で利用することが予想される場合や、正業ではあっても土地賃貸人と競合関係になるような場合や、建物譲受

予定者の資力が不十分で、将来の賃料不払いが懸念される場合には、賃貸人に不利になるおそれがあるといえます。

加えて、裁判所は、「賃借権の残存期間、借地に関する従前の経過、賃借権の譲渡又は転貸を必要とする事情その他一切の事情」を考慮して判断することになります。特に、「譲渡又は転貸を必要とする事情」の考慮が必要となります。困窮のため建物を売却する必要があったり、老齢のため息子の介護を受ける対価ないし謝礼の意味で建物を息子に譲渡したい、などの事情が考えられます。単に、買換えにより他の物件を購入して引越しを予定しているというような、強い必要性がない場合にも、賃貸人に特に不利となるおそれがないのであれば、譲渡等許可申立てを認容すべきとされています。

裁判所が譲渡等許可申立てを認容する場合において、当事者間の利益の衡平を図るため必要があるときは、賃借権の譲渡もしくは転貸を条件とする借地条件の変更を命じ、又はその許可を財産上の給付に係らしめすことができます。この場合、原則として、当事者の陳述を聴いた上で、鑑定委員会の意見を聴く必要があります。

借地条件の変更のうち、賃料の改定については、当事者が既に賃料の増額又は減額の請求をしている場合や、明示的に増額又は減額を希望している場合には、譲渡等を条件として賃料額の改訂がなされることがあります。

財産上の給付については、実務上は、借地権価格の10％相当額を財産給付（申立人である賃借人から相手方である賃貸人への支払い）の基準としていますが、譲受予定者が賃借人の配偶者や子などの推定相続人である場合には賃借人が死亡すれば当然に賃借権を取得できる関係にあるという事情を勘案してこれより相当低い額（借地権価格の３％程度）を財産給付の額としています。

定期借地権も一時使用目的の借地権も譲渡が可能です。

申立人である土地賃借人は、譲渡等許可申立てと併合して条件変更又は増改築許可申立てをすることができます。

Q.43 借地権譲渡・転貸

借地権の評価

借地権は鑑定評価ではどのように算定するのですか。住宅と店舗で違いがありますか。

A 借地権は、土地を貸借する契約によって成立しますが、すべての借地権に、等しく価格が付くわけではありません。借地権の価格は、それを保有することによるメリットの大小によって決まります。鑑定評価においては、その点に着眼して価格を算定することとなります。用途別には、一般的に店舗用地の借地権価格のほうが、住宅用地よりも高くなる傾向がありますが、契約条件等によって異なるため、一概には言えません。

解 説

1 借地権に価格が付く理由

土地を借りる権利である借地権に価格が付くのは、それを有償で買い取ってもなおメリットがあると、第三者である買手が考えるからです。具体的には、①土地所有者と現借地権者との間で授受されている賃料（地代）が、周辺相場よりも著しく安い場合、②土地購入希望者がその条件に合う物件を見つけられず、新規に借地契約を結んでくれる所有者も見つからない場合に、他者が既に借りている土地が自分の条件に合う場合などです。

2 借地権価格の構成要素

借地権価格は、それをもつことによって得られる次のようなメリット

によって決定されます。
　a. 土地を長期間占有し、独占的に使用収益し得る借地人の安定的利益
　b. 地代が低廉であること等によって得られる経済的利益

このようなメリットを多くの人が認め、売買の対象としようとする人が現れた場合に、借地権価格は顕在化します。

3 借地権価格の評価方法

不動産鑑定士が借地権の評価を行う場合、次のような評価方法があります。借地権は、地域により設定、売買の事例がたくさんあり、取引市場が成熟している地域と、成熟の程度が低い地域とがあり、それによって採用される評価方法が若干異なります。

【借地権の取引慣行の成熟の程度の高い地域】

（1）取引事例比較法

　　類似の借地権の取引事例から求める方法です。近傍で借地権売買が行われている場合に有効な手法です。通常、1事例のみではなく、3～5事例程度を用いて試算します。取引がない場合には、この手法は適用できません。また、借地権単体の取引だけでなく、借地権付建物の取引事例（その内訳価格としての借地権価格）を用いることもできます。

　　　　取引価格×①事情補正率×②時点修正率×③標準化補正率
　　　　　　　　　　　　×④地域格差率×⑤個別格差率

---

①事情補正率：取引当事者の個別事情により価格が影響を受けていると認められる場合に適用。
②時点修正率：取引時点からの時間の経過に伴う修正。
③標準化補正率：事例所在地域の標準的な借地権との格差。
④地域格差率：地域が異なることによる格差。

⑤個別格差率：対象不動産所在地域の標準的な借地権との格差。

　上記③〜⑤にはそれぞれ土地固有の要因と借地権固有の要因（契約に基づく制約等）が含まれます。これらの数値は、不動産鑑定士が多数の取引事例等を分析した上で、判定します。

（２）　収益還元法

　　　借地上の建物を賃貸したときに得られる収益から借地権価格を求める方法です。現に賃貸されているか、賃貸を想定できる場合に適用が可能です。

　　　　（①借地上建物の賃貸に基づく純収益－②建物帰属分）÷③還元利回り

①借地上建物の賃貸に基づく純収益：家賃収入、一時金の運用益等の年額から賃貸借に必要な諸経費を控除した額。
②建物帰属分：通常、建物価格に期待利回りを乗じて算出。
③還元利回り：類似の収益物件の取引利回り等を参考。

　上記は最も簡略な収益還元法の算式例ですが、今後賃料が変更になる予定がある場合、相場が変動すると予想される場合等には、それを織り込んで評価するＤＣＦ法などの評価法もあります。

（３）　賃料差額還元法

　　　契約に従い実際に授受されている賃料（地代）と、対象土地を新規に借地する場合に想定される市場賃料（地代）との差額をもとに、借地権価格を求める方法です。

　　　　（①市場賃料－②現行賃料）×③補正率÷④還元利回り

①市場賃料：対象土地を新規に借地する場合に想定される地代年額。
②現行賃料：借地契約に基づいて現に授受されている地代年額。

> ③補正率：①-②で求められた差額のうち借地権価格を構成する部分の比率。
> ④還元利回り：類似の収益物件の取引利回り等を参考。

（4）　借地権割合による方法

　　　地域に慣行的借地権割合（更地価格に対する借地権価格の割合）が形成されている場合に適用できる方法です。

　　　　①更地価格×②借地権割合

> ①更地価格：利用上の制約がない場合の土地価格。
> ②借地権割合：地域における同種の土地について、更地価格に対する借地権価格の割合が慣行的に形成されている場合の当該割合。

【借地権の取引慣行の成熟の程度の低い地域】

（1）　収益還元法

　　　上記「借地権の取引慣行の成熟の程度の高い地域」（2）に準じます。

（2）　賃料差額還元法

　　　上記「借地権の取引慣行の成熟の程度の高い地域」（3）に準じます。

（3）　更地又は建付地価格から底地価格を控除して求める方法

　　　借地権価格と底地価格の合計額は、通常、更地価格が上限となることから考えられた評価手法です。約定により土地利用上の制約がある場合には、更地価格ではなく建付地価格を用いることになります。なお、この手法によって求めた価格は、いわば借地権価格の上限と考えられる点に注意が必要です。

①更地価格又は建付地価格－②底地価格

> ①更地価格：利用上の制約がない場合の土地価格。
> 　建付地価格：現行建物が地上に存することを前提とした土地価格。
> ②底地価格：Q45「底地の評価」を参照。

4　用途の違いによる借地権価格の違い

　単に住宅、店舗等、建物の用途が違うことをもって、借地権価格が直ちに変わるものではありません。しかし、取引慣行をみると、店舗等に供されることの多い商業地（特に大都市中心部等の繁華街）において、更地価格に対する借地権価格の割合（借地権割合）が高くなる傾向にあるようです。

　借地権価格は、あくまでも個別の借地契約に基づく現行賃料（地代）の額、地域における需要の多寡等によって決まってくるもので、相場が形成されにくいものです。店舗よりも住宅として利用されている借地権のほうが高いということもあり得ます。上記3で説明した各手法を適用して初めて判明するものです。とはいえ、借地権取引が増えてくると、更地価格に対する借地権価格の割合（借地権割合）が一定の幅に収まってくる傾向もみられます。

Q.44 土地譲渡・相続

土地譲渡の借地権の対抗力

土地が譲渡された場合、借地権の対抗力はどのようになりますか。

A 新しい土地の所有者に登記移転がなされる前に、建物の登記をするなどの対抗要件を具備しておく必要があります。

解　説

　借地権設定者である土地所有者が借地権の目的たる土地を第三者に譲渡することは、法令又は契約で制限されているような場合を別にして、自由です。

　借地権者がその借地契約の相手方である借地権設定者及びその包括承継人（相続人など）に対して自己の借地権を主張し得ることは当然ですが、土地の譲受人等第三者に対しても自己の借地権を主張し認めさせることができる権能を「借地権の対抗力」といいます。借地権が対抗力を有するには一定の要件（対抗要件）を具備する必要があります。

　具体的には、借地権の設定を受け、その対抗要件を具備した場合には、その後に土地が売買されたり、土地に抵当権が設定されたりした場合にも、借地権者は、土地の買主に対し、自己の借地権を主張し、その土地明渡請求を拒むことができます。

　借地権を対抗することができるかどうかは、借地権の対抗要件の具備と土地についての他の物権変動について対抗要件の具備との先後関係で決まります。すなわち、借地権の対抗要件具備が所有権移転登記や抵当権設定登記等より先であれば、土地譲受人や土地買受人に自己の借地権

を対抗することができますが、逆の場合には、借地権を対抗することができません。

　借地権の対抗要件として民法が予定しているのは、地上権設定登記及び土地賃借権設定登記です。これらの登記は、権利設定の登記ですので、登記権利者である借地権者と登記義務者である借地権設定者との共同申請によるのが原則です。

　借地権が地上権である場合には、地上権者は、物権の取得者として、土地所有者に対して地上権設定登記手続を請求することができますが、借地権が土地賃借権である場合には、特約がない限り、賃借人は賃貸人に対し賃借権設定登記手続を請求する権利がなく、賃貸人としてもこれに応ずる利点はほとんどないので、実際上も賃借権設定登記がなされることは稀です。

　そこで、借地借家法は、借地権者が借地上に登記した建物を有するときは借地権を第三者に対抗できることとし、借地権者の保護を図りました。実際上、借地権の対抗力はほとんど建物の登記によるものです。

　このように、建物登記によって借地権を対抗することができるものの、建物が滅失した場合には、建物登記がそのまま残っていたとしても、建物登記による借地権の対抗ができなくなります。

　そこで、借地借家法は、登記された建物の滅失があっても、借地権者が、その建物を特定するために必要な事項、その滅失があった日及び建物を新たに築造する旨を土地の上の見やすい場所に掲示するときは、建物滅失日から2年間借地権の対抗力が維持されるものとしました。これによって、土地を購入しようとする者に対して借地権が存在することを示すことができるからです。その2年間に建物を築造し、かつ、建物登記を経由したときは、そのまま対抗力が存続します。

Q.45 土地譲渡・相続

底地の評価

土地を譲渡する場合、底地はどのように評価するのですか。

A 底地を譲渡するとは、他人に貸した土地を、その状態（借地人がいる状態）のまま第三者に売却することを意味しますが、そのような売買が成立するのは、買手にメリットがあるからです。底地の価格は、そのメリットの大小によって決まることから、鑑定評価においては、その点に着眼して価格を算定することとなります。

解　説

1 底地価格の成り立ち

　土地所有者が他人に土地を賃貸した場合、その土地の所有権のことを底地と呼びます（俗に底地権と呼ばれることもありますが、正しい用語ではありません）。

　借地契約が結ばれると、その土地を利用できる人は借地人（借地権者）となり、底地の所有者は自分の土地でありながら、利用することができません。その見返りとして、賃料（地代）を受け取ります。これは、建物を賃貸して賃料（家賃）を得るのと同じことであり、賃料収入の額によって底地価格は左右されます。

2 底地が売買される理由

　底地を取得しても、その土地を自ら使うことはできません。その土地を利用する権利は、借地人（借地権者）にあるからです。それでもなお

底地が売買の対象となるのは、借地人から賃料（地代）を得ることができるからであり、一種の投資物件と考えられるからです。
　底地の買主は、契約によって借地人から得られる賃料（地代）を前提に、その底地をいくらで取得すべきかを検討することになります。したがって、底地価格の妥当性は、常に賃料（地代）収入との関係において判断されることになるのです。

3　底地価格の評価方法

　底地の評価を行う場合、次のような評価方法があります。
（1）　取引事例比較法
　　　類似の底地の取引事例から求める方法です。近傍で底地売買が行われている場合に有効な手法です。通常、1事例のみではなく、3〜5事例程度を用いて試算します。取引がない場合には、この手法は適用できません。

取引価格×①事情補正率×②時点修正率×③標準化補正率
　　　　　　　　　　　　　×④地域格差率×⑤個別格差率

---
①事情補正率：取引当事者の個別事情により価格が影響を受けていると認められる場合に適用。
②時点修正率：取引時点からの時間の経過に伴う修正。
③標準化補正率：事例所在地域の標準的な底地との格差。
④地域格差率：地域が異なることによる格差。
⑤個別格差率：対象不動産所在地域の標準的な底地との格差。

　上記③〜⑤にはそれぞれ土地固有の要因と底地固有の要因（契約に基づく制約等）が含まれます。これらの数値は、多数の取引事例等を分析した上で、判定します。
（2）　収益還元法
　　　現行の借地契約に基づき土地所有者が受け取っている賃料（地代）

をもとに底地価格を求める方法です。

　　　（①現行地代－②必要諸経費等）÷③還元利回り

①現行地代：借地契約に基づき受け取っている地代年額。
②必要諸経費等：借地契約を継続するために必要な諸経費等。ただし、貸家と異なり通常貸主側にはあまり経費が発生しない。
③還元利回り：類似の底地の取引利回り等を参考として算定。

　上記は最も簡略な収益還元法の算式例ですが、今後地代が変更になる予定がある場合等には、それを織り込んで評価するＤＣＦ法などの評価法もあります。

Q.46 土地譲渡・相続

借地権設定者の地位の承継

土地が譲渡された場合、借地権設定者（土地賃貸人）の地位は承継されますか。

A 土地が譲渡された場合、借地権設定者（土地賃貸人）の地位は承継されます。

解　説

　借地権が地上権である場合において、借地権者がその借地権を土地譲受人に対抗することができる場合には、土地譲受人は、当然に、借地権設定者の地位を承継します。

　借地権が土地賃借権である場合には、土地譲渡に伴って当然に借地権設定者の地位も譲渡されるわけではありませんが、当事者の一般的な意思解釈としては、賃貸借の目的たる土地の譲渡に伴って土地賃貸人の地位も譲渡したものと解することができるため、特段の事情のない限り賃貸人の地位も移転します。借地権設定者の地位が承継されるにあたって、借地権者の承諾は必要ありません。

　借地権設定者の地位の承継を借地権者に対抗するには、土地について所有権移転登記を具備する必要があります。これによって、借地契約に含まれる権利義務ないし諸条件は新借地権設定者に承継されます。

　また、敷金に関する法律関係は、借地契約とは一応別個のものですが、その返還義務は借地権設定者の地位と密接な関係にあるものですので、借地権設定者の地位の承継があったときは、その敷金債務は新借地権設定者である土地譲受人に承継されます。

Q.47 土地譲渡・相続

地代請求権と敷金返還請求権

底地を相続した場合の地代の支払請求権と敷金返還債務は承継されますか。

A 底地を相続した場合の地代の支払請求権と敷金返還債務は承継されます。

解 説

借地権の目的たる土地の相続があったときは、それに伴って借地権設定者の地位も当然に承継されます。

問題は底地を共同相続した場合です。共同相続した場合、金銭債権・債務は相続分に応じて分割されるのが原則です。

しかしながら、地代の支払請求権も敷金返還債務も金銭債権・債務ではありますが、分割されずに不可分なものとして扱われています。

まず、地代の支払請求権については、底地を相続した共同相続人が底地を借地人に使用収益させる義務は不可分なものですので、その使用収益の対価である地代等請求権も不可分な債権であると考えられています。

よって、借地権設定者のいずれもが単独で借地権者に対し地代等を全額請求することができ、借地権者は任意の1人に支払うことができます。

また、敷金返還債務は、いずれも不可分な債権である地代等請求権、土地明渡請求権と密接な関係があり、また借地権者と借地権設定者の利益の均衡上も、これを不可分な債務と考えられています。

よって、土地の賃貸借契約が終了した後、借地権者は借地権設定者の共同相続人のいずれかに全額の敷金返還請求をすることができます。

Q.48 借地上の建物評価

借地権付建物の評価

借地権付建物は鑑定評価ではどのように算定するのですか。
自用と賃貸では違いがありますか。

A 借地権付建物の価格の決まり方は、自用の場合と賃貸の場合で異なります。自己居住用の（定期借地権付）マンションの場合は、通常、周辺事例相場との比較（比準価格）によって価格が決まります。賃貸用の商業ビルであれば、収益性からアプローチした価格（収益価格）によって決まります。

解　説

1　借地権付建物の価格

借地権付建物というのは、土地部分が所有権ではなく、借地権が設定されている建物及びその敷地をいいます。

借地権付建物の価格は、鑑定評価上、原価法、取引事例比較法及び収益還元法の3手法を用いて算定することになりますが、その建物がどのような使われ方をしているかによって、重視する手法が異なってきます。

ここで原価法とは、対象となる不動産を新築する場合に要する費用から、経過年数等に基づく減価分を差し引いて求める手法をいいます（この手法による価格を積算価格といいます）。取引事例比較法とは、周辺における類似不動産の取引事例との比較を行い求める手法をいいます（この手法による価格を比準価格といいます）。収益還元法とは、対象となる不動産が将来生み出すであろう収益から求める手法をいいます（この手法による価格を収益価格といいます）。

建物を所有者自身が使用している場合は、鑑定評価上、「自用の建物及びその敷地」(建物所有者とその敷地の所有者が同一人であり、その所有者自身が使用収益している場合における建物及びその敷地)というタイプとなり、上記3手法を適用し、基本的には得られた3価格を相互に関連づけて鑑定評価を行いますが、用途が住宅(特にマンション)であれば、通常は、取引事例比較法を重視します。

　他方、建物を第三者へ賃貸している場合は、「貸家及びその敷地」(建物所有者とその敷地の所有者が同一人であり、建物が賃貸借に供されている場合における建物及びその敷地)というタイプとなり、この場合は、賃料収受権を基礎とする不動産となることから、収益価格を重視して評価額を算定することになります。当該不動産を購入しても、自分自身が使うのではなく、もっぱら賃料収入を得るのみであることを考えれば、当然の帰結といえましょう。

　以下、鑑定評価上特に問題となる点について解説します。

2　不動産鑑定評価

(1)　原価法

　　　費用性からのアプローチとして、借地権付建物に原価法を適用する場合、当然ながら、土地部分の価格は所有権価格ではなく、借地権価格となります。土地の所有権を有していないことから、その分だけ所有権付の建物に比べ低い価格となります。

　　　借地の残存期間が短い場合の建物価格については、留意が必要です。すなわち、物理的には残り数十年使える建物であっても、数年後に借地期間が満了し、建物を取り壊す予定となっている場合は、建物価値も限定されることになります。積算価格の判定に当たって、時間軸をどのように反映させるべきか悩ましいところです。

(2)　取引事例比較法

　　　市場性からのアプローチとして、取引事例比較法を適用するに当たっては、借地契約の内容について十分留意する必要があります。

定期借地権付のマンションや戸建住宅の場合は、取引事例の収集が比較的容易で、かつ借地契約の内容も定型的なものが多いため、収集・要因比較が可能であり、重視されるべき手法といえます。

　一方、借地権付の事務所ビルや店舗の場合は、そもそも取引事例の収集が困難である上、借地契約内容については個別性が非常に強いため、地代の多寡、一時金の額、違約金、解約条項など、十分その内容を把握し、比較する必要があります。

　なお、用途や類型にかかわらず、建物を取り壊す予定の事例であれば、建物解体費、解体に要する期間、費用負担者を調査し、適切に補正を施して比較する必要があります。

（３）　収益還元法

　建物が賃貸に供されている場合は、収益還元法を重視して価格を決定します。

　ここで、土地部分が所有権である場合との比較において、その不動産から得られる収入はほぼ同等と考えられます。建物及びその敷地の借主にとって、土地部分が所有権であろうと借地権であろうと、あまり重要な要素ではないからです。建物が存在することの権原（敷地利用権の種類）は、賃料を形成する要因ではないといってもいいでしょう。賃貸借契約期間内において、使用収益することに支障がなければ借主にとって不利益はないからです。

　しかしながら、借地契約は契約期間が満了すれば（かつ更新がなければ）、借地権が消滅してしまい、建物の存在基盤がなくなってしまいますので、借地権付建物の存在そのものが消滅してしまいます。したがって、建物が存在することの権原は、価格を形成する重要なファクターといえます。敷地利用権の種類は、価格形成要因ではあるが、賃料形成要因ではない典型例といえるでしょう。

　今述べたような存在そのものが消滅してしまう借地権付建物（契約期間満了後の更新が認められていない定期借地権がその典型例）の価格を求める場合は、有期還元法を採用することになります。す

なわち、一定期間の純収益の割引現在価値の総和に期間満了時における復帰価格の現価を加減する方法です。割引現在価値とは、例えば、今日貰える100万円と、10年後手にする100万円では、同じ100万円という金銭であっても価値が異なり、将来の価値を現在の価値に直したときにどのくらいになるのかを示したものです(「現価」はこれの省略形)。

　復帰価格については、収益期間を借地契約の残存期間とした場合、借地権が消滅してしまいますので、土地部分について復帰するものがない点、留意が必要です。契約内容に応じて算定する必要がありますが、基本的には、借地権者が建物を取り壊して更地に復帰させて返却するケースが多く、この場合には、復帰価格として、建物取壊し費用の現価を控除することになります。他方、建物譲渡特約付定期借地権のように、借地期間満了時に建物を土地所有者に譲渡する特約がついているケースでは、建物譲渡価格の現価を逆に加算することになります。

Q.49 定期借地権付建物の評価

定期借地権付建物の評価

定期借地権付建物は鑑定評価ではどのように算定するのですか。

A 借地権が定期借地権であることに留意し、収益還元法は、DCF法等を適用して算定します。

解 説

定期借地権付建物というのは、Q48で説明した借地権付建物のうち、借地権部分が定期借地権であるものをいいます。

したがって、ここでは、定期借地権であることにより特に留意しなければならない点を中心に解説します。

1 原価法

土地部分が定期借地権であることから、土地の再調達原価を求める際には、鑑定評価基準上用意されている、取引事例比較法、借地権残余法、賃料差額還元法及び借地権割合法を適用することになりますが、定期借地権の性格上、実務上いずれもその適用が困難であり、国税庁が定める財産評価基本通達25（2）の規定が参考になります（Q20参照）。

なお、期間満了時に建物を取り壊して（更地復帰）土地を返還する場合と、建物を譲渡する場合とでは、原価法においてもアプローチに差異が生じる点、留意が必要です。建物を譲渡する場合には、期間満了後にも建物価格というプラスの価値が存続しますので、原則どおり適用すればよいのですが、更地に復帰させなければならない場合は、建物取壊費

用というマイナスの費用が発生しますので、これを考慮する必要があります。

2 取引事例比較法

実際にマーケットで取引された類似の定期借地権付建物の売買事例を収集し、これと比較することにより求めることになりますが、定型的な住宅の場合以外は算定が困難である点、Q48のとおりです。

3 収益還元法

定期借地権付建物の収益価格を求める場合は、DCF法等を適用することになります。借地期間が有期であることから、永久還元法になじまないからです。

DCF法とは、対象不動産から得られると予測される純収益のうち、収益見通しにおいて明示された毎期に予測された純収益の現在価値の合計と、復帰価格の現在価値を足し合わせることによって収益価格を求める方法をいいます。

具体的に、以下のモデルケースを用いて計算します（DCF法）。

甲が、乙から土地を定期借地権（20年間）の形態で借り受け、借地上に店舗を建築してテナントに貸していたところ、10年経過した時点で、当該借地権付建物を第三者に売却しようとしたケースにおいて鑑定評価を行う場合、当該借地権付建物の収益価格は下記のように求められます。総収益100万円／月、総費用70万円／月、建物取壊費用500万円、期間満了時、更地に復帰して返還しなければならないこととします。

総収益（A）
　：100万円／月×12月＝1,200万円／年

総費用（B）
　：70万円／月×12月＝840万円／年

純収益（C）
　：1,200万円／年（A）－840万円／年（B）＝360万円／年

残り10年間のＣの現価の総和（利回り年５％で計算）（Ｄ）
　　：約2,780万円
復帰価格
（土地）０円
（建物）▲120万円（10年後の建物取壊費用）（Ｅ）
　　：500万円×0.6139（年５％、10年の複利現価率）≒300万円
借地権付建物（Ｆ）
　　：Ｄ－Ｅ＝約2,480万円

　なお、本解説では事例を単純化していますが、厳密には、契約期間中に建物の解体が行われる場合における建物の使用収益が期待できない期間があることの検討が必要となります。

　また、借地期間満了直前における収益費用項目の将来予測については、若干留意が必要となります。すなわち、当該借地権付建物が、複数のテナントが入居する店舗ビルのような場合、借地期間の満了日が近づくにつれ、当該ビルの空室率は上昇し、修繕費や資本的支出は逓減する傾向にありますから、これを反映させる必要があります。テナント側にすれば、将来の営業継続性を考え移転を検討するでしょうし、オーナー側にとっては、近い将来壊す予定の建物に対しては必要最小限の修繕しか施さないと考えられるからです。場合によっては、賃料が下落する可能性にも留意する必要があります。

Q.50 借地条件の変更・建物増改築

借地条件の変更

普通借地権の借地条件を変更する場合には、どのような手続が必要ですか。

A 当事者間で合意が成立しなければ、裁判所に対し、借地条件の変更許可申立て、増改築についての借地権設定者（賃貸人）の承諾に代わる許可申立てを行うことになります（借地借家法17条）。

解　説

1　種類、構造等についての借地条件の変更について

（1）　はじめに

　借地借家法には、建物の種類、構造、規模及び用途についての定めはなく、当事者間で自由に設定することができます。

　そのため、借地契約において、これらを制限する特約が定められることが多いといえます。例えば、「木造平屋建て、住居用に限る」などの制限です。

　「種類」とは、建物が、住居、店舗、事務所、工場等であるかの区分のことをいいます。

　「構造」とは、構成材料（木造、鉄骨造、鉄筋コンクリート造等）、屋根の種類（瓦葺き、陸屋根葺き、スレート葺き等）、建物の階数（平屋、2階建て等）といった区分のことをいいます。

　「規模」とは、床面積による区分のことをいいます。

　「用途」とは、住宅用（自己使用、賃貸用）、店舗用等の区分のことをいいます。

(2) 申立て及び許可の要件
　ア　申立権者
　　　申立てを行うことができるのは、「当事者」であって、賃貸人及び賃借人の双方が申立てを行うことができます。
　イ　「当事者間の協議が調わないとき」
　　　事前に当事者間で協議を行い、それが不調に終わっていることが条文上要求されていますが、この要件は、あくまで消極的要件と考えられ、協議を経ていなくても、当事者に異議がなければ申立てを行うことはできると考えられます（東京地裁編・詳解借地非訟手続きの実務160頁参照）。
　ウ　「事情の変更」
　　　裁判所の許可を得るためには、①「法令による土地利用の規制の変更」、②「付近の土地の利用状況の変化」、③「その他の事情の変更」が必要となります。
　　　①「法令による土地利用の規制の変更」とは、防火地域・準防火地域、都市計画法用途地域、景観地区、住宅地高度利用地区計画・再開発地区計画の指定などがある場合をいいます。
　　　②「付近の土地の利用状況の変化」とは、例えば、以前は木造平屋建ての建物が多くあったが、現在は中高層の鉄筋造耐火建物が多く立ち並んでいる状況であったり、住宅地区が商業地区に変わった状況などをいいます。
　　　③「その他の事情の変更」とは、付近に幹線道路や鉄道ができたため、騒音や振動を遮断・軽減できる構造の建物にする必要が生じた場合や、近隣に高層マンションなどが建設されたことで、日照や通風などを確保できる建物にする必要が生じた場合をいいます。
　エ　「借地条件と異なる建物の所有を目的とすることが相当である」こと
　　　この判断は、通常の判断能力を有する一般人であれば、現在締

結されている借地条件とは異なる条件での建物の所有を目的とする、といえるかどうかによって判断されます。

　オ　さらに、裁判所は「借地権の残存期間、土地の状況、借地に関する従前の経過、その他一切の事情を考慮」することになります。

　　①「借地権の残存期間」については、残りの契約期間が短ければ、契約変更の必要性は認められにくく、存続期間満了が近い場合、契約更新の確実な見込みがあること及び契約変更を認める緊急の必要性がなければ、条件変更は認められないとした裁判例もあります（東京高決平5.5.14）。

　　②「土地の状況」については、条件変更後の建物が、建築規制の関係上、建築可能かどうかなどが考慮されます。

　　③「借地に関する従前の経過」とは、借地権設定時における権利金や更新料の授受やその額などの事情をいいます。

　　④「その他一切の事情」とは、条件変更についての慣習、変更により生じる利益、変更の必要性などのことです。

（3）付随処分

　ア　裁判所は、借地条件変更の決定をする際、当事者間の利益の衡平を図るために必要があるときは、他の借地条件を変更し、財産上の給付を命じ、その他相当の処分をすることができる、とされています。

　イ　「他の借地条件の変更」としては、賃料の増額や契約期間の延長が考えられます。

　　「財産上の給付」とは、賃貸人の被る不利益と借地人の受ける利益との衡平を図るための、借地人が支払う承諾料のことをいいます。

（4）裁判所は、以上のような事情と、鑑定委員会の意見を聴いた上で判断を行います。

2 増改築に関する条件の変更について

　旧借地法においては、法8条の2において、借地条件の変更について定められていました。借地借家法の成立によって、その適用については、同法附則4条、10条に規定されており、平成4年8月1日以前に申し立てられた借地条件の変更については旧借地法によることとなり、それ以降については借地借家法の適用となります。そのため、現在借地条件の変更について、旧借地法の適用はないものと考えられます。

Q.51 借地条件の変更・建物増改築

建物の増改築

建物を増改築する場合にはどのような手続が必要ですか。

A 増改築禁止特約がなされている場合には、借地権者は借地権設定者の承諾を得るか、承諾に代わる裁判所の許可（代諾許可）を得なければ、増改築をすることはできません。

解　説

　本来、借地権者がその所有にかかる借地上建物を増改築するのは自由です。
　しかし、実務では、借地契約書上、「賃貸人の承諾を得ないで増改築をしてはならない」等の増改築禁止特約が盛り込まれていることが多く、このような増改築禁止特約は一般には有効とされています。
　そのため、このような増改築禁止特約があるときには、借地権者は借地権設定者の承諾を得るか、承諾に代わる裁判所の許可（代諾許可）を得なければ、増改築をすることができません。
　借地権者が借地権設定者から承諾を得る際、相応の承諾料を支払うことが多いです。借地権設定者の承諾を得られないときは、裁判所の代諾許可を得ることになります。
　なお、増改築禁止特約がある場合に、借地権者がこれに違反して、借地権設定者の承諾も裁判所の代諾許可も得ないで増改築をした場合には、債務不履行を理由に、借地権設定者は借地契約を解除することができます。

もっとも、そのような無断増改築がなされた場合であっても、その増改築が借地権者の土地の通常の利用上相当であり、借地権設定者に著しい影響を及ぼさないため、借地権設定者に対する信頼関係を破壊するおそれがあると認めるに足りないときは、解除はできません。

増改築許可の裁判は、借地権設定者を相手方として、借地権者の申立てによりなされます。申立てをする際、図面、仕様書等をもって、許可を求める増改築の内容を特定する必要があります。

借地権者又は借地権設定者が複数いる場合には、その全員から、又はその全員に対して申立てをすることになります。

転借地権が設定されている場合には、転借地権者から借地権者（転借地権設定者）を相手方として増改築許可申立てができますが、必要があるときは、原借地権についても、増改築許可申立てをすることができます。例えば、原借地権契約にも転借地契約にも増改築禁止特約があり、借地権者（転借地権設定者）も借地権設定者も増改築を承諾してくれない場合には、借地権者と借地権設定者の双方が相手方となります。

裁判所が増改築許可申立てを認容するには、申立てにかかる増改築が「土地の通常の利用上相当である」ことが必要です。

どのような場合が「相当」といえるかは具体的事案によりますが、建物が老朽化している場合には、おおむね認容しているのが実情です。

裁判所は、増改築許可の裁判をするには、条件変更の場合と同様、「借地権の残存期間、土地の状況、借地に関する従前の経過その他一切の事情」を考慮しなければなりません。

裁判所が増改築許可申立てを認容する場合において、当事者間の利益の衡平を図るため必要があるときは、許可の裁判に付随して、裁判所は、他の借地条件を変更し、財産上の給付を命じ、その他相当の処分をすることができます。

付随的裁判をするには、原則として鑑定委員会の意見を聴かなければなりませんが、鑑定委員会に意見を求める前に当事者の意見を聴かなければならず、また、裁判所は当事者の意見に拘束されることはありませ

ん。

　全面改築（建替え）の場合には、借地権者から借地権設定者への財産給付は、更地価格の3％相当額を基準とし、土地の利用効率が増大するときは5％程度まで上げることもあり、また、全面改築に至らない増改築の場合にはその程度に応じて、更地価格の3％より低い額とするのが実務上の取扱いといえます。

　裁判所が借地権者に対して財産給付を命じる場合、増改築許可決定が確定した後、その裁判で定められた期間（通常、裁判確定から3カ月以内）に、定められた財産給付をしないと、増改築許可の効力が生じないように決定を下すことになります。

　定期借地権である場合も増改築許可申立てはできますが、一時使用目的の借地権である場合にはできません。

Q.52 借地条件変更と一時金

借地条件変更承諾料

借地条件変更の承諾料としてどの程度の金銭が授受されるのですか。

A 借地借家法施行前に設定された非堅固建物所有を目的とする借地権について、堅固建物所有を目的とする借地条件の変更の場合には、裁判例によれば、更地価格の10％程度です。同法施行後に設定された借地権の条件変更は、建物の種類、構造、規模、又は用途を対象として、その範囲が拡大されたので、各建物の収益性、利便性、借地権価格などを総合的に考慮され、一律に更地価格の一定割合では算定できません。

解　説

（1）　借地条件の変更
　①対象となる借地条件
　　借地借家法17条では、借地条件変更の対象となる借地条件は、「建物の種類、構造、規模又は用途を制限する旨の借地条件」と規定されています。旧借地法8条の2では裁判の対象となるのは「非堅固建物所有を目的とする借地権から堅固建物所有を目的とする借地権の変更」に限られていましたが、その範囲が拡大されました。建物の種類とは、居宅、店舗、共同住宅、事務所、工場、倉庫等のことであり、構造とは、木造、鉄筋コンクリート造、鉄骨造等のことです。用途とは、住宅、店舗など使用目的をいいます。
　②変更の条件

・法令による土地利用の規制の変化

　　都市計画法や建築基準法などで、用途地域が変更になったり、建ぺい率、容積率、防火地域などの規制が変更になった場合をいいます。

・付近の土地の利用状況の変化

　　地域の標準的な土地利用の変化をいいます。例えば、従来、住宅地域であったものが近隣商業地域、路線商業地域に変化した場合をいいます。

・その他の事情の変更

（2）　非堅固建物所有目的から堅固建物所有目的に変更する場合の財産上の給付額

①借地条件を変更する場合に借地権者が借地権設定者に支払う財産上の給付について、その法的根拠を説明します。

・不利益補填説は、借地権者が被る不利益を裁判により利益を受ける借地権者に補填させるというもので、利益調整説は、借地権設定者の不利益はその補填に関する規定がない以上考慮する必要がないが、借地権者に生じる土地の合理的効率的利用の利益の発生についてその経済的価値に見合う反対給付をするのが当事者の衡平に資するという考えです。また、総合説は、借地権設定者の不利益の補填という見解に立ちつつも借地権者に生じる利益も総合的に衡量して両者の利害の調整を図るべきとするものです（借地非訟便覧1新日本法規出版）。

②財産上の給付額

　　従来の裁判例は、財産上の給付の理論的根拠についていずれの立場に立つかにかかわらず、借地権の増加分（差額）の算定をもって財産上の給付としています。

　　具体的には、更地価格の10％相当額を一応の基準とし、諸事情を考慮してその率を増減する取扱いがなされています。裁判例では、更地価格の15％程度としたものもあります（借地非訟便覧　1　新

日本法規出版)。
(3) 借地借家法施行後の借地条件変更の財産上の給付額
　　借地借家法では、借地条件変更の対象範囲を前述のように拡大しましたので、非堅固建物所有から堅固建物所有の場合に限りません。建物の種類は、居宅、共同住宅、店舗、工場等とあり、その収益性が著しく異なります。これらは借地期間の長短ではなく、その用途が異なるのです。基本的には、借地権者が得る経済的利益の一部を借地権者に給付すべきと考えられますので、給付額の算定においては、変更後の建物の収益性等を総合的に考慮すべきと考えられます。したがって、非堅固建物所有目的から堅固建物所有目的の場合のように更地価格の一定割合ということはできず、個別に具体的に検討する必要があると考えられます(「借地非訟の実務」大阪弁護士協同組合(2003年改訂版))。
(4) 借地条件変更と地代の変更
　　借地条件変更の申立てがなされて、これが認容された場合、付随処分として、地代の改定がなされるのが通例です。借地条件変更の機会に、これまで低額であった地代を相当地代に改定することは当事者の衡平を図ることになるからです。では、地代の減額はできるのでしょうか。地代の減額を認めるべきではないかという意見がありますが、実務の取扱いではそこまでいってはいません。地代減額は、別途地代減額訴訟の問題となるようです。
※引用文献「借地非訟の実務」大阪弁護士協同組合(2003年改訂版)
　　　　　「借地非訟事件便覧」新日本法規出版

Q.53 借地条件変更と一時金

増改築承諾料

増改築承諾料としてどの程度の金銭が授受されるのですか。

A 通常の土地の利用状態での全面的な改築の場合には、承諾料として更地価格の3〜5％程度、借地権価格の10％程度が多いです。

解　説

（1）　借地借家法17条2項で増改築を制限する借地条件がある場合に、当事者の協議が調わないときは、裁判所は借地権設定者の承諾に代わる許可を与えることができると規定し、同条3項では、当事者の衡平を図るため必要があるときは、財産上の給付を命じることができ、その他相当の処分ができると規定しています。増築とは、現存建物に工作を加えて床面積を増加させることをいいます。また、改築とは、従来の建物の全部又は一部を取り壊して新たにその部分を建築することをいいます。旧建物を取り壊して全面的に改築する場合も含まれます。

（2）　財産上の給付の理論的根拠

借地上の建物を増改築することにより建物の耐用年数が延びますので建物朽廃時期が延長されることになりますし、建物買取請求権が行使された場合の建物価格が増加しますので、借地権者と借地権設定者の利害を調整し、衡平を図るものとして財産上の給付の規定が設けられています。

（3） 付随処分としての財産上の給付の算定方法

　付随処分としての金銭の算定に関しては、裁判例では、更地価格を基準とするものや借地権価格を基準とするものに分かれ、その基準はおおむね次のとおりです。

・更地価格の3〜5％程度
・借地権価格の10％程度

　更地価格を基準とする場合、3％程度、借地権価格を基準とする場合は、10％程度が多いですが、増改築の内容によりその割合が異なります。

（4） 増改築許可と借地期間の延長

　裁判所が増改築の許可をする際に、付随処分として借地期間の延長をする場合があるかの問題です。残存期間が充分にある場合や、増改築の規模が小さい場合には借地期間の延長は必要ありません。しかし、借地期間の残存期間が短く更新時期が迫っている場合や、現存建物が老朽化している場合には、建物の増改築で建物の耐用年数が延びることになります。裁判所が期間延長を認めると借地権設定者の更新拒絶の機会を奪うことになります。裁判例では、賃貸人の更新拒絶の機会を奪うことになるので期間延長は認められないとするものや、付随処分として期間延長もできるとするものがあります。承諾料や地代を増額するなど財産上の給付を加味して当事者間の衡平を図れるのであれば期間延長を認めるべきとする意見があり、学説も肯定的です。

※引用文献「借地非訟の実務」大阪弁護士共同組合2003年改訂版
　　　　　「借地非訟便覧2」新日本法規出版

Q.54 借地条件変更と一時金

借地権譲渡承諾料

借地権の譲渡承諾料としてどの程度の金銭が授受されるのですか。

A 借地権の譲渡承諾料としては、裁判例では、借地権価格の10％前後が多いです。

解 説

（１）　借地借家法19条では、借地権者が賃借権の目的である土地の上の建物を第三者に譲渡しようとする場合に、その第三者が賃借権を取得しても借地権設定者に不利となるおそれがないにもかかわらず、借地権設定者が承諾しないときは、裁判所は、借地権設定者の承諾に代わる許可を与えることができるとし、この場合には、当事者の衡平を図るために、その許可を財産上の給付にかからしめることができるとしています。同法20条では、借地上の建物を競売又は公売で取得した場合に同様の規定を設けています。

（２）　賃借権の譲渡許可の申立ては、借地権設定者に不利にならない場合に限り認容されることになっています。にもかかわらず、財産上の給付が認められる根拠はどこにあるのでしょうか。「借地非訟の実務」（大阪弁護士共同組合（2003年改訂版））によれば、次のとおりです。

　譲渡利益配分説は、借地権の処分により顕在化する利益の一部を借地権設定者に配分するというもので、差額地代精算説は、現実の地代は客観的な地代より低いことが多いので、その差額相当分を借

地権譲渡時に精算するというものです。

　また、承諾料説は、借地権譲渡の承諾の対価とする考え方で、借地権格差額説は借地権譲渡前と譲渡後の借地権価格の差額が給付額となるとするもので、慣行承認説は、従来からある慣行を法制化したものとするものです。裁判例では、当初は譲渡利益説が多かったのですが、最近は、理論的根拠に深く触れることなく名義書換料の慣行等を総合的に判断して決定するというものになっています。

（3）　借地権譲渡許可を得るための要件として、借地借家法では、「借地権設定者に不利になるおそれがない」ことが規定されています。これは、譲受予定者に資力があって地代を滞納するおそれがないことのほかに人的、社会的信用があり賃貸借関係を維持することができるということを意味すると解されています。

（4）　では、借地権譲渡許可の裁判に伴う付随の処分としての財産上の給付は、どの程度の金銭なのでしょうか。前記の「借地非訟の実務」によれば、基準とするのは借地権価格でありますが、その割合は低いもので5％、高いものは25％と幅がありますが、大体借地権価格の10％がほとんどです。具体的なケースで多少異なりますが、譲渡承諾料は、借地権価格の10％程度とみてよいと思われます。

　※引用文献　　「借地非訟の実務」大阪弁護士共同組合（2003年改訂版）

Q.55 普通借地権の更新

普通借地権の更新手続

普通借地権の場合、契約の更新は法律ではどのように規定されていますか。

A 借地権者が契約の更新を請求したときは、建物がある場合に限り、従前の契約と同一の条件で契約を更新したものとみなされ、また借地権の存続期間満了後、借地権者が土地の使用を継続するときも、建物がある場合に限り、同一の条件で契約を更新したものとみなすと定められています（借地借家法5条）。

解　説

1 借地人の請求による更新

（1）　はじめに

　借地人が、契約の更新を請求した場合、建物が土地上に存在しているのであれば、契約は更新したものとみなされます。更新後の契約条件は、更新前と同じ条件となりますが、契約期間は初回の更新では20年、2回目以降は10年となります。もちろん、合意により、これより長期の契約期間とすることはできます。

　これに対し、賃貸人が契約の更新を拒絶するには、借地人による請求後遅滞なく異議を述べなければなりません。異議の方法に特に指定はありませんが、後に遅滞なく異議を述べたことを証明するため、例えば内容証明郵便等の書面で行う必要がある場合もあります。

　なお、「建物がある場合に限り」とされていますので、建物がない場合は、賃貸人が更新を拒絶すると、契約は更新されません。

（2）「遅滞なく」について

　賃貸人は、借地人からの更新請求に「遅滞なく」異議を述べなければなりません。「遅滞なく」といえるかは、個事情に応じて判断するしかなく、一律にいつまでに異議を述べなければならないとはいえません。ただ、できるだけ早くに異議を述べる必要があることは当然です。

　異議の方法には制限はありませんが、後に、異議を述べたことを証明するためにも、口頭のみではなく、書面など証拠として残る方法で行う必要があります。

　なお、期間満了間際に借地人から更新請求があり、急いで異議を述べたものの、期間満了後であったという場合には、有効な異議とされる場合があると考えられますが、本来原則として、異議は期間満了前に行う必要があります。

（3）「正当の事由」について

　更新請求に対する異議は、「正当の事由」があるものでなければなりません。

　「正当の事由」の有無は、①借地権設定者（賃貸人）及び借地権者（借地人）が土地の使用を必要とする事情、②借地に関する従前の経過、③土地の利用状況、④財産上の給付（の申出）を考慮して、判断されます。

　これらの要素の中で、もっとも重視されるのは①で、双方の土地利用の必要性を様々な要素を考慮して比較し、②③④は補充的に考慮されることになります。

　そのため、地主側に土地利用の必要性が認められない場合には、立退き料の提供のみで正当事由が認められることにはなりません。

①について

　　土地利用を必要とする事情としては、土地の使用目的（住居用・事業用）、生活状況、家族構成、他の土地の所有の有無等が挙げられます。本人の生活に利用する必要性が高いことは、土地利用

の必要性が高い事情といえますが、本人の必要性だけでなく、家族の土地利用の必要性も考慮されます。例えば、賃貸人の子どもの住居用として借地を利用する必要性があることなども、賃貸人の土地利用の必要性の事情として考慮されます。

なお、借地上の建物の賃借人の事情は、原則として借地人側の事情として考慮されず、契約当初から建物賃借人の存在を前提としていることなど特段の事情があれば例外的に考慮されます（最判昭58.1.20）。

②について

借地に関する従前の経過とは、契約締結から期間満了（更新の成否が問われるまで）の間に当事者間に生じた事情のことで、具体的には、権利金・保証金等の支払いの有無及びその額、契約の経過期間、契約更新の回数・更新料支払いの有無及びその額、借地人の契約違反行為の有無等の事情です。

③について

土地の利用状況とは、建物の種類・構造・規模・用途等、建物の老朽化の程度などのことをいい、特に老朽化の程度は問題になることが多いといえます。

④について

財産上の給付とは、主に立退き料のことをいいますが、金銭で支払う必要はなく、代替土地の提供も含まれます。

前述のとおり、立退き料は補充的要素なので、立退き料の提供のみで正当事由が認められるわけではありません。しかし、立退き料は、賃貸人・借地人ともに、正当事由がある程度認められる場合に、賃貸人にとっての正当事由の不足分を補うもので、重要な要素になります。

具体的な立退き料の適正額については、事案ごとに考えるしかなく、建物価格や借地権価格などが判断材料となり、また、事業用として利用している場合には休業補償、移転補償費なども立退

き料に含まれることになります。

　①から③の事情は、賃貸人が賃借人に異議を申し出た時とされていますが、立退き料の提供の時期としては、意図的に申出を遅らせたなど信義に反する事情がない限り、原則として口頭弁論終結時までになされたものを考慮する、とされています（最判平6.10.25）。

（4）更新後の担保等

　契約当初に差し入れた敷金や保証金等については、更新時に特別の合意がされない場合、そのまま更新後の契約に引き継がれると解されています。

2　借地人の、契約期間満了後の継続使用による更新

　この場合も、「正当事由」が必要となることは、前記1と同様です。借地人が契約期間満了後に土地を継続して使用している場合、賃貸人は「遅滞なく」異議を述べなければならないことも前記1と同様です。

3　更新料について

　契約期間が満了し、合意又は法定の契約更新が行われる場合に、借地契約の内容や合意によって、更新料の支払いが発生する場合があります。

　借家契約について、平成23年7月15日の最高裁判決において、更新料の定めは、契約書に明確かつ一義的に記載され、高額過ぎなければ有効との判断がされていますが、借地契約についての更新料については、同判決では判断されていません。

　借地契約については、昭和51年10月1日の最高裁判決で、更新料支払いの商慣習等は存在しないと判断されています。

　更新料は、借地借家法上契約更新の条件とはなっていない以上、契約書への記載や当事者間の別途の合意がなければ、土地賃貸人から更新料の支払請求があっても、借地人に更新料の支払義務はなく、土地賃貸人に更新拒絶の正当事由が認められない限り、契約は更新されます。

また、平成23年7月15日の最高裁判決の内容からすると、仮に借地契約について更新料の定めが契約書に記載され、または両者で合意していても、その内容が不明確又は多義的なものの場合には、その契約条項又は合意の効力が否定される可能性があり、また、更新料が過度に高額な場合にも、その効力が否定される可能性があります。

　一方で、昭和59年4月20日の最高裁判決では、更新料に賃借人の契約違反行為を不問にする趣旨も含まれているなどの特殊な事情があった事案ではありますが、更新料支払いの合意が成立したにもかかわらず、借地人が支払わなかったことは、契約解除原因にあたる、との判断をしています。もっとも、この判例も、更新料の不払いが全て契約解除原因になるとの判断をしているわけではなく、更新料不払いが契約解除原因となるかどうかは、更新料の趣旨や契約成立に至る経緯・契約期間等様々な要素を総合的に考慮して判断されるものと考えられます。

Q.56 建物買取請求権

建物買取請求権

契約の更新がない場合には、地主は建物を買い取らなければならないのですか。

A 契約期間が満了し、契約が更新されない場合、借地人は、賃貸人に対し建物その他借地人が権原により土地に附属させた物の時価での買い取りを請求することができ、請求された賃貸人は建物を買い取らなければなりません（借地借家法13条）。

解　説

１　はじめに

　法が、このような建物買取請求権を認めたのは、借地人が借地に投下した費用を回収できるようにすることで、立ち退きを余儀なくされる借地人を保護すること、残存価値のある建物を存続させて、社会経済的利益を保護することにあります。

　そのため、建物買取請求権は、保護に値する賃借人でなければならず、何らかの義務違反により契約を解除された賃借人は、この権利を行使することはできません（最判昭39.6.11）。

２　建物買取請求権の要件

（１）　建物が存在すること

　　　建物買取請求権が認められるためには、借地権消滅時に建物が存在しかつ当該建物が借地権者に属する必要があります。

　　　なお、契約期間中に建物が滅失し、賃貸人に無断で、存続期間を

超えて存続すべき建物を建築した場合や借地条件に反する建物等を建築した場合に、賃貸人が解除を行わず、契約期間が満了した場合でも、新築建物につき、建物買取請求権を行使することができます。

　ただ、その違反の程度が著しく、建物買取請求権の行使を認めることが信義に反するといえる場合には、権利行使が認められない場合もあります。

　存続期間を超えて存在すべき建物の無断建築については、代金の全部又は一部の支払いについて相当の期限を許与することができるとされています。

（2）「借地権の存続期間が満了し」「契約の更新がないとき」について

　債務不履行解除により借地契約が終了した場合、前述のとおり、建物買取請求権は認められません。

　合意解除によって契約が終了した場合、当事者間に特別の合意があればそれに従うことになり、特に合意がなければ、借地人保護の観点から、権利の行使は認められると考えられますが、判例はこれを否定しています（最判昭29.6.11）。

　つまり、合意解除の場合、建物買取請求権を行使することまで合意しておかなければ、借地人による建物買取請求権は行使できないことになります。ただし、この判例に対しては異論も多数述べられています。

（3）建物買取請求権行使の時期及び方法

　権利行使の時期は、存続期間が満了し、契約の更新がなかったとき、つまり、借地契約の終了が確定した時から行使が可能です。

　行使の方法については特に形式は定められておらず、訴訟外でも訴訟内でも行使することができます。また、行使の際に時価を明示する必要もありません。

（4）建物買取請求権行使の効果

　借地人が建物買取請求権を行使すると、賃貸人の意思にかかわらず、時価を売買代金とする売買契約が成立します。

つまり、権利行使と同時に、借地人は賃貸人に対し、売買代金の支払いを請求することができ、この代金の支払いがされるまで、建物・土地の明渡しを拒むことができます（当然、明渡しまでの賃料相当額の金銭の支払いは必要です）。

（5）　転貸借がされている場合の建物買取請求権

借地人が土地を第三者に転貸し、第三者が建物を所有している場合、借地人は建物所有者ではないため、建物買取請求権を行使することはできません。

また、転借地権契約（借地人と借地人から土地を借りる第三者（転借人）との契約）が期間満了で終了した場合には、転借地人は転貸人（借地人）に対して建物買取請求権を行使することができますが、そうでない場合には、転借人が賃貸人（地主）に対して建物買取請求権を行使することができなくなってしまい、転借地人が不利益を被ることになります。

そこで、借地借家法13条3項は、転借地人から賃貸人への直接の建物買取請求権の行使を認めることで、転借人の保護を図っています。

なお、第三者が、借地権消滅後に建物所有権を取得した場合には、建物買取請求権を行使することはできないと考えられます。

（6）　対象となる建物につき抵当権が存在する場合の買取請求権

建物に抵当権が付いている場合、借地人の買取請求権により、賃貸人は、抵当権付きの建物の所有権を取得することになります。

この場合の買取価格は、借地権の場合は、抵当権の設定の存否にかかわらず建物の時価で判断するとされています（最判昭39.2.4）。

建物買取請求権が行使された場合の建物の時価については、Q57をご覧ください。

Q.57 建物買取請求権

建物買取請求権の建物の時価

建物買取請求権の場合の建物の時価はどのように算定するのですか。

A 借地借家法13条、14条が成立する場合の建物の時価は建物自体の現在価値に諸般の事情を考慮の上、場所的利益（借地権価格の一定割合等）を加算して求める場合が多いと思われます。

解　説

＜建物買取請求権の概要＞

　借地借家法13条１項では、借地の存続期間が満了した場合において、契約に更新がないときは、借地権者は借地権設定者である土地所有者に対して、建物その他借地権者が権原によって土地に附属させた物を時価で買い取るべきことを請求することができるとしています（旧借地法10条も同様）。また同法14条では、第三者が賃借権の目的である土地上の建物その他借地権者が権原によって土地に附属させた物を取得した場合において、土地所有者が賃借権の譲渡又は転貸を承諾しないときは、その第三者は土地所有者に対して、建物その他借地権者が権原によって土地に附属させた物を時価で買い取るべきことを請求できるとしています。本来、借地契約が終了すれば、建物等を収去して原状回復し、土地を返還するのが原則となりますが、借地借家法では、借地権者や第三者による建物買取請求を認めています。これは借地人や第三者と土地所有者の利害の衡平を図り、建物取壊しによる経済的損失を少なくすることが目的とされています。この建物買取請求権を行使するためには、借地借家

法13条の場合は、賃貸借契約の更新がなく、借地権は消滅しているが、現状建物が存すること、同14条では賃借権の譲渡・転貸につき賃貸人の承諾はないが、地上建物が現存することが要件とされています。また建物買取請求権は借地人等の一方当事者による意思表示で成立する形成権であることから、建物の時価算定の基準日は建物買取請求権の行使時点となります。

＜建物買取請求権の建物の時価＞

建物買取請求権における建物の時価については、過去において、様々な議論がされていたようですが、現在では建物自体の価格に建物の場所的利益を加算したものとされています。建物自体の価格については、建物買取請求時点における建物状態により、新築の場合はその建設費相当額、築古の場合は建物買取請求権行使時点において当該建物を再建築した場合の価格から経過年数による建物の減価を控除した価格とされています。また場所的利益とは、特定の場所に特定の建物が存在することにより生み出される事実上の利益のことです。この事実上の利益をどのように考慮するかについても長らく議論がされてきました。まず建物利用権の代表である借地権については、借地借家法13条では借地権が消滅した場合、同14条では第三者が借地権を取得できないことを前提としていることから、事実上の利益として借地権を考慮することはできないものとされています。このため建物の存する場所的な環境は考慮できないかということが議論されましたが、今日では判例の集積により、建物の時価は建物が現存するままの状態における価格であり、それは建物の敷地の借地権そのものの価格は加算すべきでないが、当該建物の存する場所的環境については参酌すべきものであるとされています。理由としては、特定の建物が特定の場所に存在するということは、建物の存在自体から当該建物の所有者が享受する事実上の利益であり、また建物の存在する場所的環境を考慮に入れて当該建物の取引を行うことは一般取引における通念であることが挙げられています（最判昭35.12.20）。

このように建物の時価には場所的利益を加算して求めることになって

います。

＜場所的利益の算定方法＞

　判例（最判昭47.5.23）では、建物及びその敷地、その所在位置、周辺土地に関する諸般の事情を総合考慮して算定するものとされています。具体的にどのような算定作業かはイメージしにくいですが、同判例によると、借地権価格に対する一定の割合をもって一律に示されるものではないとされていることから、対象建物に係る上記のような個別的な事情を一つひとつ丁寧に分析の上、個別具体的に場所的環境を参酌して算定することになると思われます。

　なお、入手しやすい公表物として東京競売不動産評価事務研究会作成の「競売不動産評価マニュアル第3版」では諸般の事情を考慮する前の標準的な数値として場所的利益は、借地権価格の20～30％と記載されています。

第2編

家賃

Q.58 借家権の種類・一時金

借家権の種類

建物を賃貸しようと思いますが、どのような契約形態があるのでしょうか。普通借家権とはどのような内容ですか。

A 契約のスタイルとして普通借家契約と定期借家契約等があります。その中で、定期借家契約は、契約の更新がないもので、確定的に契約が終了するものです。

解 説

1 普通借家契約

普通借家契約(普通建物賃貸借契約)とは、期間を定め、又は期間を定めないで、建物の使用収益及びその賃料を定めてする法定更新のある借家契約のことをいいます(借地借家法26条~29条)。

この場合、建物賃貸人が解約するには正当事由の存在が必要です(同法28条)。このような正当事由に基礎づけられた法定更新制度によって賃借人が強力に保護された賃貸借です。

2 定期借家契約

定期借家契約(定期建物賃貸借契約)とは、期間の定めのある建物の賃貸借契約で、かつ契約の更新がなく、公正証書等の書面(必ずしも公正証書による必要はありません)で契約されることを要する契約のことをいいます(借地借家法38条1項)。

契約の更新がないため、賃貸借期間が終了すると、建物が戻ってきます。

3 その他の契約

（1） 取壊し予定の建物の賃貸借契約

　法令又は契約により、一定の期間を経過した後に建物を取り壊すべきことが明らかな場合において、建物を取り壊すこととなる時に賃貸借が終了する旨の特約をした建物の賃貸借契約のことを「取壊し予定の建物の賃貸借契約」といいます（借地借家法39条1項）。この特約は、建物を取り壊すべき事由を記載した書面によってすることを必要とします。

（2） 一時使用目的の建物賃貸借契約

　住宅の建替えの期間だけなどというように、一時使用のためであることが明らかである建物の賃貸借契約のことをいいます（借地借家法40条）。この場合、借地借家法第3章（借家）（借地借家法26条～39条）の適用がありませんので、法定更新の制度等の適用はなく、賃貸借契約の期間の満了により終了します。

（3） 終身建物賃貸借契約

　ほかに、借地借家法の規定するところではありませんが、都道府県知事の認可を受けた終身賃貸事業者が、高齢者（60歳以上の者であって、賃借人となる者以外に同居する者がないもの又は同居する者が配偶者もしくは60歳以上の親族であるものに限ります）、又は当該高齢者と同居するその配偶者を賃借人として、高齢者用の賃貸住宅の賃貸借契約を締結するに当たり、公正証書等による書面により、当該賃貸借について賃借人が死亡した時に終了する旨を定める賃貸借のことを終身建物賃貸借契約といいます（高齢者の居住の安定確保に関する法律52条以下）。

4 定期借家契約のメリット

　普通借家契約の場合、建物の賃貸人は自ら建物を使用するなど正当の事由がなければ契約の更新の拒絶又は解約の申入れができないため（借地借家法28条）、建物をいったん貸してしまうと、更新の拒絶や解約の

申入れが事実上困難となり、建物が戻ってこない状況になってしまいます。

これに対し、定期借家契約は、賃貸借期間が終了すると、確定的に賃貸借が終了するという点において、賃貸人にメリットがあります。

例えば、店舗などの使用のために貸し出す際に、一時的な貸出しであって相当期間経過後には明け渡されて確実に賃貸人の元に戻ってくることを希望する場合には、定期借家契約を結ぶ意義があります。

また、定期借家契約の場合、その定められた契約期間中は中途解約が原則できません。この点は、賃貸人にとって賃料収受権を保証されるというメリットとなります。

定期借家契約の場合、賃貸人において、あらかじめ借家人に対し、当該建物賃貸借は契約の更新がなく、期間満了によって終了する旨を記載した書面を交付して説明する必要があります（同法38条2項）。賃貸人がこの説明をしなかったときは、更新しない特約は無効となり（同条3項）、普通借家契約とみなされてしまいます。

Q.59 借家権の種類・一時金

一時金の種類・保証金・敷金

建物の賃貸で授受される一時金には、どのような種類があるのですか。保証金や敷金はどのような性格ですか。

A 一時金として、敷金や保証金という名目のもののほかに、権利金、礼金といった名目のものもあります。このうち、敷金といわれるものは、賃借人の未払賃料や損害賠償債務を担保するために、賃借人から賃貸人に交付されるものです。保証金といわれるものは、このような敷金のような性格もありますが、それだけでなくいわゆる建設協力金という趣旨で金銭を貸したものと説明される場合があります。

解　説

1　一時金

賃貸借契約の主たる内容は、賃借人が物件を賃借するに当たって、賃貸人に対して賃料を支払うというものですが、この賃料とは別に、賃借人から賃貸人に対して一時的に交付される金銭があります。

例えば、民法では316条や619条2項で「敷金」という言葉が登場しますが、民法上は明確に定義されていません。ほかに慣行的に、「保証金」という言葉や、「権利金」、「礼金」、「賃料の一括前払一時金」という言葉が使われている一時金があります。

2　敷金

敷金の内容について、民法上は定義されているわけではありませんが、判例等も含めおおむね一致した内容とされています。つまり、賃貸借契

約締結のときに、賃借人から賃貸人に預けられるものであり、賃貸借契約の終了に伴い、敷金から未払賃料や損害賠償債務などを差し引いて、賃借人に返還される金員であると考えられています（敷金の返還時期については、Q111参照）。あくまでも、敷金は、賃借人から賃貸人に預けられる預り金の一種なのです。

　敷金は、地域によってある程度賃料の「何カ月分」という相場が決まっており、例えば東京都内などの場合、敷金は普通「賃料の2カ月分」となっていることが一般的です。ただ、物件によっては「3カ月分」、また逆に「0カ月分（敷金なし）」などの物件もあります（敷金なしの物件は、その他の名目でお金を徴収される場合がありますので注意が必要です）。

　それでは、賃貸借契約の存続中に賃貸建物の所有権が移転し賃貸人の地位が承継された場合、敷金を返還すべき義務を負うのは、元の所有者（元の賃貸人）か新所有者（新賃貸人）のいずれになるでしょうか。これは、任意譲渡の場合（最判昭39.6.19）であっても、競落の場合（大審院昭5.7.9）であっても、敷金の返還債務は新所有者に当然に承継され、このことは差し入れられている敷金額の多寡や、敷金差入れの事実についての新所有者の善意悪意、また新旧所有者間の現実の授受には左右されないというのが原則とされています。その理由は、敷金の約定は賃貸借契約に付随して行われるものであり、敷金が賃借人が負うべき債務の担保として賃貸人の地位と密接に結びついており、賃借人からみても敷金の返還請求権について不動産の所有権がこれを実質的に担保しているという点にあります。

3　保証金

　建物の賃貸借契約をする場合に、上記の「敷金」という名目ではなく、「保証金」という名目で金銭の受渡しがなされる場合があります。この場合、「保証金」という名目であっても、「敷金」のように賃借人から一時的に預かる預り金という趣旨は同じです。

なお、保証金（上記の敷金の場合も）として差し入れられる場合でも、返還時に「敷引き」と称して、一定の割合を無条件で差し引いて返還する条項（敷引特約）を設けている場合があります（保証金の償却といわれている場合もあります）（このような特約については、Q61参照）。

ところが、「保証金」という名目で交付される一時金であっても、このような預り金のようなものではなく、いわゆる「建設協力金」としての性格を有するものがあります。「建設協力金」というのは、一般的にスーパーやコンビニエンスストア等の小売業者等が、出店を計画した土地の所有者に対して、建物を建ててもらった上でその建物を一括賃貸する賃貸借契約を結ぶにあたり、土地所有者が負担する建設資金の全部又は一部について「協力する」という趣旨で交付する金員のことです。

「建設協力金」が差し入れられるような賃貸借契約は、通常10～20年以上と比較的長期の賃貸借期間が設けられていますが、協力金の返還時期は、賃貸借契約期間に関係なく、一定期間据え置き後、一括返還又は分割返還することを約することが一般です。そして、このような「建設協力金」は相当高額になります。

このように、「建設協力金」は、「敷金」と異なり、賃貸借契約期間中における賃料不払いや損害賠償等を担保するものではなく、また、その返済期間も賃貸借期間と必ずしも一致しないことから、貸金・金銭消費貸借契約的な性格を有するものとして取り扱われます。

例えば、商業ビルの賃貸借契約に伴って差し入れられた一時金の性格に関し争いになった事例があります。平成14年11月7日東京高裁判決では、建物の賃貸借に際して高額の敷金が授受された場合に、ビルの競落人が返還義務を負うかどうかが問題となったのですが、敷金及び保証金の名目で授受された高額な金員の一部が、（建設協力金として）実質的には貸金であると認めた上で、本来の敷金でないものについてまで承継させるべき合理的理由はないと判断し、その範囲で競落人への返還債務

の承継が否定されました。

　一方で、平成17年10月20日大阪地裁判決では、賃料の55カ月分に相当する金額全額が敷金として認められるとした上で、たとえ高額であっても、その一部のみ賃貸人の地位を承継したビルの競落人に承継されると解する余地はなく、競落人は当該敷金の全額について返還債務を承継すると判断しました。

　このように、賃貸借契約を締結する際に、受渡しがなされる「保証金」がどのような性質のものであるのかをしっかりと合意しておく必要があります。具体的には、何のために保証金の受渡しがあるのか、賃貸借契約が終了した際に保証金の返還はあるのか等を後日に紛争が生じないように合意しておく必要があるでしょう。

Q.60 借家権の種類・一時金

権利金・礼金の性格

権利金・礼金はどのような性格ですか。

A 「権利金」や「礼金」の法的な意味は明確に定まっているわけではありません。したがって、契約時にその内容について明確に合意しておくことが後日の紛争防止のために必要です。

解　説

1　権利金

権利金として支払われる金員にも、様々な性質があります。一般的には、①場所的利益の対価や②賃料の一部の一括前払いという意味のほかに、③賃借権に譲渡性を与える対価などがあります。

まず、①場所的利益の対価とは、地理的に有利な場所を借りることに対するお礼のような目的です。次に、②賃料の一括前払いとは、読んで字の如く、定期的に支払う賃料を前もって何カ月分か支払っておくというものです。

そして、③賃借権に譲渡性を与える対価については少し説明が必要です。民法上、賃借人は、賃借権を第三者に譲渡することができません。そこで、民法の規定とは異なり、賃借権に譲渡性を与えることで賃借人は資金を回収することができるようになります。つまり、賃借権に譲渡性を与える対価とは、民法上は譲渡性のない賃借権に譲渡性を与えることに対するお礼ということになるのです。

そこで、現実の契約において交付される「権利金」や「礼金」は、上

記①〜③のどれに該当するでしょうか。それは、結局、貸主・借主間でどのような契約がなされているかによることになります。権利金・礼金を授受する際には、その目的を、賃貸借契約書に明確に記載しておくべきといえるでしょう。

2 返還の必要性

一般的には、「権利金」というものは、賃貸借契約の終了時に「敷金」と違って賃借人には返還されないものとされています。上記のような性格（何かの対価（①あるいは③）であったり、賃料の一括前払い（②）であったりする場合）である以上、返還を要する場合は考えにくいわけです。

ただ、契約期間の定めのある場合には、その契約期間内にわたって賃借物件を使用・収益することを前提として権利金の額が定められているとみることもできます。

したがって、期間の途中に賃貸借契約が終了した場合には、借家人は、権利金を支払った分をいまだ十分に利用することができておらず、他方、賃貸人側は権利金の全額に相当する十分な期間を借家人に対し利用させていないといえ、未経過の契約期間に相当する権利金については、返金を認められても、損失はなく、むしろ返金を認めるのが公平ともいえます。

判例においても、権利金を契約期間についての対価とみて、期間の途中において当事者の責に帰することができない事由により契約が終了したときは、権利金を契約期間を基礎として按分し、残存期間に相当する金額を返還する趣旨であったものと解するのが相当である（東京地判昭42.5.29）などとされている例があります。

3 礼金

「礼金」は、「敷金」とセットになって耳にすることが多いものですが、一般的には「権利金」と同じ性質のものだといわれています（言葉の由

来から、賃貸借契約締結への謝礼という意味合いを強調されるケースも多いと思われます)。

　すなわち、「礼金」は返還を要するものではありません。賃借人が、返還されるべき「敷金」とは別に、返還を要しない「礼金」をセットで賃貸人に交付するケースであったり、「敷引き」と称して、無条件に「敷金」から差し引かれる金員(返還されない金員)を意味するケースであったりするのです。

　一般的には以上のように捉えるとしても、結局はこれらの金銭の受渡しについて民法で定まっているわけではないので、賃貸借契約時に当事者間で明確に合意しておくことが後日の紛争を防止する上で重要になるでしょう。

Q.61 借家権の種類・一時金

敷引特約

敷金の敷引特約は有効ですか。

A 消費者契約法10条との関係で問題となりますが、賃借人が敷引特約の内容を明確に認識した上で賃貸借契約を締結しており、敷引金の額が賃料等に比して高額すぎるという事情がなければ、敷引特約は有効です。

解 説

1 敷引契約の性質

敷引特約とは、本来は返還されるべき敷金あるいは保証金から、賃貸人が一定額あるいは一定割合を控除してその控除分を賃貸人が取得するというものです。この敷引特約は、主に関西地方を中心に多く見られる慣習であるといわれています。敷引特約の類型としては、単純に敷金(あるいは保証金)のうち一定額あるいは一定割合を返還しないとするものが多いのですが、契約の存続期間に応じて敷引金の額(あるいは割合)が変動するものもあり、この場合存続期間が長くなればなるほど敷引金額も増大するのが通例です。

本来賃借人に返還されるべき敷金であるのに対して、なぜこのような敷引特約が設けられているのか、その意味合い(敷引特約の性質)について、一般的には次のように考えられています(神戸地判平17.7.14等)。

① 損耗の修繕費(通常損耗料又は自然損耗料)
② 空室損料(中途解約により次の入居者が現れるまでの空室期間が

生ずることに対する賃料収入の補償）
③　賃料の補充ないし前払い（賃料を低額にすることの代償）
④　礼金（賃貸借契約成立の対価）

そして、これらのうち、①の損耗の修繕費としての意味合いが主だったものといわれています（大阪地判平7.10.25）。

2　消費者契約法との関係

このように本来返還されるべき敷金の一部を賃貸人が取得することになるので、賃借人にとって納得のいかないところがあるでしょう。

そこで、消費者契約法との関係が問題となりました。なお、消費者契約法が制定される前にも、このような特約が賃借人にとって一方的に不利益なものであることから、特約について法的拘束力が認められるためにはそれなりの合理性が要求され、合理性の認められない場合又は認められない部分は、その法的拘束力が否定され、無効であるとされていました。

すなわち、消費者契約法10条は、「民法、商法その他の法律の公の秩序に関しない規定の適用による場合に比し、消費者の権利を制限し、又は消費者の義務を加重する消費者契約の条項であって、民法第1条第2項に規定する基本原則に反して消費者の利益を一方的に害するものは、無効とする」と規定しています。

まず、敷引特約が、「民法、商法その他の法律の公の秩序に関しない規定の適用による場合に比し、消費者の権利を制限し、又は消費者の義務を加重する消費者契約の条項」に該当することは、最高裁も認めています。

そこで問題となるのが、敷引特約が、「民法第1条第2項に規定する基本原則に反して消費者の利益を一方的に害する」ことになるのかどうかです。これについては、具体的事例ごとに判断するほかありません。

いわゆる通常損耗等の補修費用を賃借人に負担させる特約については、最高裁判決平成17年12月16日が判断をしています。この平成17年判決は、

建物の賃借人に通常損耗についての原状回復義務を負わせるのは、賃借人に予期しない特別の負担を課すことになるから、賃借人に同義務が認められるためには、少なくとも、賃借人が補修費用を負担することになる通常損耗の範囲が賃貸借契約書の条項自体に具体的に明記されているなど、その旨の特約が明確に合意されていることが必要であるとして、通常損耗の補修義務を賃借人に負わせる特約の成立について厳格に判断する立場を採ったものとされています。

その後、敷引特約に関する判例では、具体的に「貸主の負担となる通常損耗及び自然損耗について保証金控除額でまかなうことや原状回復費用が家賃に含まれないことが住宅賃貸借契約証書に明記され、他方、誓約書及び念書において、貸主の負担となる通常損耗及び自然損耗と借主の負担となるものが詳細に区分されており、復元費用基準表によりその費用も明確にされていること、原告は、契約締結前にこれらの点について説明を受けていると解されること、通常損耗及び自然損耗による原状回復費用は34万円が上限となるため、賃料に含めて請求した場合に比較して、借主である原告にかえって有利となる場合もあること、契約に当たって、他に礼金等の名目で一時金の支払いがなされていないこと、その他、本件物件について原告が支払うべき賃料の額や控除される保証金額等に鑑みれば、本件特約が民法1条2項に規定する基本原則に反して消費者の利益を一方的に害するものともいえない」とした判例もあります（京都地判平20.11.26.）。

その後、平成23年に、敷引特約に関する最高裁の判断が相次いで下されました。最高裁判決平成23年3月24日と最高裁判決平成23年7月12日がありますが、両判決共に具体的事案のもとにおいては敷引特約を有効としています。

特に、最高裁判決平成23年7月12日では、「賃貸人は、通常、賃料のほか種々の名目で授受される金員を含め、これらを総合的に考慮して契約条件を定め、また、賃借人も、賃料のほかに賃借人が支払うべき一時金の額や、その全部ないし一部が建物の明渡し後も返還されない旨の契

約条件が契約書に明記されていれば、賃貸借契約の締結に当たって、当該契約によって自らが負うこととなる金銭的な負担を明確に認識した上、複数の賃貸物件の契約条件を比較検討して、自らにとってより有利な物件を選択することができるものと考えられる」とした上で、「賃貸人が契約条件の一つとしていわゆる敷引特約を定め、賃借人がこれを明確に認識した上で賃貸借契約の締結に至ったのであれば、それは賃貸人、賃借人双方の経済的合理性を有する行為と評価すべきものであるから、消費者契約である居住用建物の賃貸借契約に付された敷引特約は、敷引金の額が賃料の額等に照らし高額に過ぎるなどの事情があれば格別、そうでない限り、これが信義則に反して消費者である賃借人の利益を一方的に害するものということはできない」と判断しています。

　ちなみに、最高裁判決平成23年３月24日の事案は敷引金の額は経過年数によって異なり賃料の２倍弱から3.5倍強でした。次に、最高裁判決平成23年７月12日の事案では、敷引金の額は60万円であり、更新後の賃料の3.5倍程度でした。

　なお、上記の平成23年７月の最高裁判決と通常損耗負担特約に関する平成17年の最高裁判決とを比べたときに、敷引特約と通常損耗負担特約とでは内容、条項等が異なり、敷引特約については、敷引金の額が契約書に明示されており、賃借人は、賃料の額に加え、敷引金の額についても明確に認識した上で契約を締結することから、賃借人は負担について明確に合意しているとして、通常損耗補修特約について最高裁17年判決で示された特約の成立要件は直接当てはまらないともされています。

　結局、賃借人からみて「いくら支払うのか（敷金から引くのか）」が明確になっているか、が問題であり、金額ないし賃料の月数で契約書から明確に金額がわかるものであれば、非常識に高額でない限り、約定（特約）は有効と判断されるものと考えられます。「敷引」は東京・関東地区では一般的ではないようで、通常損耗負担特約とする場合には、通常損耗の補修費用も賃借人の負担とする旨の記載のほか「何」について「い

くら」負担するのかはっきり合意（条項化）しておく必要があるでしょう（その意味では、通常損耗特約はけっこうやっかいで、むしろ敷引特約か、通常損耗の補修費は原則どおり賃料に織り込んでおくほうが簡明といえます）。

Q.62 借家権の種類・一時金

更新料の性格

賃借人に対して、賃料とは別に更新料の支払いを求めるケースがあると聞きました。更新料とはどのようなものでしょうか。

A 更新料とは、賃貸借期間が満了し、賃貸借契約を更新する際に、賃借人から賃貸人に対して交付される金員のことですが、更新料の性質については、一般に賃料の補充ないし前払い、賃貸借契約を継続するための対価等の趣旨を含む複合的な性質を有するものと判断されています。

解 説

賃貸借契約で契約の期間（建物賃貸借契約の場合、通常2年と定めている場合が多いと思われます）を定めている場合に、期間の満了の際に、同一の条件で契約を継続したいと考える場合には、そのための手続が必要となります。この手続のことを更新といいます。

更新料とは、賃貸借期間が満了し、賃貸借契約を更新する際に、賃借人から賃貸人に対して交付される金員のことですが、更新料の性質については、①賃料の一部前払い、将来の賃料の補充とみる見解、②賃貸人の更新拒絶権放棄の対価とみる見解、③賃借権強化の対価とみる見解、④これら①、②、③などの性質を併せ持つとする見解、⑤単なる贈与とみる見解などがあります。

そして、最近の最高裁判決では、借家契約の場合ですが、「これがいかなる性質を有するかは、賃貸借契約成立前後の当事者双方の事情、更新料条項が成立するに至った経緯その他諸般の事情を総合考量し、具体

的事実関係に即して判断されるべきであるが（最高裁昭和58年（オ）第1289号同59年4月20日第二小法廷判決・民集38巻6号610頁参照）、更新料は、賃料と共に賃貸人の事業の収益の一部を構成するのが通常であり、その支払により賃借人は円満に物件の使用を継続することができることからすると、更新料は、一般に、賃料の補充ないし前払、賃貸借契約を継続するための対価等の趣旨を含む複合的な性質を有するものと解するのが相当である」としています（最判平23．7．15）。

なお、国土交通省の調査（「民間賃貸住宅に係る実態調査（不動産業者）」平成19年）によると、借家契約における更新料の徴収については、地域差があることがわかります。主として、関東地方では更新料を徴収する割合が高く、同じ関西地方でも京都府ではおおよそ半分の割合であるのに対し、大阪府では更新料を徴収するケースは見当たらないとのことです。

Q.63 借家権の種類・一時金

更新料の特約

特約を定めて、賃借人に対して、更新料を求めることは有効でしょうか。また、どの程度の金額を要求できるでしょうか。

A 更新料の支払いを求める特約について、一定の場合にはその特約は有効であるとの判断がされています。そのため、更新料を求めるためには、明確で具体的な特約を定めておく必要があると思われます。

解　説

1　更新料特約と消費者契約法

「更新料」という文言は、実は民法にも借地借家法にも規定されていません。

そこで、このような特約を定めることが有効かどうか、消費者契約法の点から問題になりました。消費者契約法10条は、民法などの任意規定の場合に比べて「消費者の権利を制限し、又は消費者の義務を加重する消費者契約の条項であって、民法第1条第2項に規定する基本原則に反して消費者の利益を一方的に害するものは、無効とする」と定めています。そのため、更新料特約が、賃借人に対し、民法601条に定められた賃貸借契約における賃料以外に、別途金銭の支払義務を課すものであり、民法の規定に比べて賃借人の義務を加重しているのではないか、さらには消費者の利益を一方的に害しているのではないか、が問われたのです。

2 下級審判決

この判断について、下級審は、有効とするもの、無効とするもの、それぞれ分かれていました。

（1） 大阪高裁平成21年10月29日判決（判時2064号65頁）

事例は、賃貸借期間が2年、契約時の礼金は20万円（当時の月額賃料5万2,000円の4カ月分弱）、更新料は賃料の2カ月分と定められたものです。

判決は、まず更新料について「賃借権設定の対価の追加分ないし補充分と解するのが相当」と判断しました。

その上で、①賃貸人が賃借人に対し、賃貸借期間の長さに応じた賃借権設定の対価の支払いを求めようとすることには一定の必要性と合理性が認められるとし、②更新料が礼金の金額に比較して相当程度抑えられているなど適正な金額にとどまっている限り、直ちに賃貸人と賃借人の間に合理性のない不均衡を招来させるものではなく、③そもそも更新料を含めた負担額を事前に計算することが特段困難であるとはいえない、という理由から、賃借人にとって信義則に反する程度にまで一方的に不利益になるものではないと判断しました。

（2） 大阪高裁平成21年8月27日判決（判時2062号40頁）

事例は、契約期間が1年間（約1年間を含みます）、家賃が1カ月4万5,000円、更新料は10万円を支払うこととされたものです。

判決は、更新料について「契約において特にその性質も対価となるべきものも定められないままであって、対価性の乏しい給付というほかはない」と判断しました。

その上で、対価性の乏しい給付である以上、本件更新料約定は、民法の任意規定の適用される場合に比して賃借人の義務を加重する特約であるとし、さらに、①本件更新料約定の下では、賃借人に大きな経済的負担が生じるのに、賃借人が負う金銭的対価に見合う合理的根拠は見いだせず、②むしろ一見低い月額賃料額を明示して賃

借人を誘引する効果があること、③本件更新料約定は、客観的には情報収集力の乏しい賃借人から、借地借家法の強行規定の存在から目を逸らせる役割を果たしており、この点で賃借人は実質的に対等にまた自由に取引条件を検討できないまま本件賃貸借契約を締結したと評価することができるとして、本件更新料約定は、「民法第1条第2項に規定する基本原則に反して消費者の利益を一方的に害するもの」と判断しました。

3 最高裁判決

最高裁平成23年7月15日判決は、このように下級審判断が分かれる中で、統一的な判断を下しました。

すなわち、更新料は、一般的に「賃料の補充ないし前払、賃貸借契約を継続するための対価等の趣旨を含む複合的な性質を有するもの」としつつ、「更新料条項は、一般的には賃貸借契約の要素を構成しない債務を特約により賃借人に負わせるという意味において、任意規定の適用による場合に比し、消費者である賃借人の義務を加重するものに当たるというべきである」としました。さらに、①更新料が、一般に、賃料の補充ないし前払い、賃貸借契約を継続するための対価等の趣旨を含む複合的な性質を有し、更新料の支払いにはおよそ経済的合理性がないなどということはできず、②一定の地域において、期間満了の際、更新料の支払いをする例が少なからず存することは一般的に知られていることなどからすると、③更新料条項が賃貸借契約書に一義的かつ具体的に記載され、賃借人と賃貸人との間に更新料の支払いに関する明確な合意が成立している場合に、賃借人と賃貸人との間に、更新料条項に関する情報の質及び量並びに交渉力について、看過し得ないほどの格差が存するとみることもできないとし、「賃貸借契約書に一義的かつ具体的に記載された更新料条項は、更新料の額が賃料の額、賃貸借契約が更新される期間等に照らし高額に過ぎるなどの特段の事情がない限り、消費者契約法10条にいう『民法第1条第2項に規定する基本原則に反して消費者の利益

を一方的に害するもの』には当たらないと解するのが相当」と判断しました。

そして、更新料の額を賃料の2カ月分とし、本件賃貸借契約が更新される期間を1年間とするものであれば、上記特段の事情が存するとはいえず、これを消費者契約法10条により無効とすることはできないとしています。

4 更新料の金額

このように、最高裁によって、一定の条件のもとで更新料特約が有効であるとされたのですが、具体的にどのような更新料の金額であればよいのでしょうか。

上記最高裁の事案は、①月額家賃3万8,000円で、更新料1年ごと7万6,000円を徴収するというものでしたが、同時に判断された2件の事案（②礼金6万円、月額家賃4万5,000円で、更新料1年ごと10万円徴収するもの、③月額賃料5万2,000円、共益費2,000円で、礼金を契約当初の4カ月分、更新料を2年ごとに旧賃料の2カ月分徴収するもの）でも、同趣旨の判決が出されています。

そのため、少なくとも関東地方で慣行とされているような、2年に1度、1～2カ月分の更新料徴収は、消費者契約法10条違反になることはないと思われます。

さらに、上記最高裁判決後の下級審判決（大阪高判平24.7.27）では、礼金18万円、敷金10万円、賃料月額4万8,000円、共益費月額5,000円で、契約期間は1年、更新料は15万円の事例（更新料は、賃料の3.125カ月分に相当）でも、①本件契約における礼金は18万円とされており、更新料はこれより低額であること、②本件物件の実質賃料6万500円（年間取得額72万6,000円（4万8,000円×12カ月＋15万円）÷12）や礼金が、本件物件や立地条件等に照らし、特に高額に過ぎるものであったとまではいえないと認められることに照らすと、本件更新料特約による更新料が高額に過ぎるもので特段の事情が存するとまでは、かろうじていえな

いとして、本件更新料条項を消費者契約法10条により無効ということまではできない、と判断しています。

5 今後の対応

　このような最高裁判決に対して、今後更新料を増額したり、新たに更新料の支払いを求める貸主が増えるおそれがあると懸念されましたが、昨今の賃貸住宅市場は「借手市場」で、ごく一部の人気物件を除けば、更新料を増額できるような状態ではないといわれています。

　少なくとも、更新料を求めるに当たっては、次のような対処が必要であると思われます。

1）契約前に更新料があることを明確にして募集する。
2）重要事項説明書にも明確に記載する。
3）最近では、公益財団法人日本賃貸住宅管理協会が「めやす賃料表示」（めやす賃料は「賃料、共益費・管理費、敷引金、礼金、更新料を含み、賃料等条件の改定がないものと仮定して4年間賃借した場合の1カ月当たりの金額」のこと）を提唱しているので、このような表示を利用して、賃借人の理解と納得を得る方法も有効です。

Q.64 借家権の種類・一時金

更新料の不払い

更新料を賃借人が支払わない場合には、どのような手段をとればよいでしょうか。

A 更新料の不払いに対して、契約の解除という手段を講じることを検討できます。

解　説

１ 更新料特約に対する債務不履行

　一般に、契約関係においては、相手方が契約上の義務を怠った場合には、その契約を解除することができるのですが、賃貸借契約においては、判例は、単に賃料不払いや用法違反があったというだけでは賃貸借契約の解除はできず、賃貸借契約を継続し難い事情（信頼関係の破壊・背信的行為）があるときに初めて解除が認められるという立場をとっています。

　そこで、更新料特約が規定されている場合、賃借人において更新料の不払いがあれば、賃貸人は賃貸借契約を解除することができるでしょうか。

２ 合意更新（自動更新）と法定更新

　まず、賃貸借契約における更新の手続としては、大きく２つの考え方（方法）があります。

　一つは、契約を更新することを、貸主及び借主の双方が事前に合意して更新を行う考え方です。これを合意更新といいます。一般的には契約

書の特約などに「期間満了後の契約の更新は双方、合意のもとに手続を進める」などの表現で記載されているようです。

　また、あらかじめ契約書に「更新を希望する場合で、賃貸人、賃借人双方から特に申出がない場合は自動で更新されるものとします」と定めている場合もあります。これを自動更新といいます。これも、合意更新の一種といえるでしょう。

　もう一つの考え方は、借地借家法に定められている考え方で、期間の定めがある借家契約では、当事者が期間満了の1年前から6カ月前までの間に、相手方に対して更新をしない旨の通知（契約更新拒絶の通知）又は契約条件を変更しなければ更新しない旨の通知（条件付更新拒絶の通知）をしなかったときは、従前の契約と同一の条件で契約を更新したものとみなされます（借地借家法26条1項）。これを法定更新といいます。

　法定更新の規定は、強行規定であって、特約で排除することはできません。そのため、合意更新（自動更新）を望まずに、法定更新にしてほしいと賃借人は主張することができます。ただ、法定更新となった場合、更新後の契約は「期間の定めのない賃貸借」になります（もはや、「更新」という手続は不要になります）。そのため、賃借人はいつでも解約の申入れができますが、3カ月前の予告が必要となります（借地借家法26条1項但書、民法619条、617条）。賃貸人も、いつでも解約の申入れができますが、6カ月前の予告期間が必要であり、「正当の事由」が必要とされます（借地借家法27条、28条）。このような制約があるといっても、賃貸人からいつでも解約の申入れができるようになるため、契約が安定せずに賃借人にとって不利になるといわれています。

3　法定更新と更新料

　それでは、更新料支払特約が定められている場合（例えば、上記自動更新の条項に続いて「賃貸人、賃借人双方から特に申出がない場合は、自動で更新されるものとします。その際、賃借人は更新料（金〇〇〇〇円）を賃貸人に支払うものとします」）、賃借人が法定更新を望んだとし

ても、同特約に基づいて更新料支払義務があるか否かが問題となります。
（1） 法定更新の場合に更新料支払義務を否定する判例として、京都地裁平成16年5月18日判決は、「合意更新の場合と法定更新の場合で、更新料の支払の要否について差が生じても、不合理とも賃借人間で不公平が生じるとも直ちには言い難く、むしろ、法定更新についても更新料の支払を要するとすることには、借地借家法26条、28条、30条の趣旨に照らしても合理性が少ないというべきである」として、「本件更新約定は、全体としても、合意更新を前提としたものであって、法定更新には適用されないとするのが契約当事者の合理的な意思に合致すると認められる」と判示しています（同旨、東京地判平23.4.27）。
（2） ただ、これを肯定する判例も有力です。東京地裁平成10年3月10日判決（判タ1009号264頁）は、更新料の支払特約は合意更新の場合に限定しているとは認められず、「賃料の補充ないし異議権放棄の対価という更新料の性質、合意更新の場合との均衡という点にも鑑みると、法定更新の場合を除外する理由はない」と判示しています（同旨、東京地平22.8.26）。

4 更新料の不払いと解除の可否

以上のとおり、賃借人が、更新料の支払いを望まず法定更新を選択した場合にも、更新料支払特約の適用があるとされる場合には、更新料の不払いに対する債務の不履行が問題となります。

更新料の不払いがあっても解除を認めなかった判例として、東京地裁昭和50年9月22日判決（判時810号48頁）があり、同判決は、借家契約において、賃料1カ月分に相当する更新料の不払いではいまだ当事者間の信頼関係が破壊されたとはいえないとして、賃貸借契約の解除を認めていません。

これに対し、更新料の不払いがある場合に解除を認めた判例として、最高裁昭和59年4月20日判決（民集38巻6号610頁）、東京高裁昭和54年

1月24日判決（判夕383号106頁）があり、いずれの判決も借地の事案ですが、前者の最高裁判決は、借地契約において更新料の支払いが、将来の賃料の一部、更新についての異議権放棄の対価及び賃借人の従前の債務不履行行為についての紛争の解決金としての性質を有する場合で、賃料の支払いと同様に、更新後の借地契約の重要な要素として組み込まれ、当該契約の当事者の信頼関係を維持する基盤をなしているときは、その不払いは、この基盤を失わせる著しい背信行為に当たるとして、更新後の借地契約の解除を認めています。

Q.65 借家権の種類・一時金

更新料と賃料増額

更新料を徴収した上で、賃料の値上げを要求することはできるでしょうか。

A 更新料をどのようなものと理解するのかに関わってくるものですが、更新料の徴収と併せて賃料の値上げを求めることは可能です。

解　説

1 更新料と賃料の増減

　更新料の性質については、①賃料の一部前払い、将来の賃料の補充とみる見解、②賃貸人の更新拒絶権放棄の対価とみる見解、③賃借権強化の対価とみる見解などがありますが、最近の最高裁判決（平成23年7月15日）では「賃貸借契約成立前後の当事者双方の事情、更新料条項が成立するに至った経緯その他諸般の事情を総合考量し、具体的事実関係に即して判断されるべきである」としつつ「更新料は、賃料と共に賃貸人の事業の収益の一部を構成するのが通常であり、その支払により賃借人は円満に物件の使用を継続することができることからすると、更新料は、一般に、賃料の補充ないし前払、賃貸借契約を継続するための対価等の趣旨を含む複合的な性質を有するものと解するのが相当である」としています（Q62参照）。

　一方、賃料の増減については、賃貸借のような継続的契約関係においては、契約締結当時に賃料を定めていても、その後の事情の変化によって賃料の額が不相当になってくることが起こり得ることを前提として、

賃料の増減額請求の権利が認められています（借地借家法11条、32条）。

そこで、賃貸人、特に通常契約期間が短い建物賃貸借の賃貸人にとって、契約期間が満了を迎え更新の手続を行う時が、賃借人に対して賃料の値上げを求めるよい機会となります。

2 更新料の支払と賃料の値上げ

更新の際に、賃貸人が賃借人に対し更新料の支払いを求めようとすれば、事前に賃貸契約書に一義的かつ具体的に更新料条項を定めるとともに、その更新料の額が、賃料の額や賃貸借契約が更新される期間等に照らし高額に過ぎるなどの特段の事情がないことが必要です（Q63参照）。

例えば、更新料条項に関し、契約書に具体的金額（あるいは賃料の○カ月分）と記載されている場合には、高額すぎる特段の事情がなければ、有効と判断されるでしょう。

そして、更新料の趣旨が、不釣り合いになった賃料を是正するために賃料の増減額を求めようとする権利に反するものではない以上、更新料の支払いを求めることと併せて、賃料の増額を求めることもできると考えられます。例えば、契約の中には、「この契約を更新する場合には、賃借人は賃貸人に対し更新後の賃料の1カ月分の更新料を支払うものとする」という条項も見受けられます。この場合「更新後の賃料」としていることから、更新後の賃料の一部前払いとして、新賃料の補充を趣旨の一つとしているものとも考えられます。

そこで、更新時に賃料を値上げしたい場合には、最初に値上げ交渉を行うことになりますので、周辺相場の変化など、根拠となる数値を前提に交渉することになります。

Q.66 家賃

住宅・店舗の家賃の算定

住宅、店舗の家賃はどのように決まっているのですか。

A 家賃は、同様の建物の周辺相場、オーナーの投下資本に対する期待賃料、賃借人の支払可能賃料等を総合的に考慮して決定されます。

解 説

家賃は、同様の建物の周辺相場、オーナーの投下資本に対する期待賃料、賃借人の支払可能賃料等を総合的に考慮して決定されます。別の表現をすれば賃貸事例比較法、積算法、収益分析法又は収益分析法に準ずる方法を適用して求めた家賃を総合的に考慮して決まります。

1. 賃貸事例比較法は、まず多数の新規の賃貸借等の事例を収集して適切な事例の選択を行い、必要に応じてこれらに係る実際実質賃料（実際に支払われている不動産に係るすべての経済的対価をいいます）に事情補正及び時点修正を行い、かつ地域要因の比較及び個別的要因の比較を行って求められた賃料を比較考量し、これによって対象不動産の試算賃料（比準賃料）を求めるものです。この手法は、周辺で成立した同様の複数の家賃と様々な比較（駅から近い、建物グレードが高い等）を行い、対象家賃を求めます。

例えば、ある新築マンションの3階部分70㎡3LDKの平成25年1月1日時点の家賃を求めたい場合に、環境の類似した周辺で対象不動産と築年、用途、契約内容等が同様のマンションの2階部分の成約事例があっ

たとします（契約時点平成25年1月1日、月額支払賃料158,000円、敷金なし、契約面積75㎡）。この場合は以下のような比較を行い、対象不動産の家賃を求めます。

成約家賃　　事　　時　　品　　地　　階　　面　　　比準した価格
158千円×$\dfrac{100}{100}$×$\dfrac{100}{100}$×$\dfrac{100}{100}$×$\dfrac{100}{100}$×$\dfrac{100}{100}$×$\dfrac{70}{75}$≒148千円
　　　　　　　　　　　　　　　　　　　　　　　　　　（2,114円/㎡）

（各項の略号と意味）
事：事情補正　　　　　　　　地：地域要因の比較
時：時点修正　　　　　　　　階：賃貸階数の比較
品：賃貸建物の品等格差等　　面：賃貸面積の比較

2．積算法は、オーナーが投下した対象の土地・建物価格に、一般的にその不動産に対して期待される利回りを乗じて得た額に、賃貸経営に当たって必要となる諸経費（維持管理費、公租公課、修繕費、テナント募集費用等）等を加算して対象賃料を求める方法です。

　例えば、マンションの土地代及び建築費が平成25年1月1日時点で30,000千円とします。この投資額に対してオーナーが期待する年利回りは5％とします。また対象不動産を運営するに当たって必要となる経費が維持管理費、公租公課、修繕費、テナント募集費用等すべて合わせて年間100千円とします。この場合は以下のような計算を行い、対象不動産の家賃を求めます。

　　　（不動産価格）（期待利回り）（必要諸経費）　　　　（月額賃料）
　　　　30,000千円　×　5％　＋　100千円　÷12カ月　≒133千円

3．収益分析法は、企業の用に供されている不動産に帰属する総収益（売上高）から売上原価、販売費及び一般管理費等を控除して対象不動産が一定期間に生み出すであろうと期待される純収益を求め、これに賃貸経営に当たって必要となる諸経費等を加算して対象賃料を求める手法です。また収益分析法に準ずる方法は売上高、粗利益率、家賃負担力等を分析

して賃料を求める方法です。収益分析法自体は必要資料等の収集が困難な場合が多いことからあまりなじみのある方法ではありませんが、これを簡便化した収益分析法に準ずる方法がよく行われます。この方法は一般的に以下のような考え方になります。

　　・売上総利益（粗利益）×粗利益に占める賃料割合＝賃料
　　・売上高×売上高賃料負担率＝賃料

　このように家賃はいくつかの手法を参考として決定しますが、用途に応じて特に重視する方法が異なります。住宅・事務所では賃貸事例比較法が有効となりますし、店舗系でも小規模なものは賃貸事例比較法を中心に求めます。また大型の店舗物件では収益分析法や準ずる方法が重視されます。

Q.67 家賃

店舗賃料形態(固定賃料と歩合賃料)

店舗の賃料形態はどのような種類があるのですか。

A 店舗の賃料は、従来固定賃料で、売上げが減少しても一定額の家賃を支払う必要がありましたが、近年、SCの専門店や都心の商業施設では、歩合賃料が導入されて売上げに応じて賃料が増減する形態に移行しています。

解 説

1 店舗家賃市場

業種により店舗の事業収益性が異なります。飲食と家電、服飾等の物販では、原価率や経費率等の収益構造に違いがあります。そこで店舗賃料は、基本的には業種により異なるのです。例えば、飲食と服飾では賃料水準が異なります。このように業種により収益構造に違いがあるのですが、バブル崩壊後、さらにはリーマンショック後は経済不況、消費不況が深刻になって、賃貸市場では変化が生じました。賃料徴収形態に歩合賃料を導入することが本格化したのです。さらに借地借家法の改正で定期借家契約が増えたことです。定期借家契約とは、5年、10年など、一定期間が経過すると当然に契約は終了し、契約は更新されません。

継続しようとすれば再契約しなければなりません。賃料の徴収形態では、有力なテナントが発言権を得て売上げに応じて家賃を払う形態に移行したのです。テナントからすれば売上げが減少した場合、

少ない家賃であればありがたいのですが、施設所有者・デベロッパーからすれば事業収支に影響が出るのです。最低保証付逓減歩合型が貸手と借手、双方の納得できる方式だといわれています。次に、具体的に賃料徴収形態について説明します。

2 賃料の徴収形態

　商業施設、とりわけショッピングセンター、地下街等の店舗家賃は、従来の固定賃料の形態から、固定賃料と歩合賃料が組み合わされた形態が主流となっています。
　現在、賃料の徴収形態としては以下の種類に区別されます。
①固定賃料型
　　売上高に関係なく一定額の家賃を徴収する従来の形態で、現在でもオフィスビルの1階店舗や地下店舗に多く見られるものです。また、ショッピングセンターでは核テナントや大型物販店にこの形態が多いのです。
②固定賃料＋売上歩合賃料型
　　固定賃料に、売上高に一定の歩合率を乗じた歩合賃料を加算した金額を徴収するものです。この形態は、固定賃料部分は従来の固定賃料単独の賃料より低く、売上げに応じて歩合賃料部分が増減するので、テナントの賃料リスクが軽減されます。
③最低保証付逓減歩合型（固定賃料＋売上逓減歩合賃料）
　　最低保証の売上高を設定して、その基準額までは固定賃料を負担し、それを超える部分については、売上高に応じて、段階的に歩合率が逓減する歩合賃料を固定賃料に加算して徴収するものです。例えば、最低保証売上高を月坪20万円、固定賃料2万円、売上高20万〜30万円まで歩合率4％とした場合、実際の売上高が月坪25万円であれば、賃料は月坪2万2千円（固定2万円＋歩合2千円（5万円×4％））ということになります。テナントは売上高が最低保証の額に達しないでも一定の固定賃料を負担しなけれ

ばならず施設所有者の固定賃料はそれにより保証されることになります。また、テナントは売上高が向上した場合、歩合率が逓減されるので売上高が増えた同じ割合で賃料が増えることはありません。現在の市況ではテナント、施設事業者双方が受け入れやすい賃料形態です。

④単純歩合型

　売上高に一定の歩合率を乗じて賃料を算定するもので、家賃は歩合賃料のみで構成されています。テナントは、売上連動の賃料を負担するので固定賃料のリスクがありません。施設事業者は、固定賃料がないので事業収支を立てにくく、リスクヘッジできないという難点があります。飲食や物販の一部でこの形態が見られます。

Q.68 家賃

店舗家賃の売上高に対する負担率

・店舗の売上げに対する標準的な賃料負担率はどの程度ですか。

A 店舗の売上高の占める賃料負担率は業種ごとに一定の水準があります。賃料とは家賃のことです。賃料負担率には共益費を含める場合と含めない場合があります。賃料負担率が業種により異なるのは、業種の収益構造によるものです。店舗出店や経営分析の重要な判断材料です。

解　説

　店舗の事業者は、出店に際して、どの程度の売上高を確保できるか、どの程度の経費が必要か、利益を得られるのか、調査します。売上高をどの程度確保できるかは重要であることはもちろんですが、経費項目に中でも最も大事なものは、家賃・地代、減価償却費等の不動産関連費用です。人件費は正社員の割合をできるだけ絞り、繁忙期にはパートを増やすなど売上高連動の変動費ですが、家賃や地代は売上高に関係なく発生する固定経費です。要するに標準的な賃料負担割合を超えて高い家賃の場所に出店すると確かに立地のよいところであっても高額な家賃に耐えられず、赤字決算となるおそれがあるのです。賃料負担率は、業種によって異なりますが、大体売上高の10％程度が小売業の標準といわれています。賃料負担率が低いほうがよいのですが、10％を超えて15％程度になると危険ラインということになります。賃料負担率が高いのは、売上高が低いか、賃料自体が高いのか、分析が必要です。賃料負担率は、

このように出店や経営分析に欠かせないものです。

業種別売上高に対する粗利益率と賃料負担率：SC出店主要業種

分類	業種	粗利益率％ （売上総利益率）	賃料負担率％ （※共益費込）	坪効率		
				高	中	低
量販	GMS（総合スーパー）	25〜30	※5			○
	ホームセンター	30	5			○
	SM（鮮度重視）	25〜28	※3	○		
	SM（価格重視）	20〜23	※2〜3	○		
物販	眼鏡	50〜70	8〜10	○		
	書籍	20〜25	※6			○
	ドラッグストア	30	5	○		
	SPA（製造小売業）	60	※5〜10	○		
	セレクトショップ	40	8〜12		○	
	スポーツ用品	35〜40	※7〜10			○
	玩具	30	5			○
	アクセサリー	30〜70	10	○		
	宝石・貴金属	50	10〜15	○		
食品	洋菓子	40〜50	8〜12		○	
飲食	ファミリーレストラン	50〜70	10		○	
	ファストフーズ	40〜50	8〜10	○		
	一般飲食	50〜70	10〜15		○	

※山本敬二氏資料
　ロードサイド商業の家賃・地代のメカニズム（社団法人大阪府不動産鑑定士協会平成23年4月）

Q.69 家賃

実質賃料と支払賃料

実質賃料と支払賃料の関係について説明してください。

A 一般に支払賃料は実質賃料の主たる構成部分となっています。

解　説

　実質賃料とは賃料の名称に関わらず、貸主に支払われるすべての経済的対価をいいます。すなわち、支払賃料のほかに預り金的性格を有する一時金の運用益（敷金等）、賃料の前払い的性格を有する一時金（権利金等）の運用益及び償却額があります。またマルチテナントビルにおいては水道光熱費、清掃衛生費等が、付加使用料や共益費等の名目で支払われている場合があります。これらのうちには実際の費用を超過して徴収されている部分があり、実質的には賃料に相当する場合があります。支払賃料とは各支払時期に支払われる賃料をいいます。支払賃料は実質賃料から預り金的性格を有する一時金（敷金等）の運用益並びに賃料の前払い的性格を有する一時金（権利金等）の運用益及び償却額を控除して求めます。実質賃料と支払賃料の関係は図示すると以下のとおりです。

```
           ┌─────────────────────────────┐
           │        支払賃料              │
           ├─────────────────────────────┤
  実質賃料 │      一時金の運用益          │
           ├─────────────────────────────┤
           │   一時金の運用益及び償却額   │
           ├─────────────────────────────┤
           │    共益費のうち賃料相当分    │
           └─────────────────────────────┘
```

　なお、一時金は次のように多様なものがあり、その性格に応じて適切に運用益等計算する必要があります。

敷金：預り金的性格を有し、賃料滞納・原状回復不履行等の契約不履行に基づく損害賠償の担保という性格を有する場合が多く、その運用益が実質賃料を構成します。

権利金：賃料の前払い的性格を有し、テナントへ返還されない一時金で、その運用益及び償却額が実質賃料を構成します。

礼金：賃料の前払い的性格を有し、テナントへ返還されない一時金で、その運用益及び償却額が実質賃料を構成します。

保証金：保証金は名称が同一でも様々な性格（敷金的性格、権利金的性格等）を有するので、その契約内容、慣行に注意する必要があります。

Q.70 家賃

共益費の性格

共益費とはどのような性格ですか。

A 通常つかわれている共益費はよく吟味してみますと、あいまいな点が多く、実質は家賃の一部であると考えます。

解　説

1 居住用として借家する場合

共益費別途、あるいは共益費込みの家賃があります。

インターネットで調べてみてもわかることなのですが、借家する場合、共益費別途としている場合と共益費を含むとしている場合があります。

通常つかわれている共益費の性格については、①共用部分の電気代、共用部分の清掃費用、共用部分の水道料金のこと、②建物の共用部分などの維持管理に使うお金、③共益費、維持管理費を一緒にして、廊下・階段・エレベーター等の維持・管理をするための費用、廊下や階段の電灯交換、軽い清掃費等、④共益費はすべて家賃に含まれているものであり、借りやすくするため別々にしているが、大家さんの収入からみれば結局同じ、等いろいろな考え方があります。

2 大規模店舗の場合でも最近共益費が問題になっている場合が見られます。

（一般社団法人）日本ショッピングセンター協会 が発行しているＳＣ（ショッピングセンター）賃料・共益費調査で、「賃料・共益費について

は、個別徴収がまだ多いが、賃料・共益費一本化（総合賃料）方式も駅ビル、高架下 SC では40％を超えている」、さらに「共益費の実態としてはテナント契約が個々で異なり、賃料と共益費の境目があいまいな例もあって正確な実態はとらえにくくなっている」との調査結果もあります。

居住用で借家する場合、共益費月額6,000円や8,000円などではあまり苦情を言わないで支払っている場合がほとんどです。しかし、年間数千万円となるとそのようにはいきません。

大型の店舗の場合、家賃で年間1億円、共益費が数千万円といった店舗があります。景気が悪化して売上げが減少し、家賃については双方で話合いにより減額してもらったが、共益費についてはそのまま、しかし、その後さらに景気が悪化したので、家賃だけでなく共益費も下げてほしいといった話を聞きました。そこで問題になるのは、共益費とは何か、家賃とダブっている部分があるのかとの疑問です。

❸ 家賃は、純賃料と必要諸経費等を合計したものが原則

元本を不動産とすると、果実が純賃料に相当します。その果実を得るためのいろんな経費が必要諸経費等になります。

つまり、不動産の純賃料は不動産の用益の対価として表示されるもので、通常、賃貸借契約に基づき賃借人等が一定の期間にわたって不動産の用益を享受するという継続的な経済事象を前提とし、貸主は、その賃貸借の継続期間中、借主が不動産の用益を完全に享受できるように不動産を維持管理する必要があります。したがって、貸主は、不動産の純賃料にこの必要諸経費等を計上することにより、賃貸収入としてこれを確保し、賃貸借を継続することが可能になります。

必要諸経費等は不動産の賃貸借等を継続するために通常必要とされる諸経費等であり、下記のものがあげられます。

　　ア　減価償却費
　　イ　維持管理費（維持費、管理費、修繕費等）

ウ　公租公課（固定資産税、都市計画税等）
　　エ　損害保険料（火災、機械、ボイラー等の各種保険）
　　オ　貸倒準備費
　　カ　空室等による損失相当額

　賃料の種類のいかんを問わず、貸主に支払われる賃料の算定の期間に対応する適正なすべての経済的対価を実質賃料といい、基本は純賃料と上記必要諸経費等から構成されているのですが、実務上は、慣行上、建物及びその敷地の一部の賃貸借に当たって、水道光熱費、清掃衛生費、冷暖房費等がいわゆる附加使用料、共益費等の名目で支払われる場合もあり、これらのうちには実質的に賃料に相当する場合が含まれていることがあるので留意する必要があります。
　不動産貸室賃料収入と共益費を含めた収入により分析し、費用のところで、それに見合う費用を計上することがあります。

4　基本的に家賃の一部

　共益費については、実費の原則、受益者負担の原則、公平負担の原則といった考え方があります。契約で細部について記載されている場合でも、その内容を更に分析してみるとどの部分が純賃料、必要諸経費等であるかの判断は困難な場合が多く、契約で細かく取決めがなされていない場合はなおさらです。共益費の性格が明確でないにもかかわらず、実務上ではほぼ画一的に坪当たり○円あるいは月額○円というように支払われているのが実態です。以上等から、基本的には共益費は家賃の一部として考えるのが適切であろうと考えます。

Q.71 家賃

共益費の減額請求

高額な共益費の減額請求はできますか。

A 高額な共益費の場合、共益費の中に不動産の使用の対価としての性格を有する部分も含まれている場合も考えられるため、賃料と合わせて高額といえる場合には減額請求の可能性もあり得ます。

解 説

賃料減額請求の対象となるのは、建物の使用の対価である「賃料」のみであり、共益費は減額請求の対象とはなり得ないとも考えられます。

しかしながら、一般に「共益費」といわれるものの中には、共用部分の維持管理のために実際に要する費用の割合的負担としての性格（これが、本来の共益費であるといえます）を有するものと、不動産の使用の対価としての性格を有するものがあります。賃貸借契約においては、共益費の性格について特に定めをしないものが多く、これらの２つの性格の金員を合わせたものとして理解されることが多くあります。

特に高額な共益費が設定されている場合、共用部分の維持管理のために実際に要する費用の割合的負担のみならず、不動産の使用の対価としての性格を有する割合があるものと考えられるため、実際の賃貸借契約の共益費の性格を検討し、賃料と共益費を総合的に見て適正賃料及び共益費の適正額を算定し、結果として、高額な共益費の減額が可能となる場合もあり得ます。なお、このような考え方によって共益費を増額したケースもあります（東京地判平４．１．23）。

Q.72 家賃

定額補修分担金、設備協力金

定額補修分担金、設備協力金とはどのような内容ですか。

A 定額補修分担金とは、住宅の賃貸借契約を締結する際、あらかじめ一定の金額を定めて、借主の退去時の原状回復費用を負担してもらうことを定めたものです。定額補修分担金の定めをすることが有効か否かについては、裁判例で異なる判断がなされています。

設備協力金とは、賃貸物件に冷暖房機等を設置し、その使用料名目で入居及び更新の際に一定金額を賃借人に負担させるものをいいます。設備協力金の定めをすることが有効か否かについては裁判例で異なる判断がなされています。

解　説

1 定額補修分担金とは

定額補修分担金とは、住宅の賃貸借契約を締結する際、あらかじめ一定の金額を定めて、借主の退去時の原状回復費用を負担してもらうことを定めたものです。借主の故意又は重過失による損傷の補修・改造の場合以外は借主には余分な原状回復の費用はかかりません。

そして、実務上は、賃貸借契約書において、定額補修分担金は敷金とは違うので、借主の入居期間の長短にかかわらず、借主に定額補修分担金の返還請求はできない旨が記載されています。

近時、退去後に、貸主が借主に対して定額補修分担金の支払いを求めることが消費者契約法10条に違反するとして、借主が返還を求めている

ケースが増えてきています。

消費者契約法10条には「消費者の利益を一方的に害するものは、無効とする」と定められており、消費者に不利益な条項を無効とする根拠となる条文です。

判例の中には、通常損耗における回復費用は賃料に含めて回収されているとして、賃貸借契約が終了した時に、賃借人には通常損耗についての原状回復義務はないとの前提に立った上で、定額補修分担金についての特約は、原状回復費用や原状回復費用から通常損耗分を控除した金額が定額補修分担金の金額を下回った場合にその分の返還を規定していない。したがって、借主は本来負担しなくてもよい通常損耗分の負担を強いられるので、民法の規定に比較して「義務を加重する契約」であり、また分担金額を貸主が一方的に決定していること、分担金額が月額賃料の約2.5倍程度としていることを理由に消費者契約法10条違反としたものもあります。

他方、定額補修分担金の金額が借主の負担すべき原状回復費用より高くなる可能性を指摘して「義務を加重する契約」としつつも、原状回復費用が高額になった場合にも借主に追加請求されないなどを挙げ、借主の負担は軽減されるとして「消費者の利益のみが一方的に害されたとは言えない」として消費者契約法10条違反としなかった判例もあります。

今後の判例の動向が注目されています。

2 設備協力金とは

設備協力金とは、賃貸物件に冷暖房機等を設置し、その使用料名目で入居及び更新の際に一定金額を賃借人に負担させるものをいいます。

旧住宅金融公庫法は、住宅金融公庫融資物件を賃貸するにあたっては、「賃貸人は、毎月その月又は翌月分の家賃を受領すること及び家賃の3月分を超えない額の敷金を受領することを除くほか、賃借人から権利金、謝金等の金品を受領し、その他賃借人の不当な負担となることを賃貸の条件としてはならない」と定め、賃貸人が礼金や更新料を徴収すること

を禁じていました（旧住宅金融公庫法35条1項、同法施行規則10条1項）。

　そのため、公庫融資物件においては、設備協力金という名目で入居及び更新の際に一定金額を賃借人に負担させていました。

　この設備協力金については、賃借人は賃貸人の設置した冷暖房機の使用を拒否できない、入居時及び更新毎に高額の負担金を一括前払いで支払わなければならない、減価償却も考慮されず中途退去者に対する返還を認めないなど、様々な問題が生じたため、設備協力金の約定が、旧住宅金融公庫法35条1項、同法施行規則10条に違反するのか、違反するとして公序良俗に反し無効にならないか、消費者契約法10条に違反しないかが訴訟で争われています。

　裁判例は、設備協力金の約定が、旧住宅金融公庫法35条1項、同法施行規則10条に違反することについてはおおむね争いがないものの、その約定が全部無効とするもの、一部無効とするもの、全て有効とするものに分かれており、こちらについても今後の判例の動向が注目されています。

Q.73 家賃

サービス付き高齢者向け住宅制度

高齢者向け住宅の経営を検討中です。「サービス付き高齢者向け住宅」の仕組みと地代や家賃について教えてください。

A 「サービス付き高齢者向け住宅」とは、平成23年4月に改正された「高齢者の居住の安定確保に関する法律」《通称「高齢者住まい法」》で、一本化された高齢者向け住宅の名称です。

解 説

1．高齢者の住まいは、法律や事業者を所轄する省庁などに変遷があったため多くのものが混在しています。大まかには、①介護保険により社会福祉・医療法人が運営する介護を目的とした「施設」や、②民間事業者が運営するいわゆる老人ホームなどの「居住用の施設」、そして③民間事業者や社会福祉、医療法人とともに運営可能な「高齢者のための賃貸住宅」の3種類の高齢者の住まいがあります。

平成23年4月の「高齢者住まい法」の改正で、高齢者円滑賃貸住宅、高齢者専用賃貸住宅、高齢者向け優良賃貸住宅などを廃止し、「サービス付き高齢者向け住宅」に一本化され、老人ホームも「高齢者住まい法」所定の住宅として登録できるようになりました。

2．賃貸人として高齢者向け住宅にかかわる場合、事業者などに土地を貸す方法と、建築した建物を貸す方法、または自らがサービス事業者となり運営をする方法があります。

(1) 土地を貸す方法では、専ら定期借地権により介護事業者である事業主に土地を貸し、事業主が建築をします。この場合、賃貸人（地

主）は「地代」を受け取ります。
（2）　建築した建物を貸す方法では、介護事業者などの意向を汲んだ建物を大家さんが建築し、事業者が借り受ける建て貸しによる方式や、管理会社の転貸による方式、管理会社が入居者を募集し、介護事業者をテナントとする方式などがあります。この場合はいずれも「家賃」を受け取ることになります。
（3）　（2）の場合の家賃は、近隣の同じような広さの賃貸住宅の相場に基づいて算出されることになります。また、借上げ家賃については相場家賃の80～90％くらいが目安となります。
（4）　家賃以外に授受される金銭としては、入居者が負担する費用として、管理費（共益費、光熱費）、食費、サービス料などがあり、建物所有者には家賃（借上げの場合は借上家賃）が事業者から支払われることになります。
（5）　また、一括借上げをしてもらった場合、当初家賃の支払いについて、免責期間が定められていることが一般的です。免責期間は事業者の規模やサービスなどにより2～6カ月くらいが多いようです。
（6）　万一借上業者が倒産した場合は、他の事業者に引き継いでもらいますが、条件等の変更がある場合もあります。
3．「サービス付き高齢者向け住宅」の入居契約には、従来からある建物賃貸借契約と終身建物賃貸借契約（「Q114～117終身借家権」参照）の契約形態があります。また、サービス付き高齢者向け住宅事業の登録にあたっては、状況把握サービス及び生活相談サービスの提供が付された賃貸借契約であることが最低限必要となっており、通常、賃貸借契約を主とし、状況把握サービス及び生活相談サービスの提供に関する契約を従として一体となった契約が採用されます。なお、国土交通省と厚生労働省は、「サービス付き高齢者向け住宅事業の登録制度に係る参考とすべき入居契約書について」（平成23年10月18日業界団体の長宛て通知）において、登録事業者が採用する賃貸借契約形態（普通建物賃貸借・終身建物賃貸借）と前払い金の有無（毎月払い・全部

前払い・一部前払い）に応じ、6パターンの様式を示しています。
（1）「サービス付き高齢者向け住宅事業」を行う者の登録基準に、前払い金等について以下のような規定が設けられています（高齢者住まい法7条）。
①敷金、家賃等及び家賃の一括前払い金（全部前払い・一部前払い）を除き、権利金その他の金銭を受領しないこと。
②工事完了前に、敷金や家賃等の前払い金を受領しないこと。
③家賃の前払い金は、その算定基礎や返還金の算定方法が明らかであること。
④入居後3カ月以内の契約終了の際などに、必要費用を除き家賃等の前払い金を日割計算して返還する契約であること。
⑤家賃等の前払い金に対し、必要な保全措置が講じられていること。
（2）その他、賃料の定め方について、賃料の増減額をしないという特約をすることができます。家賃の増減額ができないというのは一見借主に不利なものに思えますが、将来における事業者の収支変動を少なくして、より安定的に高齢者の住居を供給促進するという意味合いがあることと、入居者も「年金」という一定収入から賃料を支払うので、結果的に双方の変動リスクを低くすることになると考えられています。
（3）サービス付き高齢者向け住宅の供給促進のため、サービス付き高齢者向け住宅として登録される住宅等の建設・改修費に対し国が補助する制度や、割増償却、固定資産税・不動産取得税軽減等の税制優遇制度、住宅金融支援機構融資制度などが設けられています。

Q.74 家賃

前払賃料の利用

借家で前払賃料はどのように活用されていますか。

A サービス付き高齢者向け住宅で、貸主である事業者が入居者から契約期間分の賃料を一括して受け取る場合や、借家の所有者が高齢で借家の改修工事費用を負担したくない、あるいは改修工事に要する費用を金融機関から調達するのが困難な場合などに利用されています。いずれの場合も、前払金の保全や、税務上の処理がポイントになります。

解 説

（1） サービス付き高齢者向け住宅は、「高齢者の居住の安定確保に関する法律」の改正（2011年10月20日施行）により創設された高齢者の安心を支えるサービスを提供するバリアフリー構造の住宅で、この制度は、高齢者が安心して生活できる住まいづくりを推進するために制定されました。

住宅としての居室の広さや設備、バリアフリーといったハード面の条件を備えるとともに、ケアの専門家による安否確認や生活相談サービスを提供することなどにより、高齢者が安心して暮らすことができる環境を整えています。

サービス付き高齢者向け住宅で事業者が賃料等の前払金を受領する場合は、前払金の算定の基礎や、事業者が返還債務を負うことになる前払金の返還債務の金額の算定方法を契約に明示する必要があ

ります。また、一定の要件に該当する前払金については、金融機関等との連帯保証委託契約、保険事業者等の保証保険契約、信託による保全など、法に定める保全措置（国土交通省・厚生労働省関係高齢者の居住の安定確保に関する法律施行規則14条の国土交通大臣及び厚生労働大臣が定める措置）を講ずることが義務付けられています。

（2）　近年、ストック活用の観点から空き家の利活用が検討されていますが、空き家を活用するためにはほとんどのケースで改修工事を伴います。通常は、空き家所有者（以下：所有者）がその改修工事を自らの負担で行うのですが、所有者には高齢者が多く、「自ら資金を負担してまで取り組みたくない」「子供が賛成しない」「荷物の置き場や処理に困る」「融資を受けることができない」等の理由で、事業の採算性・有効性にかかわらず、事業化に至らない場合が多くあります。

　そこで、空き家を活用する場合に、所有者が自費負担で空き家を改修するのではなく、所有者が負担する改修工事費用の軽減、または負担をなくし、所有者の事業化への関与を低減する手法が必要となり、契約期間の賃料の一括前払い（月払いを併用することもあり）により、所有者が改修工事費用を調達する方法が取られるケースが見受けられるようになりました。

　所有者が改修工事費の負担を拒むケースでは、借主が所有者に代わって改修工事費を負担することが一般的です。しかし「不動産の所有者は、その不動産に従として付合した物の所有権を取得する（民法242条）」ことから、借主が自費で建物の改修工事を行った場合、建物の本体部分（建物の主要構造部［壁、柱、梁、床、屋根、階段（建築基準法2条5号）］や基礎、間仕切り用の壁、間柱、窓、内装仕上げ、設備等）はもとより、建物と分離することが困難、あるいは取り外しに多額の費用がかかるような附属設備について、その所有権は建物の所有者に帰属します。空き家を賃貸活用する場合、通

常、老朽化した建物の改修や、賃貸活用のために必要な間取り変更、設備の更新・新設、内装仕上げ等を行う必要がありますので、法的には誰が改修工事を行ったとしても、所有者が改修工事部分の所有権を得ることになってしまいます（ここでは、改修工事の対象として戸建て住宅を想定しており、スケルトン住宅のインフィル、原状回復義務のある事業用の店舗内装・設備、等の改修については考慮していません）。

そこで、このような状態にならないように、借主が改修工事費用を負担するのではなく、賃貸借契約による賃料の前払いによって権利の整合性が図られています。

なお、前払賃料は、文字どおり目的物使用収益の対価である賃料の前払分であるため、建物賃貸借契約における一括前払賃料の課税関係については、一定の要件を満たすことによって、その一時金は前払賃料（貸主にとっては前受賃料）として処理することが可能になります。

Q.75 定期借家権

定期借家権の要件

定期借家契約を締結する場合には、どのような要件が必要ですか。

A 「定期借家契約」を締結するためには、以下の要件が必要です。これらの要件を満たさないと「定期借家契約」とはいえず、普通借家契約として扱われてしまいます。

解　説

1．建物賃貸借について一定の契約期間を定めること（借地借家法38条1項）

　定期借家契約では、当事者が一定の賃貸借期間を定めること（例えば、建物を「1年間に限って賃貸借する」等）が必要です。仮に、不確定な期限（例えば、「賃借人が死亡するまで」等）を定めても、定期借家契約を締結することはできません。

2．契約の更新がないこととする旨の特約を定めること（同法38条1項）

　「契約の更新がないこととする」という特約を当事者が結ぶことが必要です。

　例えば、国土交通省住宅局作成の定期賃貸住宅標準契約書には、以下の条項が盛り込まれています。

　　2条2項

　　「本契約は、前項に規定する期間の満了により終了し、更新がない。ただし、甲及び乙は、協議の上、本契約の期間の満了の日の翌日を始期とする新たな賃貸借契約をすることができる」

3．公正証書等の書面により契約をすること（同法38条1項）

　定期借家契約は、公正証書等の書面で契約をする必要があります。

　ここで「公正証書」は、例示としてあげられているものです。したがって、公正証書によらなくとも、市販の契約書で契約しても、独自に作成した契約書で契約しても有効となります。

4．契約の前に、賃貸人が、賃借人に対し、定期借家契約である旨を記載した書面を交付して説明すること（同法38条2項・3項）

　定期借家契約をしようとするときは、賃貸人は、あらかじめ、賃借人に対し、定期借家では契約が更新されず期間の満了により賃貸借が終了する旨を記載した書面を交付して説明しなければならないとされています。そして、賃貸人がこの義務を怠った場合には、たとえ契約書に更新をしないと定めていても、その特約部分は無効とされ、従来型の普通借家契約と扱われることになります。

　賃借人と明渡しに関して争いが生じた場合に、この事前説明の書面を交付したかどうかが争点となる可能性がありますので、「説明書面を受領しました」旨を記載した上で賃借人の署名押印を徴求しておくことも重要です。

　なお、契約書とは別にこのような書面の交付を必要とするかどうかが争われた事例では、「紛争の発生を未然に防止しようとする法38条2項の趣旨を考慮すると、契約の締結に至る経緯や契約の内容についての賃借人の認識の有無及び程度等といった個別具体的事情を考慮することなく、形式的、画一的に取り扱うのが相当であると判断され、実際に賃借人が当該契約に係る賃貸借は契約の更新がなく、期間の満了により終了すると認識しているか否かにかかわらず、同項所定の書面は、契約書とは別個独立の書面の交付が必要である」とされています（最判平24.9.13）。

Q.76 定期借家権

定期借家の契約期間

定期借家契約の場合、契約期間に制約はありますか。

A 定期借家契約を締結する場合、契約期間に関して、特段の制約はありません。期間の上限もありませんし、1年未満（例えば、6カ月）の期間を定めることもできます。

解 説

1 普通借家契約の場合

民法604条は、賃貸借の期間について、20年を超えることができないと定めています。これに対して、建物の賃貸借に関し、借地借家法（以下「法」といいます）は「民法第604条の規定は、建物賃貸借については適用しない」と定めています（法29条2項）。したがって、期間の上限について制限はないと考えられます。もちろん、借地借家法が制定される前の借家契約に関しては、民法604条が適用されるので、期間の上限として20年という期間を超えることができません。

逆に、1年未満の期間を定めた場合は、期間の定めのない契約とみなされます（法29条1項）。

2 定期借家契約の場合

定期借家契約の場合、当事者間において、一定の確定した期間を定める必要があり、しかも法29条1項の規定を適用しないとされています（法38条）。すなわち、1年未満の期間を定めた場合、期間の定めのない契

約とみなされることなく、当該期間をもって契約期間となります。同時に、法29条2項の規定には触れられていないこともあり、上限について制約はないものと考えられます。

　なお、1年未満の契約期間を定めた場合、賃借人に対して、期間満了によって建物の賃貸借が終了する旨の通知を行う義務は発生しません（法38条4項）。すなわち、1年未満の当該期間中は通知する必要がなく、期間が経過すれば自動的に契約が終了することになるわけです。

Q.77 定期借家権

普通借家から定期借家の変更

普通借家契約から定期借家契約に変更するには、どのような手続が必要ですか。

A 居住用の建物に関し、普通借家契約が平成12年3月1日より後に締結された場合、定期借家契約に更改する（当事者が契約をいったん合意解除して、新たに結び直す）ことができると解されています。

解 説

1 居住用の建物の場合

いわゆる居住用の建物に関し、普通借家契約が、定期借家契約に関する規定の施行日（平成12年3月1日）より前に契約された場合、当分の間はその更新の際に、定期借家契約に更改（切り替え）することはできません（良質な賃貸住宅等の供給の促進に関する特別措置法附則3条）。

この「当分の間」の解除時期については、附則では明記されていませんが、居住用建物の定期借家契約への切替えの可否については改正法施行後4年の平成18年を目処に見直すことにされていました。しかし、現在のところ見直しはされておりません。

これらの反対解釈として、当該施行日以後に締結された普通借家契約の場合、定期借家契約に更改することができると解されています。

2 居住用を除く事業用の建物の場合

上記特別措置法は、居住用の建物に関し定めるものなので、いわゆる

事業用建物に関しての普通借家契約は、定期借家契約に更改することができることになります。

　もちろん、この再度の契約も定期借家契約ですので、新規の定期借家契約を締結する際の手続と同じ手続が必要となります。具体的には、公正証書等の書面による契約の締結と更新がなく期間満了により契約が終了する旨の口頭及び書面による説明が必要となります。

Q.78 定期借家権

定期借家の賃料増額特約

定期借家契約では、家賃増額特約は有効ですか。

A 普通借家契約では家賃増額特約（あるいは家賃を減額しない特約）は原則無効とされていますが、定期借家契約では家賃増額特約も有効とされます。

解　説

1 普通借家契約における賃料改定

借地借家法（以下「法」といいます）32条1項は、①土地や建物に対する租税その他の負担増減、②土地や建物の価格の上昇又は低下その他の経済事情の変動、③近隣の家賃に比較して不相当になったときには、「契約の条件にかかわらず」、貸主は家賃の増額を、借主は減額を請求することができる、と定めています。

法37条は、この法32条1項について強行法規（当事者の特約があっても排除できない規定）としていませんが、解釈上、強行法規とされています（例えば、最判平15.10.23、最判平20.2.29等）。そのため、契約の中で「借主は賃料の減額請求をしない」旨の特約が結ばれたとしても、かかる特約は特段の事情のない限り原則として無効となります（同法32条1項ただし書の反対解釈）。

ここで、「特段の事情のない限り」というケースとは、どのような場合でしょう。

例えば、「2年おきに、○パーセントずつ値上げする」というように、

賃料の改定を定期的に行い、改定ごとに定率で賃料増額を約束する特約（自動増額特約）があります。このような自動増額特約は、賃料改定に関する紛争回避や賃料相場増減の際の公平なリスク分担という目的をもって設けられており、この特約自体を直ちに無効とすることはできません。そして、自動増額特約で決定される賃料が、法32条の要件を充たす範囲内の相当賃料と乖離して、借主に一方的な不利益をもたらさない場合、さらには賃料上昇が急激な事情下では自動増額の条件次第でむしろ賃料上昇が抑制的に作用する場合もあるため、このような特約を有効とすることに合理的な理由があると考えられています。

　もちろん、借主に著しく不利益をもたらす場合、このような自動増額特約の類が契約書上定められていたとしても、なお減額請求は認められます。

2　定期借家契約における特約による賃料増減請求権の排除

　法32条1項については、定期借家契約の場合にも、原則として適用になります。

　しかし、定期借家契約においては、「借賃の改定に係る特約がある場合」には、法32条の規定は適用しない（法38条7項）としました。すなわち、「借賃の改定に係る特約」が優先し、前記の①～③のような事情が生じても、家賃の増額を請求したり、又は、減額を請求することはできなくなりました。

　したがって、特約を定めておけば、賃借人からの家賃の値下げ要求も排除することができるのです。

　具体的には、例えば、「契約期間中家賃は据置きとする」や「家賃は2年ごとに5％ずつ増額する」などの特約があれば、定期借家人は、たとえ前記①～③のような事情が生じても、家賃の減額を請求することはできないのです。

Q.79 定期借家権

定期借家の終了

定期借家の終了の通知はどのようにすればよいのですか。

A 　1年以上の期間を定めた定期借家契約の場合には、建物賃貸人は、期間満了の1年前から6カ月前までの期間に建物賃借人に対し、期間満了により建物賃貸借が終了する旨の通知をする必要があります。反対に、期間が1年未満の定期借家契約の場合には、建物賃貸借が終了する旨の通知をする必要はありません。

解　説

1　定期借家の終了の通知

　1年以上の期間を定めた定期借家契約の場合には、建物賃貸人は、期間満了の1年前から6カ月前までの間に建物賃借人に対し、期間満了により建物賃貸借が終了する旨の通知をしなければ、その終了を建物賃借人に対抗することができません。これは、借家の期間が長期である場合に、賃借人は期間の満了を失念し、突然賃貸人から明渡しを請求されたときに、代替の家屋を見つけ出すのが困難であり、賃借人にとって酷な事態が生じうるので、終了に関する通知義務を賃貸人に課して、通知を怠った場合には、終了を賃借人に主張できないとして、賃借人に対する不意打ち的明渡請求を防止し、賃借人の保護を図ったものです。

　これに対して、期間が1年未満の定期借家契約の場合には、建物賃貸借が終了する旨の通知がなくても、建物賃貸人は定期借家関係の終

了を賃借人に主張することができます。期間が短いために、賃借人が期間満了を失念するおそれが小さく、通知義務の必要性が乏しいと考えられたからです。

2　通知の相手方

終了の通知の相手方は、定期借家契約終了時の賃借人でなければなりません。通知は、賃借人に代替家屋を探したり、再契約の交渉をする機会を与えるためのものだからです。したがって、例えば、期間満了の1年前に通知したが、その後に7カ月前に借家権が譲渡されて賃借人が交替したような場合には、借家権の譲受人（新賃借人）に改めて通知をしなければなりません。

建物が転貸されている場合には、賃借人に終了する旨の通知をしただけでは、転借人に対して定期借家関係の終了を主張することができません。賃貸人は、賃借人に対する通知とは別に、転借人に対して定期借家関係が終了する旨の通知をしなければ、定期借家関係の終了を転借人に主張することができません。転借人に対する通知がなされたときは、転貸借関係は、その通知がなされた日から6カ月が経過した時に終了することになります。

終了する旨の通知の方式については、特に規定はされていません。したがって、書面によらずに、口頭によっても通知することができますが、終了の通知は賃貸人が主張・立証すべきことですから、書面、特に内容証明郵便によるのが望ましいです。なお、この通知には、賃貸借期間の終期が明記されていることが必要です。

3　通知が遅れた場合

賃貸人が期間満了の日を失念していて、期間満了の6カ月前より後に通知がされた場合について、借地借家法38条4項ただし書は、「賃貸人が通知期間の経過後建物の賃借人に対しその旨の通知をした場合においては、その通知の日から6月を経過した後は、この限りではな

い」と定めています。

　この通知は、通知期間経過後はいつまでもすることができるかどうかが問題となります。

　この点については、期間満了後に終了の通知をすることはできないと解する見解が有力です。なぜなら、終了する旨の通知を期間満了後のいつまでもすることができるとすると、期間満了後は賃貸人はいつでも任意に借家関係を終了させることができる結果を招来することになり、借家関係の終了時期について予測可能性を確保しようとする定期借家の趣旨に反する結果となるからです。

　したがって、賃貸人が期間満了までに「期間満了によって建物賃貸借関係が終了する旨の通知」をした場合には、その通知から6カ月経過した時から賃貸人は賃借人に対して賃貸借契約の終了を主張できることになります。

4 期間満了後も賃借人が賃借建物の使用を継続している場合

　賃貸人が期間満了までに「期間満了によって建物賃貸借関係が終了する旨の通知」をせず、賃借人が期間満了後も継続して賃借建物の使用を継続している場合の利用関係は法的にどのようなものかが問題となります。

　期間満了後は、普通借家の関係になるとする見解が有力です。なぜならば、定期借家は期間満了によって確定的に終了する賃貸借関係であって、従前の賃貸借が継続することはないからです。もし、従前の賃貸借（定期借家）が継続するとすれば、期間の定まった定期借家でなければならないはずです。しかし、それは更新を認めない定期借家の趣旨に反することになります。

　したがって、存続の保護されない定期借家については、期間満了後は期間の定めのない建物賃貸借が成立したと推定され、建物の賃貸借であることから、借地借家法の適用があります。この場合、賃貸人はいつでも解約申入れをすることができますが、申入れをするには、賃

貸人に正当事由があることが必要となります。

Q.80 定期借家権

定期借家の中途解約

定期借家の中途解約はできますか。

A 借地借家法は、床面積200㎡未満の居住用建物に限って、転勤、療養、親族の介護その他やむを得ない事情により、借家人が建物を自己の生活の本拠として使用することが困難となった場合に限り、借家人に契約の中途で解約する権利を認めました。

解　説

　期間の定めのある賃貸借契約は、当事者の合意で中途解約権を留保しない限り、期間満了前に一方的に解約することができません。しかし、借地借家法38条5項は、床面積200㎡未満の居住用建物に限り、転勤、療養、親族の介護その他やむを得ない事情により、借家人が建物を自己の生活の本拠として使用することが困難となった場合に限り、借家人に契約の中途で解約する権利を認めました。居住用建物とは、専ら事業の用に供する建物以外の建物をいうことから、住居と店舗の併用住宅はここでいう居住用建物に含まれることになります。

　借地借家法38条5項に例示されている以外に「やむを得ない事情」としては、勤務先の倒産、解雇等によって賃料の支払いが困難となった場合、リストラ等に伴う転職によって転居せざるをえない場合等の客観的事情のほかに、賃借建物の他の部屋で自殺があったり、暴力団が入室していて安心して居住できないという主観的事情も挙げられます。

　借家人がこの中途解約権を行使して、解約を申し入れたときは、解約

申入れの日から1カ月が経過した時に定期借家関係は終了します。

Q.81 定期借家権

立退き料の支払い

定期借家の場合、契約終了時に立退き料は払う必要がないのですか。

A 定期借家の場合、契約終了時に立退き料を払う必要はありません。

解 説

　借家の立退き料がとくに問題となるのは、家主の更新拒絶、解約申入れに伴う正当事由を補強するための財産上の給付に関する場合です。

　この場合における立退き料の内容は、借家権価格、移転実費、営業上の損失補償、造作等買取りあるいは費用償還請求等が含まれます。ここで求められた総額は、家主に正当事由が存しない場合において、借家人が建物の明渡しにより被る損失を示すものですが、具体的事案においては、家主の正当事由の充足の程度との関係で、具体的な立退き料の額が決定されることになります。

　ところで、定期借家の場合、普通借家とは異なり、契約期間が満了すれば、正当事由の存否は関係なく、賃貸借契約が終了することになります。そのため、普通借家の場合に家主が解約するために必要とされる正当事由の要件は、定期借家の場合には必要とされません。

　したがって、正当事由を補強するために必要となる立退き料の支払いは、定期借家の場合には必要ないということになります。

　このように、定期借家では立退き料を払う必要がないという点で普通借家と比べて大きなメリットがあるといえます。

Q.82 サブリース契約・オーダーリース契約

サブリース契約・オーダーリース契約

サブリース契約とはどのような契約ですか。
オーダーリース契約とはどのような契約ですか。
どのような特徴がありますか。

A サブリース契約とは、不動産業者が第三者に転貸することを目的としてオフィス等のビル所有者から建物全体を一括して長期間賃借する賃貸借契約のことをいいます。

オーダーリース契約とは、賃借人が賃貸人に敷金・保証金(建設協力金)の名目で高額の金銭を差し入れ、賃貸人はこの資金で賃借人のニーズに沿った建物を建設し、竣工後賃貸するという契約をいいます。

解　説

1 サブリース契約とは

　サブリース契約はバブル期に多く締結されました。特に、ビル建築業者がその建築請負契約を獲得するため、土地所有者から完成したビルを一括して賃借するという方法などがとられました。

　サブリース契約のメリットは、不動産業者が建物全体を一括して借りてくれますので、空室の心配や居住者の家賃滞納の心配をしなくてすみますし、毎月定額の賃料が入ってくるという点にあります。

　これに対して、サブリース契約のデメリットとしては、不動産会社から家賃減額請求がなされる可能性があることや、中途解約、不動産会社の倒産などが考えられます。また、サブリース契約終了後のメンテナンスをどのようにするかという問題もあります。

　したがって、賃貸借契約上、中途退去時に賃借人に対し何らかのペ

ナルティを設定して入居の安定性を図ることが賃借人の信用力と同じく重要です。具体的には、「中途解約不可」「賃貸借期間中の最低賃料保証」「中途退去時における同条件の後継賃借人選定義務」「中途退去時における敷金・残額保証金の没収」等の条項を賃貸借契約に盛り込むことが必要です。

それでも、日本の借地借家法は全体として借りるほうに有利な法律となっていますので、訴訟になった場合に当該条項の有効性が認められる保証はありません。

このようなサブリース契約の場合、定期建物賃貸借契約（定期借家契約）を利用することで、賃貸借期間と賃料を賃借人に保証させることができるため、リスクヘッジの手段として有効であると考えられます。

2　オーダーリース契約とは

オーダーリース契約の、賃貸期間は15～20年程度の長期契約が多く、その期間に建設協力金を分割返済していくのが一般的です。

オーダーリース契約の主たるリスクは賃借人の建物からの退去、倒産、賃料引下げに関するものです。オーダーリース契約により建設された建物は最初に入居した賃借人の意向に沿った計画のため汎用性が低く、新賃借人の再募集が難しくなる可能性があります。

したがって、サブリース契約と同様に、賃貸借契約上、中途退去時に賃借人に対し何らかのペナルティを設定して入居の安定性を図ることが賃借人の信用力と同じく重要ですし、定期建物賃貸借契約（定期借家契約）を利用することによるリスクヘッジなどが必要と考えられます。

オーダーリース契約は、一般的に定期借地方式よりも収益性がよいため、賃借人の信用力が高いことや、賃借人との契約が終了した後に新賃借人の募集に自信があるのであれば有力な選択肢となります。

なお、手元には賃料から建設協力金の返済分を相殺した金額が入金

となるにすぎませんので、資金繰りには注意が必要です。

Q.83 サブリース契約・オーダーリース契約

建設協力金

建設協力金とはどのような性格ですか。どの程度の金員が授受されるのですか。

A 建設協力金とは地主が建物を建設するに当たって建物賃借人から借り入れたお金のことをいいます。保証金として預り金的なものや金銭の貸付けとしての性格があります。

金額的には建設費の50〜90％程度が現在では多いようです。

解　説

　建設協力金は、建物賃借人（テナント）が建物賃貸人（地主）に対して差し入れる一時金のことです。建設協力金がよく利用されるケースとしては、ロードサイドのコンビニエンスストア、スーパーマーケット、GMS等の商業用途に係る賃貸借契約が挙げられます。新規出店を希望している小売業者等が、計画している土地の所有者に対して、事業収支計画を提示して、計画した建物を建ててもらい、完成した建物を一括賃貸する賃貸借契約を結びます（このような賃貸借契約を「建設協力金方式」や「オーダーメイド賃貸」、「建て貸し」と呼びます）。このとき、土地所有者に建ててもらう計画建物の建設資金の全部又は一部として充当してもらうために、土地所有者に交付する金銭が、いわゆる「建設協力金」と呼ばれているものです。「建設協力金」が差し入れられるような賃貸借契約は、通常10〜20年以上と比較的長期の賃貸借契約が設けられています。

　「建設協力金」は、当初の期間中均等に返還する方法、一定期間据置

後均等に返還する方法が多く見られ、利子を付して返還するもの、無利子で返還するものなどがあります。

このように建設協力金は、計画建物の建設資金の全部又は一部として充当してもらうための金銭ですが、建設協力金の性格には、保証金（敷金）型と金銭消費貸借型があります。

保証金（敷金）型とは建設費の全部又は一部を賃貸借契約に付随する預り金という性格で提供するものです。金銭消費貸借型は、建築費の全部又は一部を賃貸借契約とは別個な金銭の貸付け（事業資金の貸付け）として提供するものです。

業種・業態等によって様々ですが、（社）大阪府不動産鑑定士協会が実態調査した結果は以下のとおりとなっています。

「コンビニ」、「その他」を除いた業種は、保証金（敷金）として差し入れている割合が高いのがわかります。

業種	金銭消費貸借型	保証金（敷金）型
飲食店	58%	74%
アパレル	50%	63%
ドラッグストア	18%	70%
ファストフード	30%	60%
家電量販店	—	65%
食品スーパー	—	—
物販	—	—
アミューズメント	—	100%
コンビニ	90%	20%
ホームセンター	10%	90%
その他	50%	40%

このように建設協力金は計画建物の建設資金の全部又は一部として充当してもらうための金銭ですが、建設協力金の建設費に占める割合は以下のとおりで、おおむね50～90％程度です。業種別平均では建設費の80～90％を建設協力金として支払っているのが、ドラックストア、家電量販店、70％台がアパレル、コンビニ、60％台がホームセンター、50％台が飲食店、ファストフード、アミューズメントとなっています。

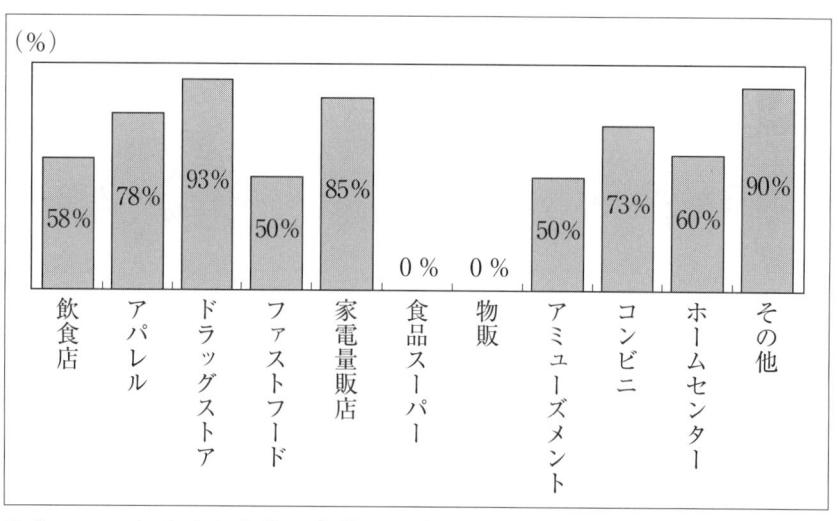

業種	割合
飲食店	58％
アパレル	78％
ドラックストア	93％
ファストフード	50％
家電量販店	85％
食品スーパー	0％
物販	0％
アミューズメント	50％
コンビニ	73％
ホームセンター	60％
その他	90％

出典：ロードサイド商業の家賃・地代のメカニズム（社団法人大阪府不動産鑑定士協会）

Q.84 サブリース契約・オーダーリース契約

オーダーリース契約の家賃の算定

オーダーリース契約で建設協力金を提供する場合、家賃負担額はどのように算定されますか。

A 一般にオーダーリース契約での家賃負担額は、通常の家賃から建設協力金の返済額を控除して求めます。

解　説

オーダーリース契約とはQ83建設協力金の項で述べたようにテナントが希望するデザインの建物を土地所有者が建設し、(土地＋建物)を賃貸するものです。この場合、テナントから建設協力金を受領して建物建設費に充当します。

テナントはこのようにして建設されたビル等に対して毎月の家賃を支払っていきますが(家賃の決定方法はQ66住宅・店舗家賃の算定参照)、この中から建設協力金の毎月返済額を控除して実際に支払う家賃が算定されます。

具体的な計算方法は以下のとおりです。

■店舗概要（標準店舗）
　（1）店舗面積　　　　　　　　　4,000㎡
　（2）敷地面積　　　　　　　　　6,600㎡
　（3）駐車場　　　　　　　　　　200台
　（4）建物概要
　　　　鉄骨造　　低層延　　　　4,000㎡
　　　　建築費　　　総額　　　520,000,000円（単価）130,000円／㎡
　（5）オーダーリースの場合
　　　　建設協力金　　　　520,000,000円
　　　　　　　　　　　　　　　　　　建築費の100％

■　店舗の想定収支

項　目	金　額	備　考
a．売上高	2,360,000,000円	（単価）590,000円／㎡
b．売上原価	1,888,000,000円	原価率80.0％
c．売上総利益	472,000,000円	a－b
d．販売費及び一般管理費 ①　人件費（労働分配率）	118,000,000円	粗利益　　25％ 売上高　　5.0％
②宣伝広告費・その他経費	212,400,000円	粗利益　　45％ 売上高　　9.0％
e．営業利益額	47,200,000円	粗利益　　10％ 売上高　　2.0％
f．不動産分配額	94,400,000円	c－d－e 粗利益　　20％ 売上高　　4.0％

243

■家賃の算定

(1) 家賃の場合〈オーダーリース方式〉

項　目	金　額	備　考
a．家賃支払額	年額　94,400,000円 月額　7,866,667円 （単価）1,970円／㎡	
b．建設協力金の返済 無利息・期間20年 建設協力金 毎月返済額	 520,000,000円 2,166,667円	
c．実際家賃支払額	月額　5,700,000円 （単価）1,430円／㎡	a－b

※減価償却期間・家賃からの控除項目は、上記の前提による。
※本件は、概算モデルであり、建設協力金の運用益等を考慮していないためご注意願います。

Q.85 家賃の紛争

家賃増減請求の手続

家賃の増減請求はどのような手続が必要ですか。どのような効果があるのですか。

A 賃貸借契約当事者は、一定の要件があるときは、いつでも相手方に対して、家賃の増額又は減額を請求することができます。適正な家賃の増額又は減額の請求をしたときには、その請求の時から将来に向かって増減額された家賃が適用されることになります。

解　説

賃貸借契約当事者が家賃の増額又は減額を請求することができるのは、「①土地若しくは建物に対する租税その他の負担の増減により、②土地若しくは建物の価格の上昇若しくは低下その他の経済事情の変動により、又は③近傍同種の建物の借賃に比較して不相当となったとき」です（借地借家法32条1項本文）。

家賃の増減額をしたいと考える当事者は相手方に対し、内容証明郵便等によって家賃の増減額をする旨の通知を行うことになります。

家賃増減請求はその通知によって、将来に向かってのみ効力を生じます。

家賃増減請求がなされた場合において当事者間に増減に関する協議が調わないときは、賃借人は、増額を正当とする裁判が確定するまでは、自分が相当と認める額の賃料を支払うことをもって足ります。

また、家賃減額請求がなされた場合において当事者間に減額に関する協議が調わないときは、賃貸人は、減額を正当とする裁判が確定するま

では自分が相当と認める額の賃料を請求することができます。

　賃料増額請求がされた場合において、増額を正当とする裁判が確定した場合には、既に支払った額に不足があるときは、賃借人は、その不足額に支払期後の利息を付してこれを賃貸人に支払わなければなりません。

　また、賃料減額請求がされた場合において、減額を正当とする裁判が確定した場合には、既に支払いを受けた額が正当とされた賃料額を超えるときは、賃貸人は、その超過額に受領時からの利息を付してこれを賃借人に返還しなければなりません。

　賃料増減請求の手続については、Q29も参照ください。

Q.86 家賃の紛争

家賃不増特約・不減特約・自動改定特約

家賃不増特約・不減特約・家賃自動改定特約は有効ですか。

A 　一時使用目的の場合、定期借家の場合には、賃料額に関する約定、賃料を増額もしくは減額する約定又は増額もしくは減額しない約定、いわゆる自動改定特約等は、基本的にはすべて有効です。

普通借家の場合、家賃不増特約は有効ですが、不減特約は無効です。家賃自動改定特約は場合によっては無効となります。

解　説

一時使用目的の建物賃貸借には借地借家法第3章が適用されないので、当事者による賃料増減に関する請求権も認められません。

また、定期借家において賃料改定に関する特約があるときは、当事者の賃料増額請求権に関する借地借家法32条の適用はありません。

したがって、一時使用目的の場合、定期借家の場合には、賃料額に関する約定、賃料を増額もしくは減額する約定又は増額もしくは減額しない約定、いわゆる自動改定特約等は、それが公序良俗違反（民法90条）にあたるような特別の場合を別にすれば、すべて有効です。

では、普通借家の場合は、これらの特約は有効でしょうか。

借地借家法32条1項ただし書には、一定期間賃料を増額しない旨の特約がある場合にはその定めに従う旨の規定がありますので、家賃不増特約は有効となります。

反対に、一定期間賃料を減額しない特約は無効です。

家賃自動改定特約は、その改定基準が借地借家法32条1項に規定する経済事情の変動等を示す指標に基づく相当なものである場合には、その効力が認められます。

　しかし、当初は効力が認められるべきであった家賃自動改定特約であっても、その家賃改定基準を定めるにあたって基礎となっていた事情が失われることにより、同特約によって賃料の額を定めることが同項の趣旨に照らして不相当なものとなった場合には、同特約の適用を争う当事者はもはや同特約に拘束されず、これを適用して家賃改定の効果が生ずるとすることはできず、このような事情の下においては、当事者は家賃増減請求の行使を同特約によって妨げられません。

Q.87 家賃の紛争

家賃の適正賃料評価

家賃増減額請求の場合に鑑定評価ではどのように適正賃料を算定しますか。

A Q30の地代増減額請求の場合と同様、「継続賃料（家賃）」としての鑑定評価を行い、差額配分法、利回り法、スライド法、賃貸事例比較法等の手法を適用して求めることになります。

家賃の場合、事務所や住宅、店舗など賃貸事例の収集や賃料水準の把握が比較的容易な場合と、用途や契約内容が特殊で、これらが困難な場合があります。

解 説

1 家賃の増減額請求

家賃の増減額請求については、借地借家法32条1項に「建物の借賃が、土地若しくは建物に対する租税その他の負担の増減により、土地若しくは建物の価格の上昇若しくは低下その他の経済事情の変動により、又は近傍同種の建物の借賃に比較して不相当となったときは、契約の条件にかかわらず、当事者は、将来に向かって建物の借賃の額の増減を請求することができる。ただし、一定の期間建物の借賃を増額しない旨の特約がある場合には、その定めに従う」とされています。

賃貸借契約の当事者間で家賃の増減について合意が調わない場合は、この法律を根拠として当事者間での家賃増減の調整が行われることになりますが、協議が調わない場合は、裁判所の調停や判決を経てその請求の当否等が判断されることになります。

2 家賃増減額請求と鑑定評価

「賃料」の鑑定評価は、新規の賃貸借等による賃料を「新規賃料」、賃料改定による賃料を「継続賃料」と区分しており、それぞれの賃料を求める評価手法や留意事項、総合勘案事項等の内容が異なることは、前記Q45のとおりですが、「地代」と「家賃」でも、これらの内容について異なる点があります。

家賃増減額請求の場合も、鑑定評価によって求める賃料は、基本的には「継続賃料」であり、①継続中の賃貸借等の契約に基づく賃料を改定する場合と、②契約条件又は使用目的が変更されることに伴う賃料を改定する場合とに区分されています。

また、家賃の「継続賃料」を求める鑑定評価の手法としては、①差額配分法、②利回り法、③スライド法、④賃貸事例比較法等であり、これらの手法を適用して、調整の上、最終的な鑑定評価額が決定される点は地代の場合と同様です。

3 鑑定評価手法の具体例

家賃の「継続賃料」を求める鑑定評価手法について、具体的に解説します（各手法の定義や用語等については、Q30を参照）。

①差額配分法

地代の場合と同様、具体的な算式は以下のとおりです。

〈算式〉

試算賃料 ＝ 実際の賃料[*1]（現行賃料）＋ 賃料差額（適正な賃料[*2] － 実際の賃料）× 貸主への配分率[*3]）

（注）

*1 実際の賃料：現時点でテナントが支払っている実際の賃料のことです。

*2 適正な賃料：現時点において、新たに契約するとした場合に想定される適正な賃料のことです。

*3 貸主への配分率：賃料差額が発生した原因とそれまでの経緯等を勘案して判定します。

家賃の場合、周辺事例等より適正な賃料水準の把握が比較的容易な場合がある一方、特殊用途やサブリースやオーダーリースをはじめとする特殊契約内容等により、適正な賃料水準の把握が困難な場合もあります。

　差額配分法は、現行賃料と適正賃料の差額を貸主・借主に配分する手法ですが、競合物件の状況やテナント移転の容易さ、経済動向等のほか、契約締結に至る事情やその後の改定の経緯等、当事者における諸般の事情をも勘案して、その配分を決める点に特徴があります。

　＜算定例＞
　以下の例を基に差額配分法による試算を行います（対象不動産は、面積60㎡の店舗とします）。

　　1．現在、実際支払っている家賃年額（月額）：1,800,000円（150,000円）
　　2．預り敷金：なし
　　3．適正賃料年額（月額）：2,400,000円（200,000円）と求められたとします。
　　4．賃料差額（3．－1．）：600,000円
　　5．貸主への配分率：折半（1／2）が妥当と判断したとします。

　　差額配分法による試算賃料　＝　1,800,000円（1.）＋　300,000円（4．×5．）
　　　　　　　　　　　　　　　＝　2,100,000円

②利回り法
　具体的な算式は以下のとおりです。
　＜算式＞
　　　試算賃料　＝　基礎価格[*1]×継続賃料利回り[*2]＋必要諸経費等[*3]
（注）
＊1　基礎価格：現時点における賃料の基礎となる不動産価格のことです。

＊2　継続賃料利回り：現行賃料を定めた時点における賃料と不動産価格の割合（現行賃料／前回合意時点の基礎価格）です。
＊3　必要諸経費等：現時点における必要諸経費等のことです。

　賃料は、純賃料と必要諸経費等で構成されていますが、地代と家賃では、この必要諸経費等の内容が異なります。
　例えば、地代の必要諸経費等は主として公租公課（固定資産税、都市計画税等）ですが、家賃の場合は、減価償却費、維持管理費（維持費、管理費、修繕費等）、公租公課、損害保険料（火災、機械、ボイラー等の各種保険）、貸倒準備費、空室等による損失相当額が挙げられます。

　＜算定例＞
　利回り法による試算を例示します。対象不動産、実際支払っている家賃等は、差額配分法の例と同様（60㎡、1,800,000円）、敷金は0円とします。
　1．現行家賃決定時の基礎価格：30,000,000円と求められたとします。
　2．必要諸経費等（現行家賃決定時）：300,000円とします。
　3．必要諸経費等（価格時点）：400,000円とします。
　4．継続賃料利回り：(1,800,000円－300,000円) ÷ 30,000,000円 ＝ 5.0%
　5．現時点（価格時点）の基礎価格：35,000,000円と求められたとします。

$$
\begin{aligned}
\text{利回り法による試算賃料} &= 35,000,000\text{円（5．）} \times 5.0\%\text{（4．）} \\
&\quad + 400,000\text{円（3．）} \\
&= 2,150,000\text{円}
\end{aligned}
$$

③スライド法

具体的な算式は以下のとおりです。

＜算式＞

試算賃料 ＝ 前回合意時点の純賃料^{*1}×変動率^{*2}＋価格時点の必要諸経費等

（注）
* 1　純賃料：実際の賃料から必要諸経費を控除したもののことです。
* 2　変動の率：消費者物価指数（CPI）や国民総生産（GDP）などの各種経済指票のうち、対象不動産に関連するものを勘案して、査定します。

鑑定評価基準では「現行賃料を定めた時点における実際実質賃料又は実際支払賃料に即応する適切な変動率が求められる場合には、当該変動率を乗じて得た額を試算賃料として直接求めることができるものとする」とされていますが、家賃では、適用する各種指数の特性などから、直接求める方法のほうが望ましい場合も多くなっています。

＜算定例＞

以下の例を基にスライド法による試算を行います。なお、前記例と同様、現在、実際支払っている家賃は1,800,000円、敷金は「０円」、必要諸経費等は300,000円（現行賃料決定時）及び400,000円（価格時点）とします。

　1．変動率：各種指標より、＋10.0％と求められたとします。

$$スライド法による試算賃料 = (1,800,000円 - 300,000円) \times 1.10（1．）\\ + 400,000円 \\ = 2,050,000円$$

④賃貸事例比較法

具体的な算式は以下のとおりです。

<算式>
試算賃料 ＝ 継続賃貸事例×事情補正×時点修正×地域要因比較×個別的要因比較

対象不動産と類似の継続の賃貸事例を収集し、各要因比較を行って試算賃料にアプローチする手法ですが、継続賃貸事例には、契約の個別性や事情が介在しているケースが多く、これらの内容が不明であると、一般的には、当手法を適用することは困難と考えられます。

<算定例>
以下の例を基に賃貸事例比較法による試算を行います。なお、採用するA事例（80㎡）の家賃は3,168,000円（月額264,000円、3,300円/㎡）、敷金は「0円」とします。
 1．採用する継続賃貸事例：対象地域周辺に存するA事例を採用します。
 2．事情補正：A事例には特に事情はないものとします。
 3．時点修正率：最近の事例であり、特に時点修正は不要とします。
 4．地域要因比較：事例は立地条件が良好であり、地域要因格差が＋10％とします。
 5．個別的要因比較：事例の個別的要因はほぼ標準的（±0％）とします。

賃貸事例比較法による試算賃料：
　　　A事例　　　事情補正　　時点修正　　地域要因　　個別的要因　　　面積
3,168,000円× 100/100 × 100/100 × 100/110 ×　100/100　×60㎡/80㎡
　　　　　　　＝　2,160,000円

⑤適正賃料の算定
　以上の手法を適用して得られた各賃料を調整して、最終的な鑑定評価

額(継続賃料)を求めることになります。

Q.88 家賃の紛争

継続賃料の適正家賃

不景気で売上げが減少した場合、家賃の減額請求はできますか。

A 売上げの減少により、現行賃料が不相当になったと認められれば、家賃減額請求も認められる場合もあります。

解 説

1 契約自由の原則

個人の契約関係は、契約当事者の自由な意思に基づいて決定されるべきであり、これを国家は干渉してはならないということを「契約自由の原則」といいます。

「契約自由の原則」は、①契約関係を結ぶ相手の選択の自由、契約内容に関する自由、契約方式の自由の3つで構成されており、不動産の賃貸借契約についても、この原則に基づいて、基本的には契約内容を当事者間で自由に決めることができます。

そしていったん契約が締結されると、その契約内容を双方が守るのが原則ですので、例えば、契約した賃料が周辺相場と比較して高いからといって、それだけを理由に賃料減額請求の訴訟を裁判所に申し出ても原則的には受け入れられません。

2 借地借家法の考え方

このように、不動産の賃貸借契約は、当事者間でいったん契約した内容は、これを双方が守り続けることが大原則となります。しかし、借地

借家法32条では、この原則を基本としながら、「経済情勢等により賃料が不相当になった場合」には、例外として賃料の増減額請求が認められる場合があることを規定しています。

賃料増減額請求が認められる場合の要件は、同条に「公租公課の増減、地価の増減その他経済情勢等の変動により賃料が不相当となった場合」とされていますが、これらの項目は例示であって、必ずしも限定されるものではありません。では、本件における「不景気による売上げの減少」は「現行賃料の不相当性」の根拠になるでしょうか？

3　売上げの減少と賃料の関係（代替物件が多い店舗の場合）

一概に"店舗"と呼ばれるものには、百貨店やショッピングセンター、量販店などの大型の店舗から、駅前や商店街に存するような小規模な一般小売店や飲食店まであります。

比較的小規模な物販店舗や飲食店舗の場合は、周辺地域に代替可能な類似物件が存する場合が多いこともあって、周辺賃料相場が形成されていることも少なくありません。

このような場合、テナントが個別の売上げ不振を理由に賃料の減額請求をしても難しい場合が多いと考えられます。なぜなら、大家さんは、値下げに応じるくらいなら、いっそ、そのテナントには退去してもらって、適正な賃料を払える新たなテナントに入ってもらうほうがよいと考えるからです（そのようなテナント入居の需要が見込まれる場合です）。

しかし、現行の契約当事者間に特殊な事情がある場合は、この例外となる場合も考えられます。例えば以下のような場合です。

・現テナント仕様の建物を新築したため、違うテナントの入居が見込めない場合（いわゆるオーダーリースなどの場合）
・対象物件又はその地域では、新たなテナントの入居が見込めないケースなど

4 売上げの減少と賃料の関係（代替物件が少ない店舗の場合）

　百貨店やホテル、その他特殊な店舗などの場合では、いったんそのテナントが退去すると、他のテナントの入居が期待できないなど、テナントとオーナーが運命共同体になっているケースが少なくありません。このような場合、売上げの見込みと実際の売上げ実績の乖離により、テナントの賃料負担が厳しくなった場合は、双方が応分に負担を分かち合ってでもテナントにいてもらいたいケースがあります。このような場合、売上げ減少が賃料に与える影響が大きいと考えられますので、賃料減額請求が求められる可能性が出てきます。

5 まとめ

　以上のとおり、契約の内容によっては、売上げ不振が賃料の減額請求を可能にする場合があると考えられますが、これらは「事情の変更」の度合いと、当該契約を締結した当事者間の「諸般の事情」の内容と「売上げ減少」との関係についての裁判所の判断にかかってくると考えられます。

Q.89 家賃の紛争

核店舗撤退の家賃減額請求

複合商業施設で核店舗が撤退したため、専門店の売上げが減少した場合、家賃減額請求はできますか。

A 経済事情等の変動要因として、核店舗の撤退による影響が認められれば、減額請求の可能性は高いと考えられます。

解 説

1 借地借家法32条

同条によると、「建物の借賃が、土地若しくは建物に対する租税その他の負担の増減により、土地若しくは建物の価格の上昇若しくは低下その他の経済事情の変動により、又は近傍同種の建物の借賃に比較して不相当となったときは、契約の条件にかかわらず、当事者は、将来に向かって建物の借賃の額の増減を請求することができる。ただし、一定の期間建物の借賃を増額しない旨の特約がある場合には、その定めに従う」とされています。

2 核店舗とは

核店舗（magnet store）とは、「商店街やショッピングセンターなどで顧客吸引の中心的役割を果たしている店舗。キーテナントとも呼ばれ、その店舗の強力な顧客吸引力によって、商店街やショッピングセンター全体の商圏を拡大し、結果として他の店舗への顧客も増加させることになる。各店舗の条件は、店舗規模が大きいこと、店舗の知名度が高いこと、個性的な店づくりであることなどがあげられ、通常、百貨店、ゼネ

ラル・マーチャンダイズ・ストアなどがこれに当たる」とされています（流通用語辞典より引用）。

3　複合商業施設の賃貸借契約の方式とその特徴

　「商業施設」とは、個人業者が経営する物販・飲食・コンビニエンスストアといった小規模なものから、大手業者・デベロッパー等が運営するショッピングセンターや百貨店などの大型施設、ゲームセンターやボーリング場、映画館といったアミューズメント施設などが含まれますが、近年、駅前再開発ビルや郊外型商業施設を中心に、これらの商業施設を組み合わせた大型複合商業施設が全国各所に誕生しています。

　これらの商業施設の場合、その賃貸借契約の形態としては、（1）一括賃貸借契約方式（この場合、各テナントと賃貸借契約を交わす貸主は商業施設運営者（マスターレッシー）となります）、（2）個別賃貸借契約方式（この場合、各テナントと賃貸借契約を交わす貸主は所有者となります）に大別されますが、いずれの場合についても、当該施設全体の売上げの良否は、施設コンセプトやテナントミックス等を企画・立案し、運営する当該貸主の施設運営能力に依存するところが大きいといえます。

　したがって、これらの施設に出店しようとする各種専門店等は、貸主のコンセプトに合致した店舗運営を行うことが求められ、その運営計画を前提として出店又は退去の可否を決定することになります。

4　核店舗の撤退による売上げ減少を理由とする賃料減額請求の当否

　以上のとおり、複合商業施設の良否は、貸主の運営能力に依存するところが大きく、これらの施設に出店するテナントは、運営者の信用力や施設コンセプトを前提に出店を決めると考えられることから、その核店舗の撤退による売上げ減少を事情変更の要因とする賃料減額請求は、認められる可能性が高いと考えられます。

Q.90 家賃の紛争

核店舗撤退の契約解除

複合商業施設で核店舗が撤退した場合、長期賃貸契約を解除することができますか。

A 借地契約と借家契約、賃貸人によるものと賃借人によるものと、それぞれ別に考えられます。

解 説

1 複合商業施設

　地主が自らの土地を賃貸して、借地人がその土地の上に複合商業施設を建設し、核店舗（キーテナント）を中心にいくつかの店舗（テナント）に当該施設を貸し出すことがあります。この場合に、核店舗が事業の不振により、契約期間の満了を待たずに複合商業施設からの撤退をしてしまうことがあります。

　このような状況において、それぞれの立場から契約の中途解除について考えてみましょう。

2 建物賃貸借契約

（1）　中途解約条項がある場合
　①　賃借人（テナント）から解約の申出
　　　例えば、「賃貸人又は賃借人は、賃貸借契約期間中であっても、あらかじめ〇カ月前に通告して本賃貸借契約を解約することができる」などのように、中途解約条項を定めることがあります。事業用の物件の場合、多くの場合、契約で6カ月前に予告するよう定めら

れていると思いますが（住居用の物件の場合は1カ月あるいは2カ月前が多いと思います）、このような予告期間を定めることが有効かどうかが問題となります。

　民法では「賃借人」「賃貸人」にかかわらず、解約予告期間は3カ月と定められていますが（民法617条1項2号、618条）、借地借家法では「賃貸人」について修正され、6ヶ月前からの予告が必要とされています（借地借家法27条）。借地借家法は強行法であって、賃借人に不利な規定は無効とされてしまいますので（借地借家法30条）、契約で賃貸人からの解約予告期間が6カ月よりも短い3カ月とされていれば、その条項は無効となり、賃貸人は6カ月前の予告が必要となります。ところが、「賃借人」からの予告については、借地借家法には規定がなく、民法の定めのみとなっているため、契約で任意に予告期間（例えば、6カ月）を定めることができるわけです。ただし、違約金など他の条件も付け加えて、常識的な範囲を逸脱しているような場合に、暴利行為として公序良俗違反（民法90条）を理由に無効とされることもあり得ます。また、住居用の物件では、消費者契約法の規定をもとに、無効とされることが多いと思われます。

　以上のことからすれば、契約において6カ月前から解約予告をするよう規定されている場合、その規定は有効で、店舗においても規定に従って6カ月前に解約の予告を申し出ることになります。

② 賃貸人（建物所有者）から解約の申出

　上記のとおり、賃貸人から解約を申し出る場合、借地借家法によって少なくとも6カ月前からの予告が必要となります。しかも、解約を申し出るには、いわゆる「正当事由」が必要とされています（借地借家法28条）。この「正当事由」は、建物の賃貸人及び賃借人が建物の使用を必要とする事情や、賃貸借に関する従前の経過、建物の利用状況、建物の現況並びに賃貸人が建物の明渡しの条件として（又は建物の明渡しと引換えに）賃借人に対して立退き料を支払う

ことを申し出る場合などの諸事情を考慮して総合的に判断されることになります。

それでは、核店舗が複合商業施設から撤退した後、賃貸人（建物所有者）が当該施設を従前のままでは維持し得ないと判断しリニューアルすることを計画した場合、その他の店舗に対して解約の申出をすることができるでしょうか。

核店舗がないままに複合商業施設として維持することが難しいのは、明らかだと思われます。実際、当該施設は、核店舗を前提とした構造になっているのが通常です。また、核店舗がなければ、集客能力が落ちることから、他の店舗にも影響することも間違いありません。まさしく、正当事由が問題となるケースだと思われます。

（2） 中途解約条項のない場合
① 賃借人から解約の申出

契約に中途解約の規定がない場合には、賃借人は原則として解約の申入れができません。

例外的に、賃借人にとって予測困難な事情の変化によって、賃貸借契約を継続することが困難になった場合に、いわゆる事情変更の原則によって解約の申出が認められる場合もあり得るでしょう。

例えば、核店舗が撤退してしまった後の場合に、他の店舗からすれば、核店舗が入居しているからこそ安心して賃借したのであって、核店舗が撤退することなど予想もできなかったという場合が考えられます。このような場合、自分の店舗の経営とは関係のない事情のため、「予測困難な事情の変化」が認められる可能性もあります。最終的には、解約の申出が認められるかどうかは、裁判所の判断となります。

② 賃貸人から解約の申出

中途解約の規定がない以上、賃貸人から解約を申し出ることはできません。

3 土地賃貸借契約

（1） 中途解約条項のある場合

① 賃借人（借地人）から解約の申出

　契約に中途解約の規定があれば、賃借人（借地人）は、規定に従って解約の申出ができます。

　核店舗が撤退した後、借地人において、これ以上複合商業施設を維持することができないと考え、借地契約自体を解除しようとする場合、中途解約条項があればその規定に従って解約の申出をすることになります。

② 賃貸人（地主）から解約の申出

　契約の中に、賃貸人からの中途解約を認める条項があっても、借地人に不利な特約は無効とされる（借地借家法9条）ことから、賃貸人からの中途解約の申入れは無効であると考えられます。

（2） 中途解約条項のない場合

① 賃借人から解約の申出

　規定がない以上、原則として賃借人は解約の申出ができません。

　例外的に、賃借人にとって予測困難な事情の変化によって、賃貸借契約を継続することが困難になった場合に、いわゆる事情変更の原則によって解約の申出が認められる場合もあり得るでしょう。相当の期間にわたって継続する土地賃貸借契約の場合に、借地人にとって予測困難な事情の変化に見舞われる可能性も高くなると思われます。ただ、核店舗の撤退という事情は、借地人側の経営判断の誤りにすぎず、予測困難な事情の変化とまでいえるものではないとも考えられます。最終的には、解約の申出が認められるかどうかは、裁判所の判断となります。

② 賃貸人から解約の申出

　この場合も、賃貸人は解約の申出ができません。

Q.91 家賃の紛争

サブリース契約の家賃減額請求

サブリース契約で周辺の賃料が下落した場合、家賃減額請求はできますか。

A サブリース契約で周辺の賃料が下落した場合、家賃減額請求ができる場合があります。

解 説

サブリース契約が締結される場合、ディベロッパーが土地を所有する個人や会社に、建物を建築させ、その建物をディベロッパーが一括して借り上げ、賃料を支払うという方法が採られることがあります。

この場合、建物を建てた賃貸人の多くは金融機関から融資を受けており、その融資の返済計画は、賃借人であるディベロッパーからの定額の賃料収入を前提として作成されることになります。

ところが、周辺の賃料が下落していき、ディベロッパーが当初見込んでいた賃料ではテナント等を誘致できないような場合、家賃減額の請求ができないかが、かつて争点になっていました。

この点について、最高裁は、サブリース契約についても、借地借家法32条1項の規定が適用されることを認めました。そして、その請求の当否及び相当賃料額を判断するに当たっては、当事者が賃料額決定の要素とした事情その他諸般の事情を総合的に考慮すべきであり、同契約において賃料額が決定されるに至った経緯や賃料自動増額特約等が付されるに至った事情、とりわけ約定賃料額と当時の近傍同種の建物の賃料相場との関係、賃借人の転貸事業における収支予測にかかる事情、賃貸人の

敷金及び融資を受けた建築資金の返済の予定にかかる事情等をも考慮すべきである、と判示しています。

Q.92 家賃の紛争

オーダーリース契約の家賃減額請求

オーダーリース契約で周辺の賃料が下落した場合、家賃減額請求はできますか。

A オーダーリース契約で周辺の賃料が下落した場合、家賃減額請求ができる場合があります。

解　説

　オーダーリースとは、商業施設を運営する賃借人が建物の仕様を指定し、土地の所有者が指定に基づく建物を建設して賃借人に建物を賃貸する賃貸借です。オーダーメイド賃貸、建て貸しと呼ばれる場合もあります。

　商業施設の運営者が土地を取得し、あるいは土地を借りて営業用の建物を建設するのではなく、土地所有者に指定の建物を建ててもらい、保証金差入れ等資金面で協力した上で、賃貸借契約を締結する方式であり、多くの商業施設やスポーツ施設において、利用されています。

　オーダーリースについては、事業受託の一部をなすものであって通常の賃貸借とは異なるから、借地借家法に定める減額請求を行うことはできないという見解もありますが、最高裁は、オーダーリースであるからといって、借地借家法の適用について、独自の基準をもってこれを排除することはできず、サブリースの場合と同様に、借地借家法の減額請求権を行使することが可能であると判断しています。

Q.93 家賃の紛争

建物譲渡・建物転貸

建物賃借権譲渡・建物転貸の場合にはどのような手続きが必要ですか。

A 建物賃借人が、その賃借権を他へ譲渡し、又は建物を他へ転貸するには賃貸人の承諾が必要となります。

解　説

　建物の賃借権譲渡も建物転貸もその当事者間では有効ですが、賃貸人の承諾がない場合には、そのような譲渡や転貸を賃貸人に主張することはできません。

　賃借権譲渡又は転貸について賃貸人の承諾を要することは、借地権である土地賃借権の場合も建物賃借権の場合も同様ですが、土地賃借権の場合には賃借人の承諾に代わる裁判所の許可（代諾許可）の制度が設けられているのに対して、建物賃借権の場合にはそのような制度がない点が大きく異なります。

　建物賃借権譲渡につき賃貸人の承諾がある場合、賃借権譲渡によって従前の賃借人（旧賃借人）は賃貸借契約から離脱し、賃貸人と賃借権譲受人（新賃借人）との間の賃貸借契約として継続することになります。

　もっとも、債務引受け等によらなければ、新賃借人は旧賃借人の未払賃料債務を承継しませんし、旧賃借人から新賃借人への譲渡がされたというような特段の事情のない限り敷金返還請求権を承継することはありません。

　建物転貸につき賃貸人の承諾がある場合、転借人は原賃貸人に対して

直接に賃料支払義務や目的物返還義務を負います。

　もっとも、実際には、転借人が原賃借人（転貸人）に賃料（転借料）を支払い、原賃借人が原賃貸人に賃料を支払うという場合が通常で、特別の事情がない限り、原賃貸人が転借人に直接賃料の支払いを請求することはありません。

　原賃貸人と原賃借人（転貸人）間で原賃貸借契約を合意解除しても、これを転借人に主張することはできません。

　原賃借人（転貸人）の賃料不払いがあるときは、原賃貸人は原賃貸借契約を解除することができますが、この場合、転借人に通知、催告などをする必要はありません。

　また、原賃貸借契約が原賃借人の債務不履行を理由とする解除により終了した場合には、原則として、原賃貸人が転借人に対して目的物の返還を請求したときに、原賃借人の転借人に対する履行不能により転貸借は終了します。

　賃貸人の承諾を得ないで賃借人が賃借権を譲渡し、又は建物を転貸したときは、賃貸人は賃貸借契約を解除することができます。

　もっとも、信頼関係を破壊したと認めるに足りない特段の事情があるときは解除は認められません。

　無断賃借権譲渡、無断転貸につき、背信行為といえない特段の事情があるために解除が許されない場合は、承諾があった場合と同じく、賃貸人に賃借権譲渡、建物転貸を対抗することができるものとなります。

Q.94 建物の修繕・用法違反・賃料不払い

賃貸人の修繕義務

賃貸人が修繕義務を履行しない場合には費用を請求できますか。

A 賃貸人が修繕義務を履行しない場合には費用を請求することができます。

解説

　賃貸人は賃借人に対して賃貸物の使用収益をさせる義務を負っていますので、その賃貸物が毀損する等して使用収益に支障が生じた場合には、これを修復してその支障を取り除く義務があるといえます。民法606条1項は、「賃貸人は、賃貸物の使用及び収益に必要な修繕をする義務を負う」ことを規定しています。

　賃貸人の修繕義務は、賃貸物（建物）の使用収益に必要な場合、すなわち、建物の瑕疵によって、賃貸借契約によって定められた使用収益ができなくなった場合に生じます。建物の瑕疵は賃貸借成立時に既に存していたものでも構いません。

　建物に何らかの瑕疵があっても、通常の使用収益に支障のない軽微な瑕疵については賃貸人の修繕義務は生じません。

　また、建物に瑕疵があっても、修繕が可能な場合にのみ賃貸人の修繕義務が生じますが、物理的、技術的には修繕が可能であっても、賃料額等に比して不相当に高額な費用を要する場合など、社会的経済的に著しく困難な場合には、やはり修繕は不可能であるといえます。

　なお、瑕疵が賃借人の責めに帰すべき事由によって発生したときは、

賃借人の債務不履行を理由とする、賃貸人の賃借人に対する損害賠償請求権が生じるのみであって、賃貸人の修繕義務は生じません。

ところで民法606条は任意規定ですので、当事者は特約をもってこれを排除することができます。

修繕は賃借人の負担においてする旨、又は「小修繕」は賃借人の負担においてする旨が賃貸借契約書の中で特約されていることが多いです。

賃貸人が修繕義務があるのにこれを履行しないときは、賃貸人の債務不履行にあたるものとして、賃借人は賃貸人に対して、履行の強制（代替執行が可能なもの）をしたり、損害賠償を求め、さらに賃貸借を解除することができます。

賃貸人に修繕義務があるのに賃貸人がその義務を履行しないときは、賃借人は自ら修繕をすることができます。その費用は本来、賃貸人が負担すべき必要費であるから、賃借人は賃貸人に対しただちにその償還を請求することができます。賃貸人が償還に応じないときは、自己の必要費償還請求権を自動債権、賃貸人の自分に対する賃料債権を受動債権として相殺することができます。

賃貸人が建物の修繕をしないために使用収益が不能又は著しく困難となった場合には、賃借人は以後の賃料支払義務を免れます。

もっとも、使用収益に著しい支障を生じていない場合には、賃借人は、賃貸人の修繕義務不履行を理由として賃料全部の支払いを拒むことはできません。

Q.95 建物の修繕・用法違反・賃料不払い

賃借人の用法違反

賃借人が契約の用法に違反した場合、どのような措置がとれますか。
(ペットの飼育禁止の場合等)

A 賃借人に用法違反がある場合には、賃貸人は賃貸借契約を解除することができます。ただし、信頼関係を破壊するに至っていないと認められる特段の事情があるときは解除は認められません。

解　説

　建物賃借人は、建物を「契約又はその目的物の性質によって定まった用法」に従って建物を使用収益しなければなりません。
　賃借人に用法違反がある場合には、賃貸人は賃貸借契約を解除することができます。ただし、信頼関係を破壊するに至っていないと認められる特段の事情のあるときは解除は許されません。
　以下、賃借人の用法違反が問題となる代表例を挙げます。
（1）　建物の増改築・改装
　　　建物賃借人が自分の所有に属していない建物について増改築等をすることができないのは当然です。「改装」について「模様替え」は、建物の軽微な改装にあたると考えられるもの（例えば、床のカーペットや壁紙の貼替え等）と、まったく改装にはあたらないもの（造作の取替えや備品の配置替え等）がありますが、その区別は微妙です。
（2）　敷地の無断利用
　　　建物賃借人は、別途敷地を賃借していない場合であっても、建物の使用収益に通常必要な合理的範囲でその敷地の使用収益をするこ

とができ、これを借地権設定者にも主張することができます。例えば、一般的な１戸建ての建物を賃借している場合において、庭に花壇を設けたり、賃借人自身のためのカーポートを設けるような場合がこれにあたります。

　しかし、敷地内に新たに建物その他の構築物を築造したり、その敷地利用が建物の使用収益とは独立したものと認められるような場合には、建物賃借人に許される合理的範囲を超えるものとして、用法違反にあたるといえます。

（３）　出火等

　建物賃借人の過失により建物を焼失させたときは、それが賃借人の債務不履行にあたることはもちろんです。これを「用法違反」の問題として捉えることが適切かどうかはともかく、裁判例には、解除を認めたものと、信頼関係破壊がないことを理由に解除を認めなかったものがあります。

（４）　賃借部分以外の建物部分の占有使用

　建物賃借人は、その賃借部分の使用収益に通常必要な合理的範囲で賃借部分以外の建物部分を使用することができます。例えば、オフィスビル（テナントビル）やアパート（又は賃貸マンション）の一室を賃借している場合には、廊下や玄関ロビーの使用等は当然に許されます。しかし、特段の事情のない限り、そのような共有部分を独占的排他的に使用することは許されませんし、他の部屋を勝手に使用することが許されないことは当然です。賃借部分を超える建物部分の無断使用等を理由として解除を認めた裁判例があります。

（５）　使用目的の変更

　居住用として賃借した建物を事業用として使用したり、喫茶店として賃借した建物をバーとして使用したりすることは用法違反にあたることが多いといえます。しかし、建物の使用態様がほとんど変わらず、周辺にも格別の影響を与えない場合は、用法違反にあたらない、又は信頼関係を破壊していないとして解除が許されない場合

が少なくないものと思われます。

(6) ペット飼育

　賃借建物の用法に関して近年最も議論があるのは、建物内での犬、猫などのペットの飼育です。戸建ての建物全体を賃借している場合において、戸外で犬や猫を飼うことはあまり問題とはなりませんが、アパートや賃貸マンションでそれらを飼う場合には、通常は屋内で飼うことになるでしょうから、それによって建物内の汚損の程度が高まる可能性もありますし、同一建物内の他の賃借人との間でトラブルが生じることも珍しくありません。そのようなことから、賃貸借契約上、ペット飼育を禁止している場合が少なくありませんが、一般にはそのような特約は有効といえます。

　したがって、そのような特約がある場合にペットを飼育することは、一般には用法違反となりますが、建物を汚損するものでなく近隣に影響を与えるものでない場合には、信頼関係を破壊することにはならないことが多いといえます。

　なお、特約の有無を問わず、危険な動物や多くの人が恐怖を抱くような動物や一般人が嫌悪する動物を飼育することは、特段の事情のない限り、用法違反となります。

(7) 近隣迷惑行為

　特約がなくとも、近隣に迷惑をかける行為が許されないことは当然であり、用法違反を理由とする解除が認められます。

　もっとも、それが軽微なものである場合には解除は許されません。

Q.96 建物の修繕・用法違反・賃料不払い

賃借人の賃料不払い

賃借人が賃料を不払いした場合、どのような法的手続がとれますか。

A 債務不履行による契約解除や建物賃借人の保証人の責任を追及することができます。

解 説

1 債務不履行による解除

建物賃借人の賃料不払いは賃借人の債務不履行となり、したがって賃貸人は、賃借人の賃料不払いを理由として賃貸借契約を解除することができます。もっとも、賃料不払いによっても信頼関係が破壊されていないと認められる特段の事情がある場合は解除権行使が許されません。

なお、建物賃貸借では、月払い賃料の3カ月程度の賃料不払いがある場合には、信頼関係の破壊を認めて、催告をした上での解除権行使を是認するのが、一般的な裁判実務となっています。

2 建物賃借人の保証人の責任

期間の定めのある建物賃貸借における賃借人の保証人は、反対の趣旨を窺わせるような特段の事情のない限り、保証人が更新（合意更新か法定更新かを問いません）後の賃貸借から生ずる賃借人の債務についても保証の責めを負う趣旨で合意されたものと解するのが相当であり、保証人は、賃貸人による保証債務の履行請求が信義則に反する場合を除き、更新後の賃貸借から生ずる賃借人の債務についても保証の責めを免れな

いとするのが判例です。

Q.97 建物の修繕・用法違反・賃料不払い

家賃保証会社

家賃保証会社とは具体的にどのような業務内容ですか。保証料はどの程度ですか。法的規制はあるのでしょうか。

A 家賃保証会社とは、賃貸借契約時に賃借人の連帯保証人を代行する会社です。保証料は保証会社によって異なりますが、一般的に賃料の30〜50％が多いようです。また、現在のところ保証会社に対する法的規制はなく、家賃保証会社等からなる団体によって自主ルールを設けている状況です。

解　説

1　居住用不動産を賃借する場合、賃借人は、賃貸人から連帯保証人の付保を求められるのが一般的です。

　賃貸人が賃貸借契約の際に連帯保証人を求める理由は、万一の際に賃借人の債務不履行を担保するために行うものですが、賃借人にとっても連帯保証人にとっても、この慣習はわずらわしく、精神的な負担でもありました。

　そのような社会的背景をもとに生まれてきたのが、この家賃保証会社のシステムです。日本の構造的問題となっている高齢化や核家族化等の進行に伴い、このニーズは瞬く間に世の中に浸透し、賃借人にとっては連帯保証人という制約に縛られることなく、建物を借りることができるようになりました。

2　次に、保証会社の主な業務内容を説明します。賃借人は、あらかじめ保証会社と代理店契約を行っている不動産会社を通じて、入居希望

の物件に対して保証委託申込みを行います。審査の後、承認が得られれば、保証会社と賃借人との間で保証委託契約を締結することになります。保証委託契約を行うにあたり、賃借人は保証会社に対して保証料を支払います。保証料は、各社によって様々ですが、図2に代表的な例を紹介します。

　次に、保証の内容については、賃借人が毎月支払う家賃・管理費・共益費・駐車場代等の賃料等相当額がその対象となります。また、万一、賃借人が債務不履行に陥って契約が解除された場合は、（1）契約解除後の明渡し不履行によって生じた賃料等相当額、（2）契約解除後の残留物撤去・保管・処分で保証会社が認めた費用、（3）法的手続などに要する費用などが保証の対象として支払われます。

3　賃借人が債務不履行に陥った場合、家賃保証会社は賃貸人に対して契約どおりの保証を行うわけですが、この際家賃保証会社が賃借人に対して行き過ぎた督促（求償権行使）を行うことが一部であり、社会問題となっているケースがあるようです。今のところこれらを規制するものはなく、家賃保証会社で構成する協会によって自主ルールを定めて業務の適正化を実施しているのが現状です。

4　保証会社を利用する場合の最大のリスクは、保証会社の倒産です。保証会社が倒産してしまえば、連帯保証人が不在になってしまうことや滞納賃料を弁済してもらえなくなります。倒産会社の保証業務を他の会社が引き継いでくれれば良いのですが、そうでない場合、賃借人（又は賃貸人が代わりに）は新たな保証会社に保証をしてもらうため、改めて保証料を負担しなければならなくなります。

5　家賃保証の制度は、連帯保証人を用意するのが困難な賃借人などのための保証制度でしたが、近年は、賃貸人や管理会社の家賃回収業務から明渡しまで業務をアウトソーシングする目的で利用するケースが増えており、連帯保証人の有無にかかわらず家賃保証会社の保証を賃貸の条件にしている場合も多くみられます。

建物の修繕・用法違反・賃料不払い | 第2編　家賃

（図1）

```
                    賃借人
                   ／ ↑↓ ＼
                  ／  仲介  ＼
         賃貸借契約          賃貸借保証委託契約
              ／              ＼
             ／  不動産管理会社  ＼
            ／                    ＼
          ／  管理委託契約  代理店契約 ＼
     賃貸人 ←――――――――――――――――→ 保証会社
                 賃貸借保証契約
```

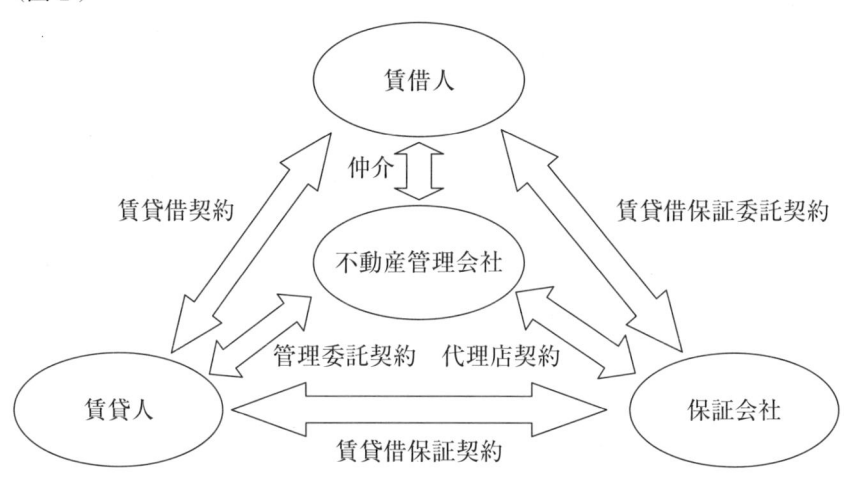

（図2）

契約期間		2年	3年	4年
基本保証料率		30%	45%	75%
		ただし、対象月額賃料等が5万円未満の場合は、5万円に上記料率を乗じた金額が最低保証料		
保証期間		原則として、2年が保証期間（契約期間ごとに更新が必要）		
保証金額	滞納発生より報告が40日以内	保証は確定債務の100%保証		
	滞納発生より報告が41日以上70日以内	保証は確定債務の90%保証		
	滞納発生より報告が71日以上90日以内	保証は確定債務の50%保証		
	滞納発生より報告が91日以上	免責		

Q.98 心理的瑕疵

自殺等物件の損害賠償請求・売買

自殺等の物件を何ら買主に告知しないで売却した場合、売主に損害の賠償を請求できますか。

A 買主は、売主が自殺等の物件であることを告知しないで売却した場合、それによって被った損害の請求をすることができます。裁判例の中には、自殺等があったことを理由に売主の瑕疵担保責任を認め、売買代金相当額の賠償請求を認めたものや、価値下落相当額の賠償請求を認めたものがあります。

解　説

　不動産を売却するにあたっては、売主は「瑕疵」が存在しないものを提供しなければなりません。もし、売買の対象となる物件に「瑕疵」がある場合には、売主は買主に対して損害賠償義務を負うことになります。
　「瑕疵」とは、目的物が通常保有するべき品質、性能を備えていないことをいい、物理的瑕疵が問題になることが多くあります。「瑕疵」は物理的瑕疵だけにとどまらず、「心理的瑕疵」も含まれます。
　「心理的瑕疵」の例としては、隣人の迷惑行為や反社会的勢力の事務所が近くにあるなどが挙げられます。また、物件内で自殺等があったことも「心理的瑕疵」に該当します。
　したがって、売主が売買の対象となる物件が過去に自殺等があったことを買主に告知せずに売買をしたときには、買主は売主に損害賠償請求をすることができます。
　過去の裁判例で問題となったものとしては、買主が売買契約を締結し

た後に自殺等があったことを知り、売買契約を解除した上で、売買代金の返還とともに違約金の請求を認めたものや、自殺等があったことにより、今後の売却価値が下落したことを理由に価格下落相当分の損害賠償請求を認めたものなどがあります。

　また、過去の裁判例の中には、自殺後8年後の売買であっても、売主の告知義務違反を認めたものがあり、自殺等の物件の売買をするにあたっては、売主は相当年数が経過していたとしても、過去にあったことを告知する必要があるものと思われます。

　また、同様に、宅地建物取引業者も、当該物件が自殺物件であることを知っている限りは、相当年数が経過しようともそのことを告知する義務があり、それに違反した場合には、損害賠償義務を負う可能性があります。

Q.99 心理的瑕疵

自殺等物件の損害賠償請求・賃貸

賃貸物件が自殺等により市場価格が下落した場合、損害を賃借人の親族等に賠償請求できますか。

A 賃貸人は、賃貸借契約の賃借人の相続人に損害賠償を請求することができます。この場合の損害賠償の範囲は、将来の賃料収入の減額分です。裁判例の中には、大都市のアパートで2〜3年分の減額を認めたものがあります。

解　説

賃貸借契約における賃借人は、賃貸物件の引渡しを受けてからこれを返還するまでの間、貸室を善良な管理者と同様の注意義務をもって使用収益する義務（善管注意義務）があります。そして、この賃借人の善管注意義務には、貸室を物理的に損傷しないようにする義務のほか、通常人が心理的に嫌悪すべき事由（心理的瑕疵）を発生させないようにする義務も含まれます。

賃借人が貸室内において自殺をすれば、これにより心理的な嫌悪感が生じ、一定期間、賃貸に供することができなくなったり、賃貸できても相当賃料での賃貸ができなくなる場合が大半となります。また、賃借人に貸室内で自殺しないように求めることは加重な負担を強いるものではないと考えられます。したがって、貸室内で自殺しないようにすることは、賃借人の善管注意義務の対象に含まれるというべきです。

そこで、賃借人の財産を相続した相続人は、当該債務不履行と相当因果関係のある賃貸人の損害を賠償する責任があります。

この損害賠償責任の範囲については、賃貸人の告知義務の存続期間と同様に、自殺事故が発生したアパートの場所（大都市か地方都市か）、貸室の使用状況（単身用か家族用か）、自殺事故の状況、同事故についての付近住民の記憶、新聞等の報道内容など、具体的ケースによって異なると考えられます。

　裁判例の中には、大都市のアパートで2～3年分の賃料の減額を損害と認めたものがあります。

Q.100 心理的瑕疵

心理的瑕疵の法的措置

自殺物件や他殺物件など心理的瑕疵のある物件を何ら告知しないで賃貸した場合、賃借人はどのような法的手段がとれるのですか。契約解除はできますか。損害賠償はどの程度請求できますか。

A 賃借人は、心理的瑕疵のある物件について何ら告知を受けていなかったことを理由に、賃貸借契約の無効、解除の主張をすることができます。また、引越費用や慰謝料等の損害賠償請求をすることもできます。

解説

マンションの一室で入居者が自殺した場合、その後同室を賃借する人からみると、同室は継続的に生活する場であることから、一般的に心理的瑕疵があるといえます。すなわち、賃借する人にとって、同室における過去の自殺の事実は、同室を賃借するか否かを決める重要な要素となります。

したがって、従前の入居者が自殺したことを知らされないで入居した賃借人は、賃貸借契約に要素の錯誤があったことを理由に、賃貸借契約の無効を主張できると考えられます。

自殺事故による心理的な嫌悪感は、年月の経過により希釈するものと考えられます。賃借人に対する自殺事故についての告知義務がいつまで存続するかという問題は、自殺事故が発生したアパートの場所（大都市か地方都市か）、貸室の使用状況（単身用か家族用か）、自殺事故の状況、

同事故についての付近住民の記憶、新聞等の報道内容など、具体的ケースによって異なると考えられます。

　裁判例の中には、大都市のアパートでの自殺の事例で2～3年間の告知義務を認めたものがありますので、それが1つの参考になるものと思われます。

　したがって、賃貸人としては、自殺後少なくとも数年間は同室を賃貸する場合には、賃貸借契約の締結の際にこの事実を告知すべき義務が生じます。もし、賃貸人がこの義務を怠った場合には、賃借人は、当該告知義務違反を理由に賃貸借契約を解除することができると考えられます。

　さらに、賃貸借契約書の条項において、賃貸物件に関する瑕疵が契約の解除事由になっている場合には、これを理由に賃貸借契約を解除することもできます。

　なお、これらの場合には、引越費用の請求はもちろんのこと、慰謝料の請求もできる場合があります。

Q.101 心理的瑕疵

心理的瑕疵の減価率

自殺物件や他殺物件は、売買と賃貸で市場価値はどの程度下落しますか。
減価率はどのように算定されますか。

A 自殺物件や他殺物件などのいわゆる心理的瑕疵要因のある物件の市場価値は、売買や賃貸を問わず下落しますが、その程度については個別具体的なケースによって様々です。また、心理的瑕疵による減価率についての基本的な算定基準はなく、売主や貸主が弱い立場の相対取引のような形で価格決定されていることが一般的です。

解　説

　不動産業者が売買や賃貸の仲介業務で依頼者に助言する不動産の価格は、通常、市場においておおむね3カ月以内で売却もくしは賃貸できると思われる価格です。一般的に、公示価格（売買のみ）や事例地の価格（過去の取引事例及び現在販売中物件の近傍類似の物件）をもとに、対象物件に対して個別格差・時点修正・地域格差・流通性比率などの補正を行い、査定価格を算出します。
　これに対して、心理的瑕疵物件の価格査定では、瑕疵要因や経過時間、地域性などによりばらつきがあるものの、売主（貸主）の心理的理由や買主（借主）の許容度など、売主（貸主）・買主（借主）相互の個別事情が価格に反映されることが多く、また、買主（借主）の指値（希望価格を指定すること）などが優先される傾向にあります。
　例えば、売買物件においては、心理的瑕疵物件の減価率は一般物件の市場価格に対して10％から30％程度減額されるといわれていますが、売

主が売却に時間がかかることをきらい、早期に売却したい場合などには、不動産買取専門業者などに対して売却すると、減価率が30％以上に及ぶこともあります。

　一方、賃貸物件においては、通常の募集賃料では集客することが困難なため、敷金や礼金及び賃料などトータル的な値下げを行い、瑕疵要因を告知した上で、経済的メリットを感じることのできる人を対象として賃貸されるのが一般的です。この場合も、賃料は地域性や経過時間、貸主・借主の個別事情などに影響されますが、通常賃料の30～50％の減額が多いようです。

　なお、「心理的瑕疵の賃料に及ぼす影響が経年によって低減する」という考え方から、定期借家契約で賃料を減額する期間を限定したり、賃貸借契約の始期から一定期間賃料を割り引く方法などが採用されています。例えば、UR都市機構や一部の公営住宅では、当初1年間（割引期間）の割引率を50％に設定している募集が見られます（平成25年12月現在）。

　また、賃料を値下げして借主を募るのではなく、風評被害をできるだけ最小限に抑えるため、一定期間、つまり事件・事故等が風化するまでの間、あえて空室のままにしておくこともあります。近年では、このような事件・事故などによる貸主のリスクを補償する保険商品も販売されています（空室や値引きに対する補償期間はおおむね1年（例　エース損害保険（株）「オーナーズ・セーフティ」））。

Q.102 心理的瑕疵

心理的瑕疵物件の重要事項説明

心理的瑕疵のある売買物件、賃貸物件に対する業法の重要事項の説明義務は、どの程度の期間必要ですか。行政指導や実務ではどのように取り扱っていますか。

A 売買物件及び賃貸物件を問わず、心理的瑕疵に関する重要事項説明の基準は明確にはありません。

なお、大阪府下の宅地建物取引業者の監督官庁である大阪府の場合、建物内で発生した自殺、火災などの心理的瑕疵に関しては期限に関係なく重要事項として説明する必要があり、建物がなくなれば不要であると指導しています。ただし、民事上は別問題であり、実務的には「売主の告知書」や「貸主の告知書」を重要事項説明書に添付して報告するのがよいとされています。

解 説

1 売買物件での心理的瑕疵

売買物件の取引実務においては、心理的瑕疵の有無は、原因や経過した年月、周囲にどの程度知れ渡っているかによっても判断が異なるため、一概に基準はありません。自殺や他殺、又は自然死などでも、それぞれどのようにして亡くなったのか、また経過年月や周囲にどの程度知れ渡ったかにおいても、物件の所在場所が都市部などのように人口の出入りが多い所であれば、数年も経過すればその噂も風化することがありますが、山間農村地であれば、数十年経過しても風化しないこともあります。

したがって、宅建業者として、買主に対して行う重要事項説明では、業者としての調査によって知り得た情報を、また購入価格について買主が購入するかどうか判断する際に影響する事柄について、適正に知らせる義務があるとしています。

2　賃貸物件での心理的瑕疵

　賃貸物件の取引実務においては、賃貸人と賃借人の間では宅建業法の適用はなく、民法による善管注意義務や告知義務が問題になります。

　特に、善管注意義務について述べますと、賃貸人及び賃借人は、それぞれの立場において、善良なる管理者としての注意を払わなければならないとしているので、この義務は賃貸人だけに適用するものではないことに気をつけなければなりません。

　過去の裁判事例によれば、無断転借人が貸室内で自殺したことによって、賃借人及び保証人が、善管注意義務（居住者が賃借している物件内部において自殺しないように配慮しなければならない）に違反したとして損害賠償請求が認められたこと（東京地判平22.9.2）や、賃借人が賃貸アパート内で自殺したことによって、その貸室について賃貸人の逸失利益が認められ、賃借人の相続人や連帯保証人に対して損害賠償責任がある（東京地判平19.8.10）とした判例などもあります。

　したがって、宅建業者が賃貸物件の媒介業務を行う場合は、売買と同様に民法上の義務、責任とは異なる基準で心理的瑕疵に関する説明が必要となることを認識しておかなければなりません。

Q.103 更新拒絶と立退き料

普通借家契約の更新拒絶の正当事由

更新拒絶の通知又は解約の申入れの場合の正当事由とはどのような場合をいうのですか。

A 正当事由とは、借家契約の存続期間が満了する1年から6カ月前における更新拒絶の通知又は解約の申入れに必要な要件を指します。

解　説

■ 「正当事由」とは

　借家契約の存続期間が満了する1年から6カ月前における更新拒絶の通知又は解約の申入れは、「正当事由」が具備されていなければ、賃貸人はすることができません。

　「正当事由」の判断基準として、借地借家法28条は、①「賃貸人及び賃借人が建物の使用を必要とする事情」のほか、②「建物の賃貸借に関する従前の経過」、③「建物の利用状況及び建物の現況」並びに④「賃貸人が申し出た建物の明渡しの条件として又は建物の明渡しと引換えにする建物の賃借人に対する財産上の給付」を挙げています。

　借地借家法28条が、「建物の賃貸人及び賃借人が建物の使用を必要とする事情のほか」と規定しているように、正当事由判断においては当事者双方の建物の使用を必要とする事情が基本的判断要素であり、他の事情は付随的な判断要素です。

　したがって、賃貸人に建物の使用の必要性が極めて低いにもかかわらず、高額な立退き料を提供することによって正当事由が具備されるとい

うことはなく、「建物の賃貸借に関する従前の経過」や「建物の利用状況及び建物の現況」のみを理由として正当事由が判断され得るわけでもありません。

2 建物の使用を必要とする事情

　先に述べたように、賃貸人と賃借人の「建物の使用を必要とする事情」を比較衡量して、正当事由の有無を判断するのが基本です。
（1）居住の必要性
　　　賃貸人が、貸家に居住する必要性があることは、建物の明渡しを求める場合における、最も有利な要素です。
　　　賃貸人の居住の必要性が借家人の必要性に比較してかなり高い場合には、他の要素を考慮せずに正当事由が認められます。
　　　賃貸人と借家人の双方の使用の必要性に差がない場合には、契約締結時の事情や立退き料の提供等の事情が考慮されます。
　　　借家人の必要性のほうがかなり高い場合には、立退き料の提供を賃貸人が申し出ても正当事由は認められません。
（2）営業の必要性
　　　営業上の必要性も「建物使用を必要とする事情」として考慮されることになります。
　　　居住の必要性と営業の必要性が衝突する場合には、居住の必要性のほうが重く評価されます。
（3）第三者の必要性
　　　借地借家法28条の正当事由がある場合とは、必ずしも賃貸人において賃貸建物を自ら使用することを必要とする場合に限らないとされ、賃貸人の親族、従業員等、賃貸人と何らかの関係のある第三者の使用の必要性も正当事由判断の要素となりますが、これらの要素は、それ自体が正当事由認定の要素になるわけではなく、賃貸人側の居住・営業の必要性として考慮されるにすぎません。
（4）建物売却の必要性

賃貸人が貸家の売却を企図した場合に、有利に換価するには空き家とする必要があるという事実だけでは、賃貸借解約の申入れの正当の事由と認められないとした裁判例があります。

3 賃貸借に関する従前の経過
ここで考慮されるべき要素は次のようなものです。
（１） 借家関係設定当初の事情

借家契約が当初は一時使用のために締結され、その後通常の賃貸借契約に変更されたが、この変更は明示的に意思表示によるのではなく、賃貸人が借家人の使用継続をあえて争わなかったからそのように認容されるのであって、必ずしも長期間賃貸する意思を有したわけではないという事情は、正当事由を認めるのに有利な事情とされます。

建替えが計画されている老朽建物を承知して賃借した場合も、正当事由肯定の要素となります。

（２） 契約締結時に存していた事情の変更

地方勤務の賃貸人が退職して戻ってきたときは明け渡すという約定で賃貸した場合に、契約更新が数回繰り返されたときは、例えば、期間満了後一定期間明渡しを猶予し、その間の賃料を免除する等の正当事由の補強事由がなければ、正当事由は認められません。

（３） 賃料額

賃貸人が渡米している間のみ賃貸し、帰国したときは明け渡すことを条件に、賃料を低額にしたという契約締結時の事情は、正当事由判断において賃貸人に有利な事由となります。

（４） 当事者間の信頼関係の破壊の有無

借家人が賃借建物の劣悪な保存をした場合や、賃借建物の無断改築をした場合、近隣妨害行為をした場合には、正当事由の一要素となり得ます。

これに対し、誠実な借家人に対し、建物の建替えを企図する賃貸

人が悪質な営業妨害行為を繰り返して事実上の営業廃止に追い込んだというような事情があれば、正当事由が否定される要素として考慮されることになります。

4 建物の利用状況及び建物の現況

「建物の利用状況」とは、借家人が契約目的に従って賃借建物を適法かつ有効に使用収益しているかどうか、借家人が他に建物を所有ないし賃借していて当該建物を使用していないかどうかをいいます。

「建物の現況」とは、現在の建物自体の物理的状況を指し、建物の建替えが必要となっているかどうかをいいます。建物が老朽化している場合のみならず、建物が社会的・経済的効用を失っている場合を含みます。また、建物が土地の利用関係から存立を続けられなくなるという事情もこれに含まれます。

ちなみに、「建物の現況」には、近隣の土地の利用状況は含まれません。

5 立退き料

「正当事由」を補強するための財産上の給付として「立退き料」の提示をすることが考えられます。

この場合における立退き料の内容は、借家権価格、移転実費、営業上の損失補償、造作等買取りや費用償還請求等が含まれます。ここで求められた総額は、家主に正当事由が存しない場合において、借家人が建物の明渡しにより被る損失を示すものですが、具体的事案においては、家主の正当事由の充足の程度との関係で、具体的な立退き料の額が決定されることになります。

Q.104 更新拒絶と立退き料

建物老朽化・高度利用の理由による更新拒絶

建物の老朽化や高度利用を理由に解約の申入れができますか。

A 建物の朽廃が切迫しているような場合には、解約の申入れをすることができます。朽廃にやや遠い場合には、賃貸人の使用の必要性や立退き料の提供などが考慮されることになります。高度利用の場合、事業用の借家は正当事由が居住用の借家と比較して認められやすいといえますが、居住用の借家の場合に解約の申入れをするには高額の立退き料提供が必要となる場合があります。

解　説

　更新拒絶の通知又は解約の申入れの場合の「正当事由」の判断基準として、借地借家法28条は、①「賃貸人及び賃借人が建物の使用を必要とする事情」のほか、②「建物の賃貸借に関する従前の経過」、③「建物の利用状況及び建物の現況」並びに④「賃貸人が申し出た建物の明渡しの条件として又は建物の明渡しと引換えとする建物賃借人に対する財産上の給付」を挙げています。

　③の「建物の現況」とは、現在の建物自体の物理的状況をいい、建物の建替えが必要となっているかどうかをいいます。

　建物が一応建物としての耐用年数に達しており、腐朽、破損が甚だしく、早晩朽廃を免れない状態にあることが明らかであるときは、借家人は早晩朽廃を免れない建物の賃借人として、本来その朽廃とともに賃借権を喪失する運命を担っているものであるから、正当事由は認められる

とされています。

　しかし、賃貸人が管理（修繕等）を行わないことにより、建築後20数年で建物を老朽化に至らせ、その結果、建替えを理由に賃借人に契約の更新を拒絶することは本末転倒として許されないとされ、正当事由が否定された判例もあります。

　朽廃にやや遠い場合、当事者間で、建物取壊し後、新築された建物について再利用契約がなされている場合には、正当事由が認められます。再利用契約のない場合には、賃貸人は、取壊し・新築の必要性のほか自己使用の必要性を主張・立証しなければなりません。賃貸人の使用の必要性が優越する場合は、当然正当事由は認められますが、使用の必要性のみで借家人の使用の必要性を上回ることがないときは、正当事由を補完する立退き料の提供が考慮されることになります。

　建物の高度利用を目的として建物の建替えや取壊し・新築をするために、更新を拒絶したり、解約申入れをする場合、建物高度利用の必要性は、①の「自己使用の必要性」の１つの要因として考慮されることになります。建物高度利用の必要性が独立の判断基準とはなっていません。

　裁判所では、正当事由の判断において、居住用の借家と事業用の借家を区別しているものと思われます。

　すなわち、居住用の借家では、居住という生活利益が問題となり、単純に賃貸人の経済的な利益と比較することはできません。借家人の居住の必要性という生活利益のほうが優先するので、正当事由を補完するために高額の立退き料提供が必要とされます。

　これに対して、事業用の借家では、当事者双方ともに経済的利益の獲得を目指しているのであり、経済的利益の比較によって正当事由判断を行うことにより、立退き料不要とされる場合も生じることになります。

Q.105 更新拒絶と立退き料

立退き料の裁判例－住宅

裁判例では住宅の立退き料としてどの程度の金員が支払われていますか。

A 下記のような様々な要素を考慮して、立退き料の支払いがなされています。

解　説

1 立退き料とは

　平成4年8月1日から施行された借地借家法では、地主や家主が賃貸借契約を更新拒絶したり、解約申入れをしたりする際、正当事由が必要とされています（借地借家法6条、28条）。

　そして、これらの規定における「財産上の給付」には、立退き料の提供が含まれると解されており、立退き料の提供は正当事由を補完する働きをします。つまり、立退き料とは、地主や家主が更新拒絶や解約申入れを行うに際し、賃借人（借地人や建物賃借人）に対して、賃借人の移転による不利益の補償の趣旨で提供される金銭その他の代替物をいいます。

　ただし、立退き料の提供は、「それのみで正当事由の根拠となるものではなく、他の諸般の事情と綜合考慮され、相互に補充しあって正当事由の判断の基礎となる」（最判昭46．6．17裁判集民103号135頁）と判示されているように、正当事由の補完的要素です。借地借家法は、正当事由の判断にあたっては、借地権設定者（建物賃貸人）及び借地権者（建物賃借人）が土地（建物）の使用を必要とする事情を主たる

要素とし、借地（建物）に関する従前の経過、利用状況、財産上の給付の申出は従たる要素として考慮することを明確にしています（『一問一答新しい借地借家法（新訂版）』52頁）。

2　立退き料の要否

　立退き料が必要かどうかは、正当事由の充足度によって異なりますが、正当事由の充足度については、土地の使用を必要とする事情の程度を主たる要素として判断されることは前記のとおりです。この点、借地人（賃借人）側の必要性が、死活にかかわる段階（土地を返還することが、その当事者の生活を破壊するような状況）にある場合には、立退き料を提供しても明渡しが認められないという結論になると思われます。また、借地人（賃借人）側の事情が切実な段階（土地を必要とする事情が死活にかかわるとまではいえないが切実な場合）の場合には、地主（賃貸人）側の事情との比較となりますが、地主（賃貸人）側にも相当程度の返還を求める必要性が要求されるとともに、補完的に立退き料の提供が必要となると思われます。

　一方、借地人（賃借人）がほとんど使用していないなど、借地人（賃借人）側の必要性がほとんど認められない上に、地主（賃貸人）側が物件を必要とする事情が切迫しているなどの限定的な場面には、必要性の比較衡量だけで、正当事由が満たされる場合もあり、このような場合には立退き料が不要となることもありえます。

3　立退き料の内容

　立退き料は、①立ち退きによって借地人（借家人）が支払わなければならない移転費用の補償、②立ち退きによって借地人（借家人）が事実上失う利益の補償（いわゆる居住権や営業権）、③立ち退きにより消滅する利用権の補償（いわゆる借地権や借家権）を加味して算出されるものです。

　このうち、①の費用は比較的容易に算出可能なものです。また、②

については、住居については移転先と従来の物件では、間取、広さ、使いやすさ、近隣環境等の差異があり、精神的・肉体的に受ける不利益等を勘案して評価することになりますが、これだけを独立して評価することは困難な側面もあります。一方、従前営業が行われていた場合の営業権については、それ自体財産的価値が存在するものであり、営業権補償が必要となります。

さらに、③ですが、借地については、取引事例がある借地権価格が存在しており、その客観的価値を把握することは容易です。一方で、借家権は譲渡性が認められませんので、民法や借地借家法で予定されている権利とは認められません。しかしながら、正当事由が存在しなければそのまま居住を継続できることは法律的に認められており、継続的に居住できる権利を金額で計算せざるを得ないという意味で、このような金額を借家権という名称で捉えることはあります。

以上のように、立退き料は、土地（建物）の使用の必要性を踏まえて、正当事由の充足度を総合衡量して上記①から③の要素を加味して算出されることになります。

4 立退き料が不要な場合

（1） 定期借地（借家）契約、一時使用目的の場合

定期借地（借家）契約が締結されている場合、期間の満了によって定期借地（借家）契約は終了し、明渡しには「正当事由」は要求されませんので、立退き料は不要です。

また、一時使用目的の借地（借家）契約の場合にも、立退き料は不要ですが、本件では住居使用が前提ですので、一時使用の借地契約を想定することは通常あり得ません。一時使用目的の借家契約の場合、「正当事由」は必要とされません（借地借家法40条）。ただし、一時使用目的であったかどうかが後に紛争となることも想定されますので、確実な退去を実現するには、定期借家契約によることが望ましいと考えます。

（2） 立退き料の提供を考慮することなく正当事由が認められる場合

　　前記のとおり、借地人（借家人）側の必要性が全く認められない場合には、立退き料は不要となるでしょうが、現に住居として利用されている場合に、借地人（借家人）側に利用の必要性が認められないことはほぼ想定できませんので、立退き料が不要となる例はほぼ存在しないと思われます。

　　また、借家の場合には、老朽化の程度が著しく、修繕が物理的に可能であっても、それが社会経済上賃貸人に課された修繕義務の範囲を超えると認められるような場合には、立退き料の提供がなくとも正当事由が認められた例もあります。ただし、修繕不能であると認定した上で立退き料の提供を考慮した裁判例もありますので、必ず立退き料が不要となるわけではありません。

5　立退き料の提供を踏まえて正当事由が認められる場合

（1）　借地の場合

　　立退き料は、地主の必要性と借地人の必要性との比較衡量による正当事由を基礎づける事情が存在することを前提とした補完的要素であることを前提とすると、一律に立退き料の額を算定することは困難です。

　　必要性を比較衡量した結果、借地人の必要性が乏しい場合には、移転費用や地代（家賃）の差額補償のみで算定される場合もありえます。一方、地主の明渡し目的が主として経済的利益の追求にある場合には、移転費用等の補償に加え、借地権価格を立退き料の算出に用いる例が多くなります。なお、借地権価格を考慮するにしても、借地権価格全額を考慮する必要があるかはケースバイケースであり、必要性の比較衡量の結果、割合的な考慮で足りる場合もあり得ます。

（2）　借家の場合

　　賃貸人の必要性と賃借人の必要性との比較衡量である点は同様

ですが、移転費用と一定期間の賃料差額を考慮して立退き料が算定されている例もあり、いわゆる借家権価格を立退き料の評価に利用することを明確に否定した裁判例も存在します。

しかしながら、立退き料に借家権価格を加味して評価することが不相当なのではなく、上記の事例は正当事由の補完要素として借家権価格を加味した立退き料までは必要がなかった事例であると考えられます。

ほかに居住用物件等を所有している賃借人の場合、賃貸人の必要性の程度が強く、移転費用や一定期間の賃料補償を加味した立退き料の提供があれば、正当事由が認められると考えられます。

これらの判断もケースバイケースといわざるを得ませんが、賃貸人及び賃借人の必要性の事情を比較衡量して判断することは同様です。

６ 立退き料の提供を踏まえても正当事由が認められない場合

一般に居住用物件は、明渡しを必要とする地主（賃貸人）側が相当の立退き料の提供を行い、合意によって明渡しに至るケースが大半です。また、立退き料が借地人（借家人）の希望に添うものではなくとも、借地人（借家人）側にも軽微な債務不履行等一定の落ち度が認められる場合には、明渡しの合意に至ることも想定されます。

したがって、居住物件で地主（賃貸人）側の要求が入れられず、判決にまで至るケースにはほとんど接しません。

居住用物件として貸していた賃貸人が、事務所用物件としての募集をすることで賃料の増収を企図して、賃借人の明渡しを求めた事例（東京地判H3.2.28）で、月に数回宿泊場所として利用している賃借人の必要性は不合理とまではいえず、450万円の立退き料の提供を考慮しても正当事由があるとはいえないと判断しています。

判決文だけでは、どのような要素を考慮して立退き料が算定されているのかは明らかではありませんが、賃貸人側の事情がほぼ賃料の増

収を図りたいだけという事情だと認定されていますので、このような要求自体が賃貸人のわがままと評価されてもやむを得ず、利用の必要性がある賃借人との比較衡量では、立退き料を提供しても正当事由が補完されることはないと判断されたものと思われます。

Q.106 更新拒絶と立退き料

立退き料の裁判例－店舗・事務所

裁判例では店舗や事務所の立退き料としてどの程度の金員が支払われていますか。

A 店舗・事務所においても下記のような事例があります。

解　説

１　立退き料の要否

　店舗・事務所においても立退き料の位置付けが正当事由を補完するものである点は変わりません。

　したがって、地主（賃貸人）と借地人（賃借人）の必要性の程度を比較衡量した上で、立退き料の要否及び内容が決まることとなります。

　地主（賃貸人）側の事情としては、自ら利用する目的だけではなく、再開発目的や、競争力を高めるための改修目的などが存在していますが、借家の場合には建物自体の老朽化を正当事由として考慮したものもあります。

　一方借地人（賃借人）側の事情としては、長期間にわたる使用継続、営業上の立地として重要、代替店舗の取得が困難、投下資本の回収が困難、等の事情が考慮されています。

２　営業権の補償

　営業権は、それ自体財産的価値の評価が可能なものですが、営業権の補償は、一般的には、移転先で従前と同一の営業を開始するための費用

や、新規開業までの休業損失、新規営業による減収分等を補償することとなります。

3 立退き料の算定

　店舗・事務所の明渡しの場合も、立ち退きを求める地主（賃貸人）側の事由が十分あり、借地人（賃借人）の必要性と比較衡量しても、地主（賃貸人）側の必要性のほうが合理性がある場合には、移転費用や営業権補償だけで立退き料は十分といえるケースが多いと思われますが、場合によっては一定借地権（借家権）の要素を加味する場合もあり得ます。

　なお、地主（賃貸人）側の、立ち退きを求める理由が十分でない場合には、移転費用や営業権補償だけではなく、借地権（借家権）の補償まで含める必要が生じます。

Q.107 更新拒絶と立退き料

借家権の鑑定評価

借家権には価値があるのでしょうか。あるとすればどのように評価されますか。

A 建物賃貸借が成立すると、賃借人には借家権が発生しますが、すべての借家権に価格がつくわけではありません。実際に権利として取引されたり、主に賃貸人側の事情等で立ち退きを迫られたりする場合に、価格が顕在化します。鑑定評価においては、市場に取引慣行がある場合とない場合のそれぞれのケースにおいて、異なる評価方法が適用されます。

解説

1 借家権の取引慣行がある場合

住宅や事務所の賃貸借契約においては、借家人が自身の借家権を第三者に譲渡したり、質入れしたりすることを禁止する条項を契約に盛り込むことが一般的です。したがって、賃貸人との間で成立した借家権に価格がついて取引の対象となることは、賃貸人がそれを認めない限りありません。

一方、店舗の賃貸借等では、賃借人が備え付けた内装や什器備品等と合わせて、借家権が売買されるケースがないわけではありません。そのような場合の借家権価格の評価手法として、不動産鑑定評価基準では、次のように定めています。

①当事者間の個別的事情を考慮して求めた比準価格を標準とし、

②自用の建物及びその敷地の価格から貸家及びその敷地の価格を控除し、所要の調整を行って得た価格を比較考量して求める。
③借家権割合が求められる場合は、借家権割合により求めた価格をも比較考量する。

①は、対象物件と類似する建物の借家権が実際に売買された事例を収集し、当該取引価格から借家権同士の比較を行って、対象となる借家権の価格を求めようとする方法です。類似の取引が実際に行われていないと、採用することができない手法であり、適用場面は非常に限られます。

②は、借家権とは賃借人が保持する権利であるという側面を捉えたもので、建物に賃借人がいると、賃貸人が保持する所有権の価格（元本価格）が、借家権価格の分だけ低くなっているはずだという理屈に基づくものです。よって、借家人がおらず、所有者自ら使用している状態（自用の建物及びその敷地）の価格と、借家人がいる状態（貸家及びその敷地）の価格との差額が借家権の権利価格に相当するという考え方です。しかし、実際には、家賃設定のいかんによって、賃貸されているケースのほうが不動産価値が高まることもあるため、この手法の説得力は必ずしも高くはありません。

③は、市場において多数の借家権取引が行われていて、借家権割合（賃貸借の対象物である土地・建物等価格に対する借家権価格の割合）が把握できる場合に採用できる手法です。しかし、取引自体が元々少なく、借地権以上に賃貸借の個別事情が多岐にわたる借家権について、そのような割合が把握できるケースはごくまれであるといえるでしょう。なお、評価の実務上は、相続税の財産評価基本通達の考え方を準用し、財産評価基準に示されている割合を用いて、（土地価格×借地権割合×借家権割合）＋（建物価格×借家権割合）として算定されるケースがあります。

以上のように、借家権の評価は借地権などと比べても非常に難しいものとなっています。

2 賃借人が立ち退き要求を受ける場合

　建物の建替えを行いたい場合など、賃貸人側の事情で、賃貸借契約の解約の申入れをする場合には、いわゆる正当事由を補完するものとして、金銭が支払われることがあります。一般には「立退き料」と呼ばれることが多いですが、賃借人の権利に対する支払いであるという観点から、これを借家権価格と同様のものとする捉え方があります。

　賃借人が立ち退き要求を受けるケースとしては、賃貸人の事情による場合（建物が老朽化して収益力が落ちたり、安全性に疑問が生じていると賃貸人が判断して建替えを企図するケース等を含みます）だけでなく、公共事業で建物を取り壊さざるを得ないといった場合もあります。後者の場合、「公共用地の取得に伴う損失補償基準」が定められており、そのルールに則って借家人に対する補償が行われることとなります（Q.108参照）。

　例えば住宅の場合、賃借人が立ち退き要求を受けると、引越費用が必要となるだけでなく、転居先の賃料が現在の賃料よりも高いと、その差額の負担を強いられることとなります。転居先物件の入居に際して、礼金等の一時金の支払いが必要となる場合もあり、最低でもそれらの金銭の補償を受けないと、立ち退きを受け入れることはできません。自らの意志に反して転居を強いられるわけですから、そのような負担に対する補償は当然です。

　この場合の借家権価格の評価手法として、不動産鑑定評価基準では、次のように定めています。

①当該建物及びその敷地と同程度の代替建物等の賃借の際に必要とされる新規の実際支払賃料と現在の実際支払賃料との差額の一定期間に相当する額に賃料の前払的性格を有する一時金の額等を加えた額と、
②自用の建物及びその敷地の価格から貸家及びその敷地の価格を控除し、所要の調整を行って得た価格を関連づけて決定する

①は、転居前よりも賃料が高くなる場合の当該差額の一定期間分（通常は1～4年分程度）と、礼金等の入居一時金の額を加算して求めます。実費として引越費用が提供されることがありますが、これは借家権価格には該当しないと解されます。

②は、前記**1**の借家権の取引慣行がある場合において既に解説したとおりです。

上記①については、借家人補償の考え方がベースとなっているため、借家権価格そのものではないともいえますが、そもそも住宅の借家権が売買されることはないので、このような算定方法を取らざるを得ないわけです。

また、店舗や事務所など、営業活動に利用されている不動産の場合には、移転に伴って営業休止期間が生じたり、一時的に顧客を失う等の実質的な損害が発生することがあります。これに対する補填（いわゆる営業補償）が借家権価格に相当するか否かは意見が分かれるところですが、立ち退き要求を受ける側からすると、名目はどうあれ、当然に要求できる金銭といえます（公共事業に伴う補償の詳細については、Q108を参照してください）。

Q.108 更新拒絶と立退き料

損失補償基準に基づく立退き料の算定

公共事業で立ち退きを迫られる場合、借家人は何らかの補償を受けられるのでしょうか（住宅と店舗・事務所でどのように違いますか）。

A 公共事業に必要な土地を事業主体が取得する場合に、建物の移転や取壊しが必要となれば、それに対する補償が行われるとともに、建物に入居している賃借人も移転を余儀なくされることから、当然に補償の対象となります。住宅の場合は引越に伴う費用が中心となり、店舗等の場合は更に営業の廃止、休止、規模縮小等に対する補償も併せて行われます。

解　説

1　損失補償基準における借家人補償の考え方

公共事業に必要な土地等の取得に際しては、「公共用地の取得に伴う損失補償基準」が定められています。これは法律ではありませんが、土地収用法等に従って適正な補償額を算定する際の実質的な基準となっています。また、民間が立ち退き交渉を行う場合には、これに従うべき義務はもちろんありませんが、客観的な算定基準として参考とされています。

この損失補償基準では、借家人に対する補償につき、次のように定められています。

公共用地の取得に伴う損失補償基準
　第34条　土地等の取得又は土地等の使用に伴い建物の全部又は一部

> を現に賃借りしている者がある場合において、賃借りを継続することが困難となると認められるときは、その者が新たに当該建物に照応する他の建物の全部又は一部を賃借りするために通常要する費用を補償するものとする。
> 2　前項の場合において、従前の建物の全部又は一部の賃借料が新たに賃借りする建物について通常支払われる賃借料相当額に比し低額であると認められるときは、賃借りの事情を総合的に考慮して適正に算定した額を補償するものとする。

　借家人に対する補償は、（1）転居先建物の入居に際して必要となる一時金（礼金、敷金等）に対する補償と、（2）転居によって賃料が上昇する場合の当該差額分の補償との2本立てが基本となります。
　一時金に対する補償に関しては、①賃貸借契約において借家人に返還されないことと約定されている一時金（いわゆる礼金等）と、②賃貸借契約において借家人に返還されることと約定されている一時金（いわゆる敷金等）のそれぞれについて、算定基準が定められています。

　（1）一時金に対する補償（損失補償基準細則第18第2項）
　　①借家人に返還されない一時金
　　標準家賃（月額）×補償月数

　標準家賃は、従前の賃借建物に照応する建物の当該地域における新規賃貸事例において標準的と認められる月額賃貸料とされ、補償月数は、同様の新規賃貸事例において標準と認められる月数とされています。つまり、従前建物と同程度の賃貸物件に入居するためには家賃の何カ月分が礼金等として必要かを調べ、それを標準的な家賃に乗じて算定されます。

　　②借家人に返還される一時金

$$(標準家賃（月数）\times 補償月数 - 従前貸主からの返還見込額) \times \frac{(1+r)^n - 1}{(1+r)^n}$$

　標準家賃と補償月数については、上記①と同様ですが、従前貸主からの返還見込額を控除することとされています。返還された分はそのまま転居先の一時金に充てることができますので、新たに準備しなければならない額を基準に算出せよということです。rは年利率であり、nは10年を標準とするとされています。これは、当該一時金負担相当額を10年間運用したとすれば得られたであろう運用益（利子総額）に対して補償を行うものです。

（2）賃料増額分に対する補償（損失補償基準細則第18第3項）
（標準家賃（月額）－現在家賃（月額））×12×補償年数

　標準家賃については、上記（1）①と同様です。補償年数は、下記の家賃差補償年数表に従って算定されます（損失補償基準細則別表5）。

従前建物との家賃差	年　数
3.0倍超	4年
2.0倍超3.0倍以下	3年
2.0倍以下	2年

2　損失補償基準における営業補償の考え方

　賃借人が店舗等を営んでいる場合、移転に伴って一時営業を休止する必要が生ずることがあります。また、移転先で同程度の物件の確保ができずに規模を縮小せざるを得ないケースや、最悪の場合には廃業に追い込まれることもあるかもしれません。
　損失補償基準では、営業休止等の補償、営業規模縮小の補償、営業廃止の補償のそれぞれについての定めがありますが、ここでは最も一般的

な営業休止等の補償について説明します。
(1) 営業休止等の補償

営業休止等の補償については、下記のように定められています。自己所有物件で営業していた場合だけでなく、賃借して営業していた場合にも補償が行われます。

> 公共用地の取得に伴う損失補償基準
> 第44条　土地等の取得又は土地等の使用に伴い通常営業を一時休止する必要があると認められるときは、次の各号に掲げる額を補償するものとする。
> 一　通常休業を必要とする期間中の営業用資産に対する公租公課等の固定的な経費及び従業員に対する休業手当相当額
> 二　通常休業を必要とする期間中の収益減(個人営業の場合においては所得減)
> 三　休業することにより、又は店舗等の位置を変更することにより、一時的に得意を喪失することによって通常生ずる損失額(前号に掲げるものを除く。)
> 四　店舗等の移転の際における商品、仕掛品等の減損、移転広告費その他店舗等の移転に伴い通常生ずる損失額
> 2　営業を休止することなく仮営業所を設置して営業を継続することが必要かつ相当であると認められるときは、仮営業所の設置の費用、仮営業であるための収益減(個人営業の場合においては所得減)等並びに前項第3号及び第4号に掲げる額を補償するものとする。

休業期間中であっても不可避的に発生する固定的な経費に対する補償(一号)、休業期間に失うこととなる収益相当額(二号)、移転に伴って一時的に顧客を失うことによる損失(三号)、移転の際に発生する商品等の減損や告知のために必要な広告費等(四号)に分けて算定します。通常休業を必要とする期間は、借家人については原則として2カ月の範囲内で相当と認める期間とされています。

一号の固定的な経費については、公租公課、電気・ガス・水道・電話等の基本料金、営業用資産の減価償却費及び維持管理費、機械器具使用料、借入資本利子、従業員のための法定福利費、従業員の福利厚生費、その他の固定経費等とされています。

　三号の一時的に得意を喪失することによって通常生ずる損失額は、次式によるものとされています。

　　得意先喪失補償額＝従前の１カ月の売上高×売上減少率×限界利益率

　限界利益率とは、個々の営業体の営業実態、営業実績等に基づいて、（固定費＋利益）÷売上高によって計算するとされています。

　また、営業を休止することなく仮営業所を設置して営業を継続することが必要かつ相当であると認められるときとは、銀行や郵便局等の公益性の高い事業や、本条第１項の営業補償を行うよりも、営業を継続する場合の補償額のほうが少なくて済むケース等が該当します。

Q.109 更新拒絶と立退き料

地価下落時の借家権価格

地価下落、賃料下落の時代でも借家権価格はあるのですか。

A 借家権とは借地借家法（廃止前の借家法を含みます。）が適用される場合の建物賃借権をいいます。住宅や店舗・工場等を借りる場合の権利のことです。当該権利の価格は地価下落、賃料下落の時代は一般的には賃借人の借り得部分が縮小しているため、縮小傾向にあるといえます。この点を考えるにあたっては、不動産鑑定評価基準における借家権価格の求め方が参考となります。

解　説

＜不動産鑑定評価基準について＞
1　昭和44年の不動産鑑定評価基準

「借家権とは、借家法が適用される建物の賃借権をいう。借家権の価格とは借家権の付着している建物について借家人に帰属する経済的利益（一時金の授受に基づくものを含む。）が発生している場合において慣行的に取引の対象となっている当該経済的利益の全部又は一部をいう。借家人に帰属する経済的利益とは、建物の経済価値に即応した適正な賃料と実際支払賃料とのかい離及びそのかい離の持続する期間を基礎にして成り立つものをいう」

要約すれば新規賃料＞現行賃料の場合、この差が借り得部分となり借家権価格を発生させるとの理論構成となっています。

2 平成2年の不動産鑑定評価基準

借家権を取引慣行がある場合と取引慣行がない場合とにケース分けし、評価方法を規定しています。これは、取引（市場性）があって市場原理が有効に機能する場合と機能しない場合とでは考え方が異なるためです。

（1）借家権の取引慣行がある場合

「借家権の取引慣行がある場合の借家権の鑑定評価額は、当事者間の個別的事情を考慮して求めた比準価格を標準とし、自用の建物及びその敷地の価格から貸家及びその敷地の価格を控除した価格を比較考量して決定するものとする。借家権割合が求められる場合には、借家権割合により求めた価格も比較考量するものとする。」

（2）借家権の取引慣行がない場合

「さらに借家権の価格には、賃貸人から建物の明け渡しの要求を受け、借家人が不随意の立退きに伴い、事実上喪失することとなる経済的利益等賃貸人との関係において個別的な形をとって具体に現れるものがある。

この場合の借家権の鑑定評価額は、当該建物と同程度の代替建物等の賃借の際に必要とされる新規の実際支払賃料と現在の実際支払賃料との差額の一定期間（例：2年）に相当する額に、賃料の前払い的一時金の額等を加えた額、並びに自用の建物及びその敷地の価格から貸家及びその敷地の価格を控除した価格を関連づけて決定するものとする。」

このように、平成2年の改正基準では借家権取引慣行の有無により、借家権の取引慣行のある場合は比準価格（市場性）を標準とし、借家権の取引慣行がない場合は賃借人の借り得部分の補償の観点（収益性）から価格にアプローチすることが規定されています。この改正は借家権が不動産売買市場において一般的に取引される権利ではなく、都市再開発等による不随意の退出に伴う立退き料の一部として扱われるケースが多いためだと思われます。

3 地価下落、賃料下落の時代における借家権価格の有無

昭和44年の不動産鑑定評価基準を基礎として借家権価格の発生を考え

るならば、地価下落、賃料下落の時代には借り得部分が一般的には縮小していることから借家権価格は縮小傾向にあるといえます。また平成2年の不動産鑑定評価基準では、補償の観点から借家権を規定していますが、こちらも当該建物と同程度の代替建物等の賃借の際に必要とされる新規の実際支払賃料と現行の実際支払賃料との差額の一定期間に相当する額とされていることから、地価下落、賃料下落の時代には一般的には借家権価格は縮小していることになります。

Q.110 更新拒絶と立退き料

住宅・店舗の立退き料の算定

住宅・店舗の立退き料は実務上、どのように算定されていますか。

A 立退き料について住宅系の場合は、移転先確保が比較的容易であるとの考え方から引越料や家賃増加分等を中心とした算定内容となる傾向があり、地域や賃借人の性格ごとにある程度相場的なものが形成されていると思われます。一方、店舗の場合は、移転先確保の難易度、内装程度や必要設備の違い等、個別性が強いことから立退き料にも大きな格差が生じるものと考えます。

立退き料の内容を大きく類型で区分してみると、①新たな出費を伴うもの、②営業上の期待利益等の喪失を伴うもの、③借家権の喪失の3つに分けることができますが、それぞれの代表的な算定項目とその考え方及び算定方法は、以下の解説のとおりです。実情に応じて各項目の算定方法を組み合わせることによって立退き料の1つの目安ができることとなります。なお、法的手続等がとられる場合には、賃貸人・賃借人双方の建物使用の必要性の多寡(正当事由の強弱)で調整が必要となることがあります。

解 説

＜類型別の代表的な項目とその考え方及び算定方法＞

類型別の代表的な項目とその考え方及び算定方法は以下のとおりです。これらの考え方は「公共用地の取得に伴う損失補償基準」等で定められている考え方及び算定方法に近いものですが、必ずしもこれでなければ

いけないということではありませんので留意してください。

1 新たな出費を伴うもの

（1）引越料

　生活用具、店頭商品、事務用什器備品、書類等その他のもので引越荷物として取り扱うことに伴い、発生する料金のことです。

　　　＜算定方法＞
　　　必要トラック台数×1台当たりトラック単価、又は専有面積×1㎡当たり引越料

（2）仲介報酬料

　　　新たな借家の仲介を宅地建物取引業者に頼んだ場合の報酬料です。
　　　＜算定方法＞
　　　　周辺における標準家賃相当月額×1カ月

（3）家賃増加分等

　　　家賃増加分等とは、周辺における標準家賃相当額と現在支払家賃との差額及び移転先で新たに必要となる一時金相当額（礼金、不足する敷金の運用益喪失額）のことをいいます。
　　　＜算定方法＞
◇家賃増加分＝（周辺における標準家賃相当月額−現在支払家賃）×一定月数
◇礼金＝周辺における標準家賃相当月額×一定月数
◇不足する敷金の運用益喪失額＝（周辺における標準家賃相当月額×一定月数−従前貸主からの返還見込額）×$\{(1+r)^n - 1 / (1+r)^n\}$

　　　＜r：年利率　2％、　n：賃借期間　10年＞

（4）内装等

　　　内装等とは店舗の内装・設備及び営業用設備をいいます。
　　　営業用設備で移設可能（物理的、機能的に可能）な場合は移設費を基本としますが、造り付けの設備に近い場合は新設の考え方とな

ります。
　＜算定方法＞
　◇内装・設備＝新設費×一定乗率（実情に応じて設定）
　◇営業用設備＝移設費又は新設費×一定乗率（実情に応じて設定）
（5）その他雑費
　　立退きに伴い通常支出を要する前記以外の費用のことで、次の費用をいいます。
　◇法令上の手続に必要な費用（営業許可等の申請手数料、商業登記に必要な費用等）
　◇転居通知費・移転に必要な旅費等
　◇広告宣伝費

2 営業上の期待利益等の喪失を伴うもの

（1）営業休止に伴う損失・不利益

　営業上の期待利益等の喪失の種類には、理論上営業廃止、営業規模縮小又は営業休止の3つの考え方がありますが、このうち営業休止の考え方で行っているのが一般的です。立退きに伴う営業の一時休止期間中は、売上げがなくなるとするのが通常ですので、損失・不利益の算定要素は次のとおりとなります。
　◇収益の減少（休止期間中）
　◇得意先の喪失（営業再開後の売上減少）
　◇固定的経費（休止期間中）
　◇人件費（休止期間中）
　＜算定方法＞
　　　◇収益の減少
　　　　年間認定収益額÷12カ月×休止月数
　　　　　・年間収益額
　　　　　　売上高×経常利益率＝年間認定収益額
　　　　　　売上高、経常利益率は各種指標を参考

◇得意先の喪失
　　従前1カ月の売上高×売上減少率×限界利益率
　　　・売上減少率
　　　　　公共用地の取得に伴う損失補償基準細則付録別表8（売上減少率表）参考
　　　・限界利益率
　　　　　中小企業の原価指標（中小企業庁）の付表「業種別損益分岐点関係係数表」参考
◇固定的経費
　　年間固定的経費÷12カ月×休止月数
　　　・類似の事例等を参考に算定
◇人件費
　　平均月額人件費×休止月数
　　　・平均月額人件費：従業員1人当たりの人件費×従業員数

3　借家権の喪失

　自用の建物及びその敷地の価格から貸家及びその敷地の価格を控除した価格、借家権割合により求めた価格、賃料差額を還元した価格を勘案して求めます。

Q.111 敷金返還請求権と原状回復

敷金の返還請求時期

敷金返還請求権は、どの時点で行使できるのですか。

A 敷金は、賃貸借契約が終了した後、家屋明渡しがなされた時に返還請求権が発生するものとされています。

解 説

1 敷金の性格と返還請求時期

敷金とは、建物の賃貸借契約締結に際して、借主が貸主に対して交付する金員のうち、借主の未払賃料や損害賠償債務などの債務を担保するために交付するものであるとされています。すなわち、借主が、家賃の支払いを滞納したり、明渡し時の原状回復義務を履行しなかったり、故意や過失により通常の損耗の程度を超える修繕を要する故障を生じた場合に、貸主が敷金を相殺することにより、これらの債務の弁済に充当することができるのです。

そして、このような敷金の性格を前提として、敷金は、「賃貸借終了後家屋明渡義務履行までに生ずる賃料相当損害金の債権その他賃貸借契約により賃貸人が賃借人に対して取得することのあるべき一切の債権を担保」するものであり、敷金返還請求権は、家屋明渡完了の時において、それまでに生じた被担保債権を敷金額より控除しなお残額がある場合に、その残額につき具体的に発生するものと解されています（最判昭48.2.2）。そのため、賃貸借終了後であっても明渡し前においては、敷金返還請求権は、その発生及び金額の不確定な権利であるとされています。

例えば、賃借人が賃料を滞納したため、賃貸人が賃貸借契約を解除して契約が終了するような場合に、賃借人が、敷金の返還と引換えでなければ明渡しはできない、敷金が返還されるまで建物に居住すると言っても通用しません。賃貸人は、賃借人に対して明渡しを要求することができ、賃借人は先に明渡しをすべき義務があるのです。

逆からみれば、家屋の返還時において、残存する賃料債権等は、敷金が存在する限度において敷金の充当により当然に消滅することになります。このような敷金の充当による未払賃料等の消滅は、敷金契約から発生する効果であって、相殺のように当事者の意思表示を必要とするものではないとされています（最判平14．3．28）。そのため、賃貸人は、賃貸借終了明渡日の翌日から敷金返還債務の遅滞に陥るものともされています（大阪高判平21．6．12）。

例えば、賃借人が建物を明け渡したとしても、その後に補修工事を実施してはじめてその額が確定する場合、明渡し時に敷金で充当されるべき債権の額が全額確定しているわけではないのではないかという疑問が生じます。これについて、上記判例は、あくまでも明渡し時としたものです。ただ、現実の契約においては、敷金について「○○日以内に返還する」等の定め（特約）をしているケースが多いと思われるので、その場合は特約に従うことになります。

2 敷金の交付と債務不履行解除

一方で、賃貸借契約存続中においては、滞納賃料や損害賠償債務を敷金から充当するかどうかは、賃貸人の意思によるということとなります。つまり、敷金の交付を受けているからといって、必ずしも賃料未払いを理由にした債務不履行解除ができないということにはなりません。賃借人が賃料を滞納しているときに、賃借人が「敷金を交付しているのだから、敷金から滞納賃料分を差し引けばよく、滞納していることにはならない」という言い分は通用しません。賃貸人は、賃料の滞納を原因として債務不履行解除を選択すればよいわけです。

Q.112 敷金返還請求権と原状回復

通常損耗の修繕義務

通常損耗の修繕義務はだれが負担するのですか。

A 原則として賃貸人が負担することになります。しかし、特約により賃借人が負担することになる場合もあります。特約についてはQ113を参照してください。

解 説

1 原状回復義務

建物賃貸借契約終了後、賃借人が賃貸人に借家を返還する際には、原状回復義務というものがあります。この原状回復義務というものは、借家を、借りた時の状態に戻して、賃貸人に返還しなければならないというものです。

それでは、賃借人が借家を普通に使用してきた際にも、すべてを元通りに戻す義務があるのでしょうか。

建物の価値は、居住の有無にかかわらず、時間の経過だけで減少するものです。そして、入居中の物件において、入居者が賃料を支払いつつ、契約により定められた使用方法に従い、かつ、社会通念上通常の使用方法により使用していれば、普通そうなるであろう状態であれば、使用開始当時の状態よりも悪くなっていたとしても、その価値の減少に見合った回復は、通常、減価償却費や修繕費等の必要経費分を賃料の中に含ませることで、その支払いを受けることにより行われていると考えられる

ので、そのまま賃貸人に返還すればよいとされています。

　すなわち、賃借人の通常の使用により生ずる損耗（建物・設備等の自然的な劣化・損耗等（経年変化）及び賃借人の通常の使用により生ずる損耗等（通常損耗））については、賃借人の原状回復義務の範囲には入りません。つまり、通常損耗の修繕義務を賃借人が負担しないのが原則です。

　逆に、原状回復とは、「賃借人の居住、使用により発生した建物価値の減少のうち、賃借人の故意・過失、善管注意義務違反、その他通常の使用を超えるような使用による損耗・毀損（以下「損耗等」という）を復旧すること」と定義されます（後述のガイドラインを参照）。

2　ガイドライン

　この点、国土交通省において、「原状回復をめぐるトラブルとガイドライン」が策定されていますので、詳細はこちらを参考にされればよいと思います。

　いくつか具体的な例を挙げてみます。

　まず、ガイドラインは、

　（1）賃借人が通常の住まい方、使い方をしていても発生すると考えられるものは、「経年変化」か、「通常損耗」であり、これらは賃貸借契約の性質上、賃貸借契約期間中の賃料でカバーされてきたはずのものであるとして、賃借人はこれらを修繕等する義務を負わず、この場合の費用は賃貸人が負担することとしています。

　　例えば、畳の変色、フローリングの色落ち（日照、建物構造欠陥による雨漏りなどで発生したもの）については、日照は通常の生活で避けられないものであり、また、構造上の欠陥は、賃借人には責任はないと考えられています（賃借人が通知義務を怠った場合を除きます）。また、エアコン（賃借人所有）設置による壁のビス穴、跡については、エアコンについても、テレビ等と同様一般的な生活をしていく上で必需品になってきており、その設置によって生じたビス穴等は通常の損

耗と考えられます。

　(2) また、賃借人が通常の住まい方、使い方をしていても発生するものについては、上記のように、賃貸借契約期間中の賃料でカバーされてきたはずのものであり、賃借人は修繕等をする義務を負わないのであるから、あえて建物価値を増大させるような修繕等（例えば、古くなった設備等を最新のものに取り替えるとか、居室をあたかも新築のような状態にするためにクリーニングを実施する等、(1)に区分されるような建物価値の減少を補ってなお余りあるような修繕等）をする義務を負うことはないとしています。したがって、この場合の費用についても賃貸人が負担することとしています。

　例えば、畳の裏返し、表替え（特に破損等していないが、次の入居者確保のために行うもの）については、入居者入れ替わりによる物件の維持管理上の問題であり、賃貸人の負担とすることが妥当と考えられます。また、フローリングワックスがけについても、ワックスがけは通常の生活において必ず行うとまでは言い切れず、物件の維持管理の意味合いが強いことから、賃貸人負担とすることが妥当と考えられます。

　(3) 逆に、賃借人の住まい方、使い方次第で発生したりしなかったりすると考えられるものは、「故意・過失、善管注意義務違反等による損耗等」を含むこともあり、もはや通常の使用により生ずる損耗とはいえないとした上で、賃借人には原状回復義務が発生し、賃借人が負担すべき費用の検討が必要になるとしています。

　例えば、タバコ等のヤニ・臭い、喫煙等によりクロス等がヤニで変色したり臭いが付着している場合は、通常の使用による汚損を超えるものと判断される場合が多いと考えられています。なお、賃貸物件での喫煙等が禁じられている場合は、用法違反にあたるものと考えられます。また、壁等のくぎ穴、ネジ穴（重量物をかけるためにあけたも

ので、下地ボードの張替えが必要な程度のもの）についても、重量物の掲示等のためのくぎ穴、ネジ穴は、画鋲等のものに比べて深く、範囲も広いため、通常の使用による損耗を超えると判断されることが多いと考えられます。なお、地震等に対する家具転倒防止の措置については、あらかじめ、賃貸人の承諾、又は、くぎやネジを使用しない方法等の検討が考えられます。

（4）さらに、賃借人が通常の住まい方、使い方をしていても発生するものですが、その後の手入れ等賃借人の管理が悪く、損耗が発生・拡大したと考えられるものは、損耗の拡大について、賃借人に善管注意義務違反等があると考え、賃借人には原状回復義務が発生し、賃借人が負担すべき費用の検討が必要になるとしています。

例えば、結露を放置したことにより拡大したカビ、シミについて、結露は建物の構造上の問題であることが多いのですが、賃借人が結露を発生させているにもかかわらず、賃貸人に通知もせず、かつ、拭き取るなどの手入れを怠り、壁等を腐食させた場合には、通常の使用による損耗を超えると判断されることが多いと考えられています。

3　具体的な負担の配分

上記（3）や（4）の場合、つまり、賃借人に原状回復義務が発生する場合、賃借人が負担する具体的な費用の検討が必要になるのですが、この場合に修繕等の費用の全額を賃借人が当然に負担することにはならないと考えています。なぜなら、上記（3）の場合であっても、経年変化・通常損耗は必ず前提になっており、経年変化・通常損耗に相当する分については、賃借人は既に賃料として支払ってきているところで、賃借人が明渡し時に負担すべき費用にならないわけです。したがって、このような分まで賃借人が明渡しに際して負担しなければならないとすると、経年変化・通常損耗の分が賃貸借契約期間中と明渡し時とで二重に評価されることになるため、賃貸人と賃借人間の費用負担の配分につい

て合理性を欠くことになります。実質的にも、賃借人が経過年数1年で毀損させた場合と経過年数10年で毀損させた場合を比較すると、後者の場合は前者の場合よりも大きな経年変化・通常損耗があるはずであり、この場合に修繕費の負担が同じであるというのでは、賃借人相互の公平をも欠くことになります。そこで、賃借人の負担については、建物や設備等の経過年数を考慮し、年数が多いほど負担割合を減少させることとするのが適当とされているのです。

例えば、ガイドラインでは、カーペットの場合、償却年数は、6年で残存価値1円となるような直線（又は曲線）を描いて、経過年数により賃借人の負担を決定するとしています。よって、年数が経つほど賃借人の負担割合は減少することになります。

4 一部の毀損と原状回復の範囲

また、原状回復は、毀損部分の復旧なので、可能な限り毀損部分に限定し、毀損部分の補修工事が可能な最低限度を施工単位とすることを基本とします。ここで、問題となるのが、毀損部分と補修工事施工箇所にギャップがあるケースです。例えば、壁等のクロスの場合、毀損箇所が一部であっても、他の面との色や模様合わせを実施しないと商品価値を維持できない場合があることから、毀損部分だけでなく部屋全体の張替えを行うことが多くなっています。この場合、賃借人は、どのような範囲でクロスの張替え義務があるのでしょうか。

ガイドラインでは、毀損部分のみのクロスの張替えが技術的には可能であっても、その部分の張替えが明確に判別できるような状態になり、このような状態では、建物価値の減少を復旧できておらず、賃借人としての原状回復義務を十分果たしたとはいえないとして、クロス張替えの場合、毀損箇所を含む一面分の張替費用を、毀損等を発生させた賃借人の負担とすることが妥当と考えています。

Q.113 敷金返還請求権と原状回復

通常損耗の原状回復特約

通常損耗について原状回復を借家人に負わせる特約は有効ですか。

A 最高裁平成17年12月16日判決及び国土交通省のガイドラインの要件に適合するものであれば有効です。

解　説

1 通常損耗負担特約

確かに、賃貸借契約については、強行法規に反しないものであれば、特約を設けることは契約自由の原則から認められるものであり、一般的な原状回復義務を超えた一定の修繕等の義務を賃借人に負わせることも可能とされています。

しかしながら、建物の賃借人に対して、その賃貸借において生ずる通常損耗及び経年変化についての原状回復義務を負わせるのは、賃借人に予期しない特別の負担を課すことになるので、賃借人に同義務が認められるためには、特約として一定の要件を満たさなければなりません。最高裁平成17年12月16日判決は、「少なくとも、賃借人が補修費用を負担することになる通常損耗の範囲が賃貸借契約書の条項自体に具体的に明記されているか、仮に賃貸借契約書では明らかでない場合には、賃貸人が口頭で説明し、賃借人がその旨を明確に認識し、それを合意の内容としたものと認められるなど、その旨の特約が明確に合意されていることが必要」と判示しています。

また、消費者契約法では、9条1項1号で「当該消費者契約の解除に

伴う損害賠償の額の予定」等について、「平均的な損害の額を超えるもの」はその超える部分で無効であること、同法10条で「民法、商法」等による場合に比し、「消費者の権利を制限し、又は消費者の義務を加重する消費者契約の条項であって、消費者の利益を一方的に害するものは、無効とする」と規定されています。したがって、仮に原状回復についての特約を設ける場合は、その旨を明確に契約書面に定めた上で、賃借人の十分な認識と了解をもって契約することが必要になります。

そこで、国土交通省のガイドラインによると、①特約の必要性があり、かつ、暴利的でないなどの客観的合理的理由があること、②賃借人が特約によって通常の原状回復義務を超えた修繕義務を負うことについて認識していること、③賃借人が特約によって義務負担の意思表示をしていることを特約の有効要件としています。さらに、ガイドラインは、この特約が金銭の支出を伴う義務負担の特約である以上、賃借人が義務負担の意思表示をしているとの事実を支えるものとして、特約事項となっていて、将来賃借人が負担することになるであろう原状回復等の費用がどの程度のものになるか、単価等を明示しておくことも、紛争防止の上で欠かせないと指摘しています。

以上からしますと、通常損耗の修繕義務を賃借人に負担させる特約を有効にするためには、通常損耗のどの部分について賃借人が負担することになるのかを具体的に賃貸借契約書に記載するとともに、賃借人にとって退去時に自らが負担することとなる補修費用の額について、契約時において明確な認識を持つことができるよう、原状回復等の費用がどの程度のものになるか、少なくとも単価等を明示しておくことが後日の紛争を防止する上で有効になろうかと思われます。

2 最高裁の事例

例えば、前述した最高裁で争われた事例では、賃貸契約書に「賃借人が住宅を明け渡すときは、住宅内外に存する賃借人又は同居者の所有す

るすべての物件を撤去してこれを原状に復するものとし、本件負担区分表に基づき補修費用を被上告人の指示により負担しなければならない」旨を定めていた事例ですが、その本件負担区分表には、補修の対象物や当該対象物についての補修を要する状況等が記載され、このうち、「襖紙・障子紙」の項目についての要補修状況は「汚損（手垢の汚れ、タバコの煤けなど生活することによる変色を含む）・汚れ」、「各種床仕上材」の項目についての要補修状況は「生活することによる変色・汚損・破損と認められるもの」、「各種壁・天井等仕上材」の項目についての要補修状況は「生活することによる変色・汚損・破損」とされ、いずれも退去者が補修費用を負担するものとしていました。また、本件負担区分表には、「破損」とは「こわれていたむこと。また、こわしていためること」、「汚損」とは「よごれていること。または、よごして傷つけること」であるとの説明がされていました。そして、このような契約であっても、最高裁は、「要補修状況を記載した・・・文言自体からは、通常損耗を含む趣旨であることが一義的に明白であるとはいえない。したがって、本件契約書には、通常損耗補修特約の成立が認められるために必要なその内容を具体的に明記した条項はないといわざるを得ない」としています。

　また、最高裁判決平成23年7月12日が、いわゆる敷引特約に関して「賃借人も、賃料のほかに賃借人が支払うべき一時金の額や、その全部ないし一部が建物の明渡し後も返還されない旨の契約条件が契約書に明記されていれば、賃貸借契約の締結に当たって、当該契約によって自らが負うこととなる金銭的な負担を明確に認識した上、複数の賃貸物件の契約条件を比較検討して、自らにとってより有利な物件を選択することができるものと考えられる」とした上で、「敷引金の額が賃料の額等に照らし高額に過ぎるなどの事情があれば格別、そうでない限り、これが信義則に反して消費者である賃借人の利益を一方的に害するものということはできない」と判断していることも参考になります（Q61　敷引特約参照）。

Q.114 終身借家権

終身借家権の内容

終身借家権とはどのような内容ですか。

A 終身借家権とは、高齢者単身・夫婦世帯等が終身にわたり安心して賃貸住宅に居住できる仕組みとして、借家人が生きている限り存続し、死亡した時に終了する借家人本人一代限りの借家契約を結ぶことができる制度です。

解説

高齢社会の到来を前に、高齢者に建物を所有させるほどの負担をさせず良質な賃貸住宅に「終の住み家」として居住してもらう必要性が生じてきたことから、高齢者の居住の安定確保に関する法律（以下「高齢者住まい法」といいます）が平成13年に制定され、終身借家権制度が導入されました。

終身借家権制度の種類には、ⅰ狭義の終身借家権とⅱ期間付き死亡時終了建物賃貸借制度の2つがあります。

ⅰ狭義の終身借家権制度の特徴としては、
①書面による契約を締結する必要があること
②貸主は賃貸事業を行うに際しては、都道府県知事の認可を受けなければならないこと（認可事業）
③入居者となる借家人は60歳以上の高齢者であること（年齢制限）
④建物については、一定の要件を満たしたバリアフリー住宅であること（建物の基準）

⑤バリアフリー化するために必要な費用については、国などからの補助がされること
⑥不確定期限（借家人が死ぬまでの間）付き借家権であり、相続権が排除されていること
⑦賃料の改定に関わる特約がある場合には、賃料増減請求権の規定の適用は排除されること（ただし、共益費・管理費の増額は認められる）
⑧借家人はその借家権を譲渡し、又は転貸してはならないこと
などが挙げられます。

これに対して、ⅱ期限付き死亡時終了建物賃貸借制度とは、借家人となる者が、特に一定の期間に限り住宅を賃借することを希望して、その旨を申し出た場合にまで、賃借人の死亡に至るまで存続するⅰ狭義の終身借家権を強制する必要はないことから導入されたものです。

ⅱ期限付き死亡時終了建物賃貸借制度の特徴としては、
①契約の更新がなく、期間が定められた契約であること
②賃借人が死亡した場合には、その期間の満了前でも賃貸借契約が終了すること
③期間を残して賃借人が死亡した場合も残存期間につき相続人が借家権を相続することはないこと
などが挙げられます。

ⅱ期限付き死亡時終了建物賃貸借制度を利用するためには、
①ⅰ狭義の終身借家権の要件を充たしていること
　に加えて、
②賃借人となろうとするものから、特にその旨の申出があること
が必要となります。

Q.115 終身借家権

終身借家権の賃貸事業

終身借家権の賃貸事業を行う場合には都道府県の知事の認可が必要ですか。

A 終身借家権による賃貸事業を行おうとする者は、都道府県知事の認可を受けなければなりません。

解説

終身借家契約の賃貸人となる者は、住宅をバリアフリー化するために必要な費用について国などからの補助が出るとともに、前払家賃を受領することもあります。なお、この前払家賃については中途解約等をなされた場合には返還を要するものであるため、終身借家権による賃貸事業を行おうとする者は、都道府県知事の認可を受けなければなりません。

都道府県知事による賃貸事業者の認可基準は次のとおりです。
①事業の遂行に必要な資力及び信用並びに遂行のために必要な能力があること
②賃貸住宅が以下の基準に適合すること
　（イ）賃貸住宅の規模及び設備が国土交通省令で定める基準に適合すること（いわゆる「バリアフリー住宅」であること）
　（ロ）バリアフリーの構造が国土交通省令で定める基準に適合すること
③賃貸住宅の設備をして事業を行う者（管理だけを行う場合は含まれません）は、設備のための資金計画が適切であること
　以上の要件を満たせば、認可されます。

Q.116 終身借家権

終身借家権の中途解約

終身借家権の場合、中途解約ができますか。

A 終身借家権の場合、一定の要件を満たす場合、家主からも借家人からも中途解約が認められます。

解　説

1　家主からの中途解約

　終身借家権においては、従来の借家制度と異なり、次の要件を満たす場合には家主からも中途で解約の申出を行うことができます。

①認可住宅の老朽、損傷、一部の滅失その他の事情により家賃の価額その他の事情に照らし、その建物をバリアフリー住宅の基準等に照らしてそのような適切な住宅として維持し、回復するのに過分の費用を要するに至った場合

又は、

②賃借人がその住宅に長期間にわたって居住せず、かつ、当面居住する見込みがないことによりその建物を適正に管理することが困難となったとき

には、家主は、都道府県知事の承認を受けた上で終身借家権の解約の申入れをすることができます。

　この場合、家主の解約申入れの日から6カ月の経過により終身借家権は終了します。この解約申入れには正当事由の存在は必要ではありません。

2 借家人からの中途解約

　これに対し、以下のいずれかの要件を満たす場合、借家人からの解約申入れが認められ、借家人の解約申入れの日から1カ月の経過により終身借家権は終了します。

①療養、老人ホームへの入所その他のやむを得ない事情により賃借人がその建物に居住することが困難になったとき

②親族と同居するために賃借人がその建物に居住する必要がなくなったとき

③家主が住宅の改善命令に違反したとき

　また、これとは別に、借家人は特に何の理由がなくとも解約を申し入れることができ、この場合、解約申入れの日から6カ月後に終身借家は終了します。

　以上の賃貸人及び賃借人からの中途解約については強行規定とされており、借家人に不利なものは無効とされています。

　中途解約により終身借家権が終了した場合、賃料を前払いで支払っていたときは、その一部分が返還されることになります。

Q.117 終身借家権

同居者の保護

終身借家権の場合、借家人が死亡した場合、同居人はどのように保護されますか。

A 同居人が一定の要件を満たす場合、そのまま居住することが可能となります。

解 説

終身借家権を有していた借家人が死亡した場合、借家人と同居していた配偶者（内縁を含みます）又は60歳以上の親族人は、借家人の死亡後も一時的な居住は保護されます。

すなわち、
①終身借家人の死亡、又は、
②期間付き死亡時終了建物賃貸借において借家人の死亡があったときにおいて、同居者がそれを知った日から１カ月を経過するまでの間は、同居者は引き続きその建物に居住することができます。

終身借家契約において借家人が死亡した場合、居住していた配偶者や同居親族が借家人の死亡を知った日から１月以内に、家主に対し引き続き居住する旨の申出を行ったときは、家主はその配偶者らとの間で終身借家契約を締結しなければなりません。

この場合、配偶者らが家主との間で新たに契約を締結する場合の賃貸借の条件は、従前の賃貸借の条件と同一のものとされます。

なお、期間付き死亡時終了建物賃貸借契約においても以上と同様の処理がなされます。

第3編

震災関連

Q.118 震災関連

自然災害と借地権

契約期間中に地震等の災害が起こり、借地上の建物が滅失してしまった場合、借地権はどうなるのでしょうか。

A 借地権が消滅することはありません。

解 説

1 平成23年3月11日に発生した東日本大震災では、地震及び津波によって東北地方を中心に甚大な被害が発生し、多数の家屋が倒壊しました。また、福島第一原発の炉心溶融による原子力事故により、立ち入り禁止区域が指定されたことから、利用が不可能となった不動産も存在しています。

そこで、以下のQでは、地震等の災害によって生じる諸問題を取り上げることとします。

2 普通借地権の場合

借地権の登記をしていない状態で借地上の建物が滅失してしまった場合、借地権者が、その建物を特定するために必要な事項、その滅失があった日及び建物を新たに築造する旨を土地上の見やすい場所に掲示するときは、借地権はなお第三者に対抗力を有します。ただし、滅失の日から2年以内に建物を建てた上で建物登記を行う必要があります（借地借家法10条2項）。

東日本大震災を受けて平成25年9月25日に施行された大規模な災害の被災地における借地借家に関する特別措置法（以下「新法」といい

ます。)は、従前の罹災都市借地借家臨時処理法が不十分な点を補うために制定されたものです。新法では、前記の掲示による対抗力を当該災害が特定大規模災害として政令で指定され、同政令が施行されたときから6カ月間は掲示なくして対抗力を有することとしています（新法4条)。また、被災時は通常の建物の滅失の場合よりも再築に期間を要することが想定されるため、政令の施行の日から3年間の間に再築することで対抗力を認めています（新法4条2項)。

なお、建物の滅失によって借地権は消失する旨の特約を定めていたとしても、このような特約は、借地権者に不利なものとして、効力が認められず、借地権は消滅しません（借地借家法9条)。

また、上記のように借地上の建物が滅失したとしても借地権は当然に消滅するものではありませんが、大規模災害が発生した場合には、借地人の側でも建物を再築する資力や意欲を欠く場合もあり、政令の施行の日から1年を経過する日までの間は、借地権者から解約申入れする権利を認めています（新法3条1項)。なお、解約申入れがあった場合、借地権は申入れがあった日から3ヶ月を経過することで消滅します（新法3条2項)ただし、この間の地代負担は必要です。

3 定期借地権・事業借地権の場合

定期借地権・事業借地権は、土地を所定の期間利用することができる権利であり、期間満了時には借地人が自己の費用と責任において建物を収去し、更地にして返還することが予定されています。

したがって、この場合も借地権は消滅しません。なお、対抗力の問題は、普通借地権の場合と同様です。

また、定期借地権設定契約や事業用借地権設定契約には借地人側の中途解約条項がないものも存在しますが、大規模災害として政令で指定され、新法の適用がある場合には、解約申入れは可能です。

Q.119 震災関連

存続期間

契約期間中に地震等の災害が起こり、借家が滅失してしまった場合、賃貸借契約はどうなるのでしょうか。

A 賃貸借契約の目的物が滅失すると、賃貸借関係は消滅します。

解　説

1 建物の滅失と賃貸借契約

　賃貸借契約の目的物である建物が滅失すると、貸主の建物を貸す債務は履行不能となり賃貸借契約は終了します。この場合、契約当事者はそれぞれ契約上の義務を免れ、敷金等の精算を行うことになります。

　ただし、建物が滅失しておらず修繕が可能であれば、借家人は家主に修繕を求めることになり、この場合には賃貸借契約は継続します。なお、借家人が建物を使用不能な期間は賃料支払義務を免れることになります。

2 罹災都市借地借家臨時処理法の廃止

　罹災土地借地借家臨時処理法においては、大規模災害（政令での指定が必要）によって建物が滅失した借家人は、建物敷地上に借地権が存在しない場合には、土地所有者に対し、政令施行の日から2年以内に建物所有目的の土地の賃借の申出をすることで、他の者に優先してその土地を賃借りする権利が与えられていました（優先借地権制度）。しかしながら、借地権の価値が大きい現代社会におい

ては、優先借地権制度は建物賃借人の保護として明らかに課題であり、平成25年の大規模な災害の被災地における借地家借家に関する特別措置法施行により罹災土地借地借家臨時処理法が廃止されたことによりなくなりました。

Q.120 震災関連

建物再築可否と借地権の存続期間

契約期間中に地震等の災害が起こり、借地上の建物が滅失してしまった場合、建物を再築することはできるのでしょうか。借地権の存続期間はどうなるのでしょうか。

A 普通借地権の場合には、再築に障害はありませんが、後の紛争を回避するために土地所有者の承諾を得ておくことが望ましいと思われます。一方、定期借地権・事業用借地権の場合には、借地権の存続期間が延長することはありませんので、再築する経済合理性がない場合には、再築を断念せざるを得ない場合もあります。

解　説

1 普通借地権の場合

　Q118で指摘したとおり、借地上の建物が滅失しても借地権は消滅しません。借地権が消滅しない以上、借地権者には建物所有目的の土地使用権がありますので、建物を再築することは可能です。

　しかしながら、借地契約の残存期間がわずかであるのに、これを超えても存続するような建物を再築した場合には、借地権者と土地所有者の紛争が顕在化することが予想されますので、調整規定が置かれています。

　借地権消滅前に建物が滅失した場合に、借地権者が残存期間を超えて存続するような建物を再築する場合、土地所有者の承諾がある場合に限り、借地権は承諾日又は建物再築日のいずれか早い日から20年間（残存期間がこれより長いときや、当事者がこれより長い期間を定めたときはその期間）存続することとなります。ただし、借地権者が土地所有者に

対し残存期間を超える建物を再築する旨を通知し、土地所有者が2カ月以内に異議を述べなかったときは承諾があったものとみなされます（借地借家法7条）。

なお、借地権の存続期間満了時に借地契約が更新されない場合には、借地権者は土地所有者に建物の買取りを請求できますが（借地借家法13条1項）、再築の承諾がなかった場合には、買取代金の支払いについて相当の期限を猶予することが認められています（同条2項）。

一方、借地借家法施行前の借地権の場合、借地権者が残存期間を超えて存続すべき建物を再築する際に、土地所有者が遅滞なく異議を述べない限り、借地権は建物滅失の日から起算して、堅固建物については30年間、非堅固建物については20年間存続するものとされています（旧借地法7条）。ただし、残存期間がこれより長いときはその期間です。

2 定期借地権・事業用借地権の場合

定期借地権・事業用借地権の場合も、利用期間の定めがあるだけで、その間土地を利用可能なことに変わりはありませんから、建物が滅失しても借地権は消滅せず、建物を再築することも可能です。ただし、期間の延長が認められていない一般定期借地権・事業用借地権の場合、期間が満了すれば借地関係は終了するほかなく、投下資本の回収手段としての建物買取請求権も認められていません。

したがって、残存期間を考慮した場合には、経済合理性を考えて再築を断念せざるを得ないことも考えられます。このように残存期間が短い場合には、期間内で投下資本が回収できるような建物を再築するか、残存期間中は再築を断念して賃料を支払い続けるか、借地権の解除を申し入れるか、いずれかの選択をすることとなります。

ただし、地主の承諾が得られれば、借地権を合意解除した上で、あらためて再築予定の建物を前提にした借地権の再設定をすることも可能です。

Q.121 震災関連

自然災害と契約解除

契約期間中に借地上の建物が滅失してしまったので、契約を解除したいと思います。解除することは可能でしょうか。

A 普通借地権の場合には、このような申入れを行う合理性はありませんが、期間の定められた定期借地権・事業用借地権の場合には、このような申入れを行う必要があり、特約があれば契約を解除できます。

解 説

Q118で指摘したとおり、一般定期借地権・事業用借地権の場合には、存続期間の延長が認められていません。建物の再築を断念した場合、借地契約自体は消滅しませんので、地代の支払義務が残ることとなり、借地権者には負担となることが考えられます。

このような場合、事前に残存期間中に建物滅失を理由として借地権者が借地契約を終了させることができる旨の特約を行うことは可能です。

また、定期借地権については、このような特約が明文になっていなくても、特段の事情がない限り、「賃借人による建物の再築が著しく合理性に欠け、借地関係の継続が実質的意義を欠くに至ったときには賃借人が解約申し入れをなし得る黙示の約定が含まれていると推認してよい」（山野目章夫「定期借地権」法律時報64巻6号30頁）という有力な見解があります。この見解によれば、建物が滅失した場合に残存期間がわずかしかなく、建物再築の経済合理性がない場合には、借地人は借地契約

の解除が可能となります。ただし、借地契約の終了は、解約申入れ後1年を経過してからです（民法618条、617条）。

　いずれにしろ、後日の紛争を回避するためには、事前にこのような特約を明文化しておくことが望ましいと思われます。

　なお、大規模な災害の被災地における借地家借家に関する特別措置法によって政令で指定された大規模災害の場合には、Q118で指摘したとおり借地権者からの解約申入れは可能です。

Q.122 震災関連

土地建物の使用不能

契約期間中に地震に見舞われ借地に亀裂が入ったために、建物を再築することができなくなりました。このような場合、どのようにしたらよいのでしょうか。また、建物が避難区域内にあって利用できなくなった場合はどうでしょうか。

解 説

1 地主の修繕義務と借地の利用不能

　借地権が賃貸借契約である場合、賃貸人である土地所有者は、目的物の使用収益に必要な修繕義務を負います（民法606条1項）。

　借地人は、借地が修繕されず土地が利用できない場合には、地代の支払いを拒むことができます（民法533条）。

　ただし、修繕が物理的に不可能な場合も考えられます。このように、原因が天災であり、地主に帰責事由がない事情によって、債務が履行不能となってしまった場合に、他方の債務がどうなるかについては、民法に定めがあり、地主の修繕義務、ひいては使用収益させる債務が履行不能となった場合には、賃料支払義務も消滅します（民法536条1項）。

　本問のような場合、借地契約の目的物自体が利用できないと考えられますので、単に賃料支払義務が消滅するだけではなく、借地契約自体が終了すると考えるべきと思われます。

　なお、借地権の性質が地上権であっても、別異に解する理由はありませんので、同様の結論となります。

2 建物の利用不能

　建物が避難区域内にある場合、物理的に建物の利用ができませんので、建物が滅失した場合と同様に考えざるを得ません。

　この場合、貸主の建物を使用収益させる債務が履行不能になりますが、貸主に帰責事由がない点は**1**と同様であり、反対債務である借家人の賃料支払義務も消滅します（民法536条1項）。

　なお、この場合も建物賃貸借契約の目的物そのものが利用不能となり、賃貸借契約そのものが終了すると考えることが合理的と思われます。

事業用定期借地権設定の覚書

(法 23 条第 2 項に関する覚書)

借地権設定者　　　　(以下「甲」という。)と借地権者　　　　(以下「乙」という。)は甲の所有する土地(以下「本件土地」という。)について、次のとおり借地借家法(以下「法」という。)23 条第 2 項に定める事業用定期借地権(以下「本件借地権」という。)の設定に関する契約条項について、次のとおり合意したので覚書を締結する。

標記

(1)	土地の表示			
	所　　　在	地　番	地　目	地　積
				㎡
				㎡
				㎡
	合計　登記簿・実測　　　契約面積　　　㎡			
(2)	本件土地に建築される建物の概要			
種　　類				
構　　造				
規　　模				
用　　途				
事業内容				
(3)	賃貸借期間			
	公正証書作成の日から　　　年間とし、下記のように定める。 西暦　　　年　　　月　　　日　から 西暦　　　年　　　月　　　日までの　　　年間			
(4)	賃料			
	月額　　　　　　　円		振込先	○○銀行○○支店 普通預金 名義
(5)	保証金　　　　　　　円 預託時期　西暦　　　年　　　月　　　日			
(6)	予約金　　　　　　　円 支払時期　本覚書締結時			

（規定の不適用）
第1条　本件借地権は賃借権とする。
　　2　本件借地権は、契約の更新（更新請求および土地の使用の継続によるものを含む。）および建物の再築による存続期間の延長がなく、また借地権者は、建物の買取を請求できないものとする。
　　3　本件借地権については、法第3条から第8条まで、第13条および第18条並びに民法第619条は適用はされない。

（建物の用途）
第2条　乙は、本件土地を専ら標記事業の用に供する建物（以下「本件建物」という。）を所有するために使用するものとし、居住の用に供する建物を建築してはならない。
　　2　本件土地の上に乙が所有する建物の種類、構造および用途は標記のとおりとする。

（借地期間）
第3条　借地期間は標記のとおりとする。

（賃料）
第4条　月額賃料は、標記金額とし、乙は甲に対し、毎月末日までに、その翌月分を甲の指定する標記金融機関に振込みにより支払うものとする。期間が1ヶ月に満たない場合は、日割りにより算出する。ただし、振込みにかかる費用は乙の負担とする。
　　2　前項の賃料は3年毎に見直しを行い、本件土地に対する租税その他の公課の増減により、土地の価格の上昇もしくは低下その他経済事情の変動により、また、近傍類似の土地の賃料等に比較して不相当となったときは、甲および乙は相手方に対し、賃料の増減を請求できるものとする。
　　3　借地権の存続期間の始期から第2条の条の建物の着工時までは、賃料は月額　　　円とする。

（保証金）
第5条　乙は甲に対し、保証金として標記の金額を預託するものとする。
　　2　前項の保証金は、本契約にかかる乙の原状回復義務の履行および賃料未払などの債務不履行を担保するものとする。
　　3　賃料の増額または経済事情の変動等により、前項の保証金が担保として合理性を欠く金額となったときは、甲は乙に対して保証金の追加支払を請求することが

できるものとする。
　4　第1項および前項の保証金には利息を付さない。
　5　乙は、甲に対し、保証金をもって賃料債務その他の甲に対する債務への充当を要求できないものとする。
　6　本契約終了に伴い、乙が本件土地を原状に復して、甲が本件土地の明渡し返還を受け、かつ第19条第3項および第4項の規定により本件借地権設定登記が抹消され、本件地上建物の担保権が抹消され、本件土地上の建物の滅失登記がされたときは、甲はただちに乙に返還するものとする。
　7　甲は、本条第6項の保証金を返還する場合において、次の各号に該当する債務があるときは、保証金から控除することができる。
　（1）既に履行期が到来した乙の賃料債務
　（2）乙が本契約の終了または解除にあたり、本件土地に存する乙所有建物、工作物の撤去並びに本件土地の整地を行うため、甲が自ら取壊しを行う場合に必要な一切の費用
　8　乙は、保証金にかかる返還請求権を第三者に譲渡し、または担保に供してはならない。ただし、第6条にかかる場合はこの限りではない。

（借地権の譲渡・転借）
第6条　乙は、第三者に本件借地権を譲渡し、または本件土地を転貸しようとするときは、あらかじめ甲の書面による承諾を得なければならない。
　2　甲が、前項の譲渡に承諾を与えたときは、乙は本件借地権とともに甲に対する保証金返還請求権を当該第三者に譲渡するものとし、甲はこれを承諾する。

（土地の譲渡）
第7条　甲は、本件土地を第三者に譲渡しようとする場合は、あらかじめ乙に通知しなければならない。
　2　甲は、本件土地を第三者に譲渡した場合には、乙に対する保証金返還債務を当該第三者に承継させなければならない。

（承諾事項）
第8条　乙は次の各号に該当する行為をしようとするときは、あらかじめ甲の書面による承諾を得なければならない。
　（1）第2条に定める建物につき、竣工前に設計変更をしようとするとき、竣工後、増改築、再築しようとするとき、用途変更しようとするとき、もしくは法規上の規制により変更が必要となったとき。
　（2）本件土地の区画形質を変更しようとするとき。

(届出事項)
第9条　乙は、次の各号に該当するときは、甲に書面により届出なければならない。
　（1）役員変更、定款変更があったとき。
　（2）合併または分割が行われたとき。
　（3）その他届出事項に変更があったとき。

(本件建物の賃貸借)
第10条　乙が、本件建物を賃貸しようとするときは、次の各号を遵守しなければならない。
　（1）建物賃貸借契約は、法39条に定める取壊し予定の建物の契約によること。
　（2）建物賃貸借契約は、法38条に定める定期建物賃貸借契約とすること。
　（3）建物賃貸借契約の内容を甲に通知すること。
　（4）建物賃貸借契約は、本契約終了の3ヶ月前までに終了させること。
　（5）建物賃借人に対して、本契約終了の1年前までに、本契約が終了し、建物が取壊しされる旨を通知すること。
　（6）建物賃借人について、充分に審査を行い、暴力団等の反社会的集団およびその構成員の排除に努めること。

(契約の解除)
第11条　甲は、乙が次の各号の一に該当するときは、何らの催告をしないで本契約を解除することができる。
　（1）第2条に違反して居住の用に供したとき。
　（2）第4条の賃料の支払いを3ヶ月以上怠ったとき。
　（3）第6条に違反し本件借地権を譲渡、転貸したとき。
　（4）第8条に違反し甲の承諾を得ずに建物を増改築、再建築したとき。
　（5）第10条に違反し本件建物を賃貸したとき。
　（6）乙について、破産、会社更生、民事再生、特別清算の手続きが開始したとき。
　（7）乙が第三者の差押、仮差押、仮処分、競売の申立を受けたとき。
　（8）乙または乙の役員、その使用人が反社会的団体に所属することが判明したとき。
　（9）その他、乙に本契約を継続しがたい重要な背信行為があったとき。

(乙の解約権の留保)
第12条　乙は、保証金返還請求権を放棄することにより、本契約を解除することができる。
　2　本契約期間中に、乙の責めに帰することができない事情（地震、火災等）によ

り、本件建物が滅失したときは、乙は、本契約の解約を申出ることができる。
　3　前項の場合には、本契約は解約の申入れがあった日から3ヶ月後に終了する。

（契約の失効）
第13条　天災事変、公用収用その他行政処分により、本件土地が使用できなくなったり、使用が制限され、本契約を継続することができなくなったときは、本契約は失効するものとする。
　2　前項の場合には、甲乙それぞれ損害賠償を請求しない。

（原状回復義務等）
第14条　本件土地の借地期間が満了した場合、第11条により本契約が解除された場合、または第12条の解約の申出が受理された場合は、乙は甲に対し、本件建物その他工作物を自己の費用で撤去し、整地し、完全な更地として返還しなければならない。
　2　乙の明渡し後、本件土地上に残置物が存する場合には、甲はこれを処分することができ、乙はそれに対し異議を述べない。ただし、処分に要する費用は乙の負担とする。
　3　本件借地権期間満了により消滅する場合において、乙は甲に対し、期間満了1年前までに建物賃貸借契約が第10条（1）によっていることおよび建物賃貸借人に同条（5）の通知をしていることを書面で報告しなければならない。
　4　乙は、本件土地の明渡し返還に際し、移転料、立退き料等の名目の如何を問わず、甲に何らの金銭の請求をしない。
　5　本契約が終了したにもかかわらず乙が本条第1項に規定する本件土地を明渡し返還しないときは、直近賃料の2倍相当額の遅延損害金を支払うものとする。

（費用償還請求権等の放棄）
第15条　乙は本件土地の使用に必要な費用を負担するものとし、また、本契約終了時に本件土地の返還に際し、有益費用の償還請求権を行使せず、甲に対し何ら補償の請求をしないものとする。

（予約金）
第16条　乙は、この覚書締結と同時に予約金として標記の金額を甲に支払うものとする。
　2　予約金は、第17条に定める公正証書作成による本件借地権成立時に保証金に充当する。
　3　第17条に定める公正証書が同条の期日までに乙の責めに帰すべき事由により、

作成されず本件借地権設定契約が成立しない場合、乙は甲に対して既に交付した予約金の返還請求権を失うものとする。

（公正証書の作成）
第17条　甲および乙は、法23条第3項の規定に準拠し、この覚書に定めるすべての契約条項を内容とする公正証書を作成し、本件借地権設定契約を締結するものとする。
　　2　公正証書の作成は、　　年　　月　　日までに　　公証役場において行うものとする。
　　3　甲および乙は金銭債務不履行の時は、ただちに強制執行に服する旨、異議なく承諾する。
　　4　公正証書作成の費用は、甲および乙が折半して負担する。

（事前使用の禁止）
第18条　乙は、この覚書締結後、公正証書作成までの間、本件土地を一切使用することができない。

（登記）
第19条　甲および乙は、本契約締結後、すみやかに本件土地について本契約に定める事業用定期借地権設定登記をする。
　　2　登記に要する費用は甲および乙が折半して負担する。
　　3　乙は、本契約終了と同時に、自らの負担と責任において第1項の本件借地権設定の登記を抹消しなければならない。
　　4　乙は、本契約終了と同時に、自らの負担ですみやかに本件建物に付着した担保権の抹消登記および本件建物滅失登記をしなければならない。

（管轄裁判所）
第20条　本契約に関する紛争については、甲の住所地の地方裁判所を第一審の管轄裁判所とする。

（協議事項）
第21条　本契約に定めがない事項、または本契約条項の解釈について疑義が生じたときは、甲および乙は、民法その他関係法令および不動産取引の慣行に従い、誠意をもって協議し解決する。

平成　　年　　月　　日

（借地権設定者）
甲：

（借地権者）
乙：

定期賃貸住宅標準契約書

(1) 賃貸借の目的物　　　　　　　　　　（出典：国土交通省、改訂版）

建物の名称・所在地等	名　称						
	所在地						
	建て方	共同建　長屋建　一戸建　その他	構造	木造　非木造（　　　　）		工事完了年	年
					階建	大規模修繕を（　　）年実施	
			戸数		戸		
住戸部分	住戸番号		号室	間取り	（　　）LDK・DK・K／ワンルーム／		
	面　積				㎡　（それ以外に、バルコニー_____㎡)		
	設備等	トイレ		専用（水洗・非水洗）・共用（水洗・非水洗）			
		浴室		有・無			
		シャワー		有・無			
		洗面台		有・無			
		洗濯機置場		有・無			
		給湯設備		有・無			
		ガスコンロ・電気コンロ・IH調理器		有・無			
		冷暖房設備		有・無			
		備え付け照明設備		有・無			
		オートロック		有・無			
		地デジ対応・CATV対応		有・無			
		インターネット対応		有・無			
		メールボックス		有・無			
		宅配ボックス		有・無			
		鍵		有・無　（鍵 No.　　　　　・　　　本）			
				有・無			
				有・無			
		使用可能電気容量		（　　　　）アンペア			
		ガス		有(都市ガス・プロパンガス)・無			
		上水道		水道本管より直結・受水槽・井戸水			
		下水道		有(公共下水道・浄化槽)・無			
付属施設		駐車場	含む・含まない	台分（位置番号：　　　　　）			
		自転車置場	含む・含まない	台分（位置番号：　　　　　）			
		バイク置場	含む・含まない	台分（位置番号：　　　　　）			
		物置	含む・含まない				
		専用庭	含む・含まない				
			含む・含まない				

(2) 契約期間

始期	年　　月　　日から	年　　月間
終期	年　　月　　日まで	

（契約終了の通知をすべき期間　　年　　月　　日から　　年　　月　　日まで）

(3) 賃料等

賃料・共益費	支払期限	支払方法	
賃　料 　　　　　円	当月分・翌月分を 毎月　　　日まで	振込、口座振替又は持参	振込先金融機関名： 預金：普通・当座 口座番号： 口座名義人 振込手数料負担者：貸主・借主 持参先：
共益費 　　　　　円	当月分・翌月分を 毎月　　　日まで		
敷　金	賃料　か月相当分 　　　　　円		
附属施設使用料			
その他			

(4) 貸主及び管理業者

貸　主 (社名・代表者)	住所　〒 氏名　　　　　　　　電話番号
管理業者 (社名・代表者)	住所　〒 氏名　　　　　　　　電話番号 賃貸住宅管理業者登録番号　国土交通大臣（　　）第　　　　号

＊貸主と建物の所有者が異なる場合は、次の欄も記載すること。

建物の所有者	住所　〒 氏名　　　　　　　　電話番号

(5) 借主及び同居人

	借　主	同　居　人	
氏　名	（氏名） （年齢）　　　歳	（氏名）　　　　　　　　（年齢）　　歳 （氏名）　　　　　　　　（年齢）　　歳 （氏名）　　　　　　　　（年齢）　　歳 合計　　　人	
緊急時の連絡先	住所　〒 氏名　　　　電話番号　　　　借主との関係		

（契約の締結）
第1条　貸主（以下「甲」という。）及び借主（以下「乙」という。）は、頭書(1)に記載する賃貸借の目的物（以下「本物件」という。）について、以下の条項により借地借家法（以下「法」という。）第38条に規定する定期建物賃貸借契約（以下「本契約」という。）を締結した。
（契約期間）
第2条　契約期間は、頭書(2)に記載するとおりとする。
2　本契約は、前項に規定する期間の満了により終了し、更新がない。ただし、甲及び乙は、協議の上、本契約の期間の満了の日の翌日を始期とする新たな賃貸借契約（以下「再契約」という。）をすることができる。
3　甲は、第1項に規定する期間の満了の1年前から6月前までの間（以下「通知期間」という。）に乙に対し、期間の満了により賃貸借が終了する旨を書面によって通知するものとする。
4　甲は、前項に規定する通知をしなければ、賃貸借の終了を乙に主張することができず、乙は、第1項に規定する期間の満了後においても、本物件を引き続き賃借することができる。ただし、甲が通知期間の経過後乙に対し期間の満了により賃貸借が終了する旨の通知をした場合においては、その通知の日から6月を経過した日に賃貸借は終了する。
（使用目的）
第3条　乙は、居住のみを目的として本物件を使用しなければならない。
（賃料）
第4条　乙は、頭書(3)の記載に従い、賃料を甲に支払わなければならない。
2　1か月に満たない期間の賃料は、1か月を30日として日割計算した額とする。
3　甲及び乙は、次の各号の一に該当する場合には、協議の上、賃料を改定することができる。
　一　土地又は建物に対する租税その他の負担の増減により賃料が不相当となった場合
　二　土地又は建物の価格の上昇又は低下その他の経済事情の変動により賃料が不相当となった場合
　三　近傍同種の建物の賃料に比較して賃料が不相当となった場合
（共益費）
第5条　乙は、階段、廊下等の共用部分の維持管理に必要な光熱費、上下水道使用料、清掃費等（以下この条において「維持管理費」という。）に充てるため、共益費を甲に支払うものとする。
2　前項の共益費は、頭書(3)の記載に従い、支払わなければならない。
3　1か月に満たない期間の共益費は、1か月を30日として日割計算した額とする。
4　甲及び乙は、維持管理費の増減により共益費が不相当となったときは、協議の上、共益費を改定することができる。
（敷金）
第6条　乙は、本契約から生じる債務の担保として、頭書(3)に記載する敷金を甲に預け入れるものとする。
2　乙は、本物件を明け渡すまでの間、敷金をもって賃料、共益費その他の債務と相殺をすることができない。
3　甲は、本物件の明渡しがあったときは、遅滞なく、敷金の全額を無利息で乙に返還しなければならない。ただし、甲は、本物件の明渡し時に、賃料の滞納、第14条に規定する原状回復に要する費用の未払いその他の本契約から生じる乙の債務の不履行が存在する場合には、当該債務の額を敷金から差し引くことができる。
4　前項ただし書の場合には、甲は、敷金から差し引く債務の額の内訳を乙に明示しなければならない。
（反社会的勢力の排除）
第7条　甲及び乙は、それぞれ相手方に対し、次の各号の事項を確約する。
　一　自らが、暴力団、暴力団関係企業、総会屋若しくはこれらに準ずる者又はその構成員（以下総称して「反社会的勢力」という。）ではないこと。
　二　自らの役員（業務を執行する社員、取締役、執行役又はこれらに準ずる者をいう）が反社会的勢力ではないこと。
　三　反社会的勢力に自己の名義を利用させ、この契約を締結するものでないこと。
　四　自らまたは第三者を利用して、次の行為をしないこと。

ア　相手方に対する脅迫的な言動又は暴力を用いる行為
　イ　偽計または威力を用いて相手方の業務を妨害し、または信用を毀損する行為
（禁止又は制限される行為）
第8条　乙は、甲の書面による承諾を得ることなく、本物件の全部又は一部につき、賃借権を譲渡し、又は転貸してはならない。
2　乙は、甲の書面による承諾を得ることなく、本物件の増築、改築、移転、改造若しくは模様替又は本物件の敷地内における工作物の設置を行ってはならない。
3　乙は、本物件の使用に当たり、別表第1に掲げる行為を行ってはならない。
4　乙は、本物件の使用に当たり、甲の書面による承諾を得ることなく、別表第2に掲げる行為を行ってはならない。
5　乙は、本物件の使用に当たり、別表第3に掲げる行為を行う場合には、甲に通知しなければならない。
（契約期間中の修繕）
第9条　甲は、乙が本物件を使用するために必要な修繕を行わなければならない。この場合において、乙の故意又は過失により必要となった修繕に要する費用は、乙が負担しなければならない。
2　前項の規定に基づき甲が修繕を行う場合は、甲は、あらかじめ、その旨を乙に通知しなければならない。この場合において、乙は、正当な理由がある場合を除き、当該修繕の実施を拒否することができない。
3　乙は、甲の承諾を得ることなく、別表第4に掲げる修繕を自らの負担において行うことができる。
（契約の解除）
第10条　甲は、乙が次に掲げる義務に違反した場合において、甲が相当の期間を定めて当該義務の履行を催告したにもかかわらず、その期間内に当該義務が履行されないときは、本契約を解除することができる。
　一　第4条第1項に規定する賃料支払義務
　二　第5条第2項に規定する共益費支払義務
　三　前条第1項後段に規定する費用負担義務
2　甲は、乙が次に掲げる義務に違反した場合において、甲が相当の期間を定めて当該義務の履行を催告したにもかかわらず、その期間内に当該義務が履行されずに当該義務違反により本契約を継続することが困難であると認められるに至ったときは、本契約を解除することができる。
　一　第3条に規定する本物件の使用目的遵守義務
　二　第8条各項に規定する義務（ただし、同条第3項に規定する義務のうち、別表第1第六号から第八号に掲げる行為に係るものを除く）
　三　その他本契約書に規定する乙の義務
3　甲又は乙の一方について、次のいずれかに該当した場合には、その相手方は、何らの催告も要せずして、本契約を解除することができる。
　一　第7条各号の確約に反する事実が判明した場合
　二　契約締結後に自ら又は役員が反社会的勢力に該当した場合
4　甲は、乙が別表第1第六号から第八号に掲げる行為を行った場合は、何らの催告も要せずして、本契約を解除することができる。
（乙からの解約）
第11条　乙は、甲に対して少なくとも1月前に解約の申入れを行うことにより、本契約を解約することができる。
2　前項の規定にかかわらず、乙は、解約申入れの日から1月分の賃料（本契約の解約後の賃料相当額を含む。）を甲に支払うことにより、解約申入れの日から起算して1月を経過する日までの間、随時に本契約を解約することができる。
（契約の消滅）
第12条　本契約は、天災、地変、火災、その他甲乙双方の責めに帰さない事由により、本物件が滅失した場合、当然に消滅する。
（明渡し）
第13条　乙は、本契約が終了する日（甲が第2条第3項に規定する通知をしなかった場合においては、

同条第4項ただし書きに規定する通知をした日から6月を経過した日）までに（第10条の規定に基づき本契約が解除された場合にあっては、直ちに）、本物件を明け渡さなければならない。
2　乙は、前項の明渡しをするときには、明渡し日を事前に甲に通知しなければならない。
（明渡し時の原状回復）
第14条　乙は、通常の使用に伴い生じた本物件の損耗を除き、本物件を原状回復しなければならない。
2　甲及び乙は、本物件の明渡し時において、契約時に特約を定めた場合は当該特約を含め、別表第5の規定に基づき乙が行う原状回復の内容及び方法について協議するものとする。
（立入り）
第15条　甲は、本物件の防火、本物件の構造の保全その他の本物件の管理上特に必要があるときは、あらかじめ乙の承諾を得て、本物件内に立ち入ることができる。
2　乙は、正当な理由がある場合を除き、前項の規定に基づく甲の立入りを拒否することはできない。
3　本契約終了後において本物件を賃借しようとする者又は本物件を譲り受けようとする者が下見をするときは、甲及び下見をする者は、あらかじめ乙の承諾を得て、本物件内に立ち入ることができる。
4　甲は、火災による延焼を防止する必要がある場合その他の緊急の必要がある場合においては、あらかじめ乙の承諾を得ることなく、本物件内に立ち入ることができる。この場合において、甲は、乙の不在時に立ち入ったときは、立入り後その旨を乙に通知しなければならない。
（連帯保証人）
第16条　連帯保証人は、乙と連帯して、本契約から生じる乙の債務（甲が第2条第3項に規定する通知をしなかった場合においては、同条第1項に規定する期間内のものに限る。）を負担するものとする。
（再契約）
第17条　甲は、再契約の意向があるときは、第2条第3項に規定する通知の書面に、その旨を付記するものとする。
2　再契約をした場合は、第13条の既定は適用しない。ただし、本契約における原状回復の債務の履行については、再契約に係る賃貸借が終了する日までに行うこととし、敷金の返還については、明渡しがあったものとして第6条第3項に規定するところによる。
（協議）
第18条　甲及び乙は、本契約書に定めがない事項及び本契約書の条項の解釈について疑義が生じた場合は、民法その他の法令及び慣行に従い、誠意をもって協議し、解決するものとする。
（特約条項）
第19条　第18条までの規定以外に、本契約の特約については、下記のとおりとする。

甲：　　　　　　　　印
乙：　　　　　　　　印

別表第1（第8条第3項関係）

一	銃砲、刀剣類又は爆発性、発火性を有する危険な物品等を製造又は保管すること。
二	大型の金庫その他の重量の大きな物品等を搬入し、又は備え付けること。
三	排水管を腐食させるおそれのある液体を流すこと。
四	大音量でテレビ、ステレオ等の操作、ピアノ等の演奏を行うこと。
五	猛獣、毒蛇等の明らかに近隣に迷惑をかける動物を飼育すること。
六	本物件を、反社会的勢力の事務所その他の活動の拠点に供すること。
七	本物件又は本物件の周辺において、著しく粗野若しくは乱暴な言動を行い、又は威勢を示すことにより、付近の住民又は通行人に不安を覚えさせること。
八	本物件に反社会的勢力を居住させ、又は反復継続して反社会的勢力を出入りさせること。

別表第2（第8条第4項関係）

一	階段、廊下等の共用部分に物品を置くこと。
二	階段、廊下等の共用部分に看板、ポスター等の広告物を掲示すること。
三	鑑賞用の小鳥、魚等であって明らかに近隣に迷惑をかけるおそれのない動物以外の犬、猫等の動物（別表第1第五号に掲げる動物を除く。）を飼育すること。

別表第3（第8条第5項関係）

一	頭書(5)に記載する同居人に新たな同居人を追加（出生を除く。）すること。
二	1か月以上継続して本物件を留守にすること。

別表第4（第9条第3項関係）

畳表の取替え、裏返し	ヒューズの取替え
障子紙の張替え	給水栓の取替え
ふすま紙の張替え	排水栓の取替え
電球、蛍光灯、LED照明の取替え	その他費用が軽微な修繕

別表第5（第14条関係）

【原状回復の条件について】
　本物件の原状回復条件は、下記Ⅱの「例外としての特約」による以外は、賃貸住宅の原状回復に関する費用負担の一般原則の考え方によります。すなわち、
・　賃借人の故意・過失、善管注意義務違反、その他通常の使用方法を超えるような使用による損耗等については、賃借人が負担すべき費用となる。
・　建物・設備等の自然的な劣化・損耗等（経年変化）及び賃借人の通常の使用により生ずる損耗等（通常損耗）については、賃貸人が負担すべき費用となる
ものとします。
　その具体的内容は、国土交通省の「原状回復をめぐるトラブルとガイドライン（再改訂版）」において定められた別表1及び別表2のとおりですが、その概要は、下記Ⅰのとおりです。

Ⅰ　本物件の原状回復条件
　（ただし、民法第90条及び消費者契約法第8条、第9条及び第10条に反しない内容に関して、下記Ⅱの「例外としての特約」の合意がある場合は、その内容によります。）

　1　賃貸人・賃借人の修繕分担表

賃貸人の負担となるもの	賃借人の負担となるもの
【床（畳・フローリング・カーペットなど）】	
1. 畳の裏返し、表替え（特に破損してないが、次の入居者確保のために行うもの） 2. フローリングのワックスがけ 3. 家具の設置による床、カーペットのへこみ、設置跡 4. 畳の変色、フローリングの色落ち（日照、建物構造欠陥による雨漏りなどで発生したもの）	1. カーペットに飲み物等をこぼしたことによるシミ、カビ（こぼした後の手入れ不足の場合） 2. 冷蔵庫下のサビ跡（サビを放置し、床に汚損等の損害を与えた場合） 3. 引越作業等で生じた引っかきキズ 4. フローリングの色落ち（賃借人の不注意で雨が吹き込んだことなどによるもの）
【壁、天井（クロスなど）】	
1. テレビ、冷蔵庫等の後部壁面の黒ずみ（いわゆる電気ヤケ） 2. 壁に貼ったポスターや絵画の跡 3. 壁等の画鋲、ピン等の穴（下地ボードの張替えは不要な程度のもの） 4. エアコン（賃借人所有）設置による壁のビス穴、跡 5. クロスの変色（日照などの自然現象によるもの）	1. 賃借人が日常の清掃を怠ったための台所の油汚れ（使用後の手入れが悪く、ススや油が付着している場合 2. 賃借人が結露を放置したことで拡大したカビ、シミ（賃借人に通知もせず、かつ、拭き取るなどの手入れを怠り、壁等を腐食させた場合） 3. クーラーから水漏れし、賃借人が放置したため壁が腐食 4. タバコのヤニ、臭い（喫煙等によりクロス等が変色したり、臭いが付着している場合） 5. 壁のくぎ穴、ネジ穴（重量物をかけるためにあけたもので、下地ボードの張替えが必要な程度のもの） 6. 賃借人が天井に直接つけた照明器具の跡 7. 落書き等の故意による毀損
【建具等、襖、柱等】	
1. 網戸の張替え（特に破損はしてないが、次の入居者確保のために行うもの） 2. 地震で破損したガラス 3. 網入りガラスの亀裂（構造により自然に発生したもの）	1. 飼育ペットによる柱等のキズ、臭い（ペットによる柱、クロス等にキズが付いたり、臭いが付着している場合） 2. 落書き等の故意による毀損
【設備、その他】	
1. 専門業者による全体のハウスクリーニング（賃借人が通常の清掃を実施している場合） 2. エアコンの内部洗浄（喫煙等の臭いなどが付着していない場合） 3. 消毒（台所・トイレ） 4. 浴槽、風呂釜等の取替え（破損等していないが、次の入居者確保のために行うもの） 5. 鍵の取替え（破損、鍵紛失のない場合） 6. 設備機器の故障、使用不能（機器の寿命によるもの）	1. ガスコンロ置き場、換気扇等の油汚れ、すす（賃借人が清掃・手入れを怠った結果汚損が生じた場合） 2. 風呂、トイレ、洗面台の水垢、カビ等（賃借人が清掃・手入れを怠った結果汚損が生じた場合） 3. 日常の不適切な手入れもしくは用法違反による設備の毀損 4. 鍵の紛失または破損による取替え 5. 戸建賃貸住宅の庭に生い茂った雑草

2 賃借人の負担単位

負担内容			賃借人の負担単位	経過年数等の考慮
床	毀損部分の補修	畳	原則一枚単位 毀損部分が複数枚の場合はその枚数分 （裏返しか表替えかは、毀損の程度による）	（畳表） 経過年数は考慮しない。
		カーペット クッションフロア	毀損等が複数箇所の場合は、居室全体	（畳床・カーペット・クッションフロア） 6年で残存価値1円となるような負担割合を算定する。
		フローリング	原則㎡単位 毀損等が複数箇所の場合は、居室全体	（フローリング） 補修は経過年数を考慮しない。 （フローリング全体にわたる毀損等があり、張り替える場合は、当該建物の耐用年数で残存価値1円となるような負担割を算定する。）
壁・天井（クロス）	毀損部分の補修	壁（クロス）	㎡単位が望ましいが、賃借人が毀損した箇所を含む一面分までは張替え費用を賃借人負担としてもやむをえないとする。	（壁〔クロス〕） 6年で残存価値1円となるような負担割合を算定する。
		タバコ等のヤニ、臭い	喫煙等により当該居室全体においてクロス等がヤニで変色したり臭いが付着した場合のみ、居室全体のクリーニングまたは張替費用を賃借人負担とすることが妥当と考えられる。	
建具・柱	毀損部分の補修	襖	1枚単位	（襖紙、障子紙） 経過年数は考慮しない。
		柱	1枚単位	（襖、障子等の建具部分、柱） 経過年数は考慮しない。
設備・その他	設備の補修	設備機器	補修部分、交換相当費用	（設備機器） 耐用年数経過時点で残存価値1円となるような直線（または曲線）を想定し、負担割合を算定する。
	鍵の返却	鍵	補修部分 紛失の場合は、シリンダーの交換も含む。	鍵の紛失の場合は、経過年数は考慮しない。交換費用相当分を借主負担とする。
	通常の清掃※	クリーニング ※通常の清掃や退去時の清掃を怠った場合のみ	部位ごと、または住戸全体	経過年数は考慮しない。借主負担となるのは、通常の清掃を実施していない場合で、部位もしくは、住戸全体の清掃費用相当分を借主負担とする。

設備等の経過年数と賃借人負担割合（耐用年数6年及び8年、定額法の場合）
賃借人負担割合（原状回復義務がある場合）

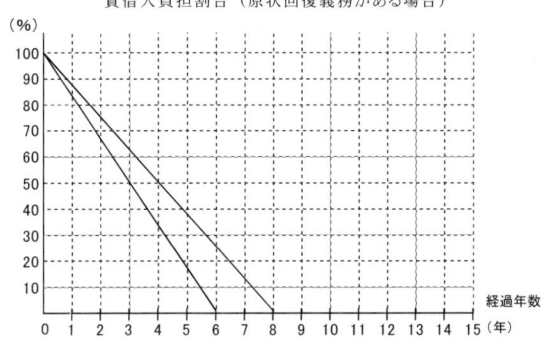

3 原状回復工事施工目安単価
　（物件に応じて、空欄に「対象箇所」、「単位」、「単価（円）」を記入して使用してください。）

対象箇所			単位	単価（円）
床				
天井・壁				
建具・柱				
設備・その他	共通			
	玄関・廊下			
	台所・キッチン			
	浴室・洗面所・トイレ			
	その他			

※この単価は、あくまでも目安であり、入居時における賃借人・賃貸人双方で負担の概算額を認識するためのものです。
※従って、退去時においては、資材の価格や在庫状況の変動、毀損の程度や原状回復施工方法等を考慮して、賃借人・賃貸人双方で協議した施工単価で原状回復工事を実施することとなります。

Ⅱ　例外としての特約

　原状回復に関する費用の一般原則は上記のとおりですが、賃借人は、例外として、下記の費用については、賃借人の負担とすることに合意します（但し、民法第90条及び消費者契約法第8条、第9条及び第10条に反しない内容に限ります）。
（括弧内は、本来は賃貸人が負担すべきものである費用を、特別に賃借人が負担することとする理由。）

```
・
　　　　　　　　甲：　　　　　　　　印
　　　　　　　　乙：　　　　　　　　印
```

記名押印欄

　　下記貸主（甲）と借主（乙）は、本物件について上記のとおり賃貸借契約を締結したことを証するため、本契約書2通を作成し、記名押印の上、各自その1通を保有する。

平成　　　年　　　月　　　日

貸主（甲）　住所 〒
　　　　　　氏名　　　　　　　　　　　　　　　　　　　印

借主（乙）　住所 〒
　　　　　　氏名　　　　　　　　　　　　　　　　　　　印
　　　　　　電話番号
連帯保証人　住所 〒
　　　　　　氏名　　　　　　　　　　　　　　　　　　　印
　　　　　　電話番号
媒介　　　　免許証番号〔　　　〕知事・国土交通大臣（　　）第　　　号
　業者
代理　　　　事務所所在地

　　　　　　商号（名称）

　　　　　　代表者氏名　　　　　　　　　印

　　　　　　宅地建物取引主任者　登録番号〔　　　〕知事　第　　　号
　　　　　　　　　　　　　　　　氏名　　　　　　　　印

定期賃貸住宅契約についての説明（借地借家法第38条第2項関係）

〇年〇月〇日

定期賃貸住宅契約についての説明

貸　主（甲）住所
　　　　　　氏名　〇　〇　〇　〇　　印

代理人　　　住所
　　　　　　氏名　〇　〇　〇　〇　　印

　下記住宅について定期建物賃貸借契約を締結するに当たり、借地借家法第38条第2項に基づき、次のとおり説明します。

　下記住宅の賃貸借契約は、更新がなく、期間の満了により賃貸借は終了しますので、期間の満了の日の翌日を始期とする新たな賃貸借契約（再契約）を締結する場合を除き、期間の満了の日までに、下記住宅を明け渡さなければなりません。

記

(1)住　宅	名　　称			
	所 在 地			
	住戸番号			
(2)契約期間	始　期	年　月　日から	年　月間	
	終　期	年　月　日から		

上記住宅につきまして、借地借家法第38条第2項に基づく説明を受けました。
〇年〇月〇日
　　　　借　主（乙）住所
　　　　　　　　　　氏名　〇　〇　〇　〇　　印

定期賃貸住宅契約終了についての通知
　（借地借家法第38条第4項、定期賃貸住宅標準契約書第2条第3項関係）

　　　　　　　　　　　　　　　　　　　　　　　　　　〇年〇月〇日

　　　　　　　　　定期賃貸住宅契約終了についての通知

（賃借人）　住所
　　　　　　氏名　〇　〇　〇　〇　　殿

　　　　　　　　　　　　　　　（賃貸人）　住所
　　　　　　　　　　　　　　　　　　　　　氏名　〇　〇　〇　〇　　印

　私が賃貸している下記住宅については、平成　　年　　月　　日に期間の満了により賃貸借が終了します。
［なお、本物件については、期間の満了の日の翌日を始期とする新たな賃貸借契約（再契約）を締結する意向があることを申し添えます。］

　　　　　　　　　　　　　　記

(1)	住宅					
	名称					
	所在地					
	住戸番号					
(2)	契約期間					
	始期	年	月	日から		年
	終期	年	月	日から		月間

（注）　1　再契約の意向がある場合には、［　］書きを記載してください。
　　　　2　(1)及び(2)欄は、それぞれ頭書(1)及び(2)を参考に記載してください。

借地借家・賃料実務研究会

代表　大野　喜久之輔（神戸大学名誉教授）
　　　中島　清治（弁護士）瑞木総合法律事務所
　　　中嶋　勝規（弁護士）アクト大阪法律事務所
　　　西村　隆志（弁護士）西村隆志法律事務所
　　　小倉　智春（弁護士）心斎橋法律事務所
　　　山岡　慎二（弁護士）西村隆志法律事務所
　　　鷲見　昭雄（税理士）鷲見昭雄税理士事務所
　　　米田　　淳（宅地建物取引主任者）大丸ハウス(株)
　　　芳本　雄介（宅地建物取引主任者）(株)プロブレーン
　　　楠本　充美（宅地建物取引主任者）(有)美輝
　　　廣内　禎介（不動産鑑定士）エイチ・ビー・ユー廣内不動産鑑定(株)
　　　藤原　博司（不動産鑑定士）藤原不動産鑑定事務所
　　　堀田　勝己（不動産鑑定士）堀田鑑定工学研究所
　　　嶋田　幸弘（不動産鑑定士）(株)谷澤総合鑑定所
　　　村山　健一（不動産鑑定士）大和不動産鑑定(株)
　　　仲嶋　　保（不動産鑑定士）堂島総合評価システム(株)
　　　髙島　　博（不動産鑑定士）(株)谷澤総合鑑定所

弁護士・不動産鑑定士・税理士・宅建実務の専門家が解説する
Q＆A　地代・家賃と借地借家

平成26年３月６日　初版発行

　　　　著　者　借地借家・賃料実務研究会
　　　　発行者　中野　孝仁
　　　　発行所　㈱住宅新報社
　　　　〒105-0001　東京都港区虎ノ門3-11-15（SVAX　TTビル）
　　　　　　　出版・企画グループ　☎　03（6403）7806
　　　　　　　販売促進グループ　☎　03（6403）7805
　　　　　　　URL http://www.jutaku-s.com/

大阪支社　〒541-0046　大阪市中央区平野町1-8-13（平野町八千代ビル）☎06（6202）8541代

印刷・製本/亜細亜印刷㈱　　　　　　　　　　　　　　　Printed in Japan
定価はカバーに表示してあります。落丁本・乱丁本はお取り替えいたします。
　　　　　　　　　　　　　　　ISBN978－4－7892－3642－3　C2030